지분 경매로
토지 개발업자 되기

지분 경매로
토지 개발업자 되기

조홍서 지음

매일경제신문사

부동산 경매, 공매를 하기 위해 매일 공부하는데도 도무지 수익이 나지 않는 분들. 경매의 세계에 들어선 지도 어느 정도 시간이 흘렀고 이곳저곳에서 강의도 들었지만, 낙찰조차 마음대로 되지 않는 분들. 그래서 이 길이 나의 길이 아닌가 생각하고 포기하려는 분들에게 소액 투자로 수익을 낼 수 있는 경매 분야를 소개하려고 한다. 이 책을 통해서 새로운 경매의 틈새시장을 발견하고 심기일전 다시 한 번 도전해보기 바란다.

수익이 발생하지 않을 때 누구나 드는 의문이 있을 것이다. '부동산 경매가 정말 수익 나는 재테크 수단인가' 하는 의문 말이다. 시중의 책을 보면 다른 사람들은 많이들 벌었다는데 내가 해보면 별로다. 매일 경매 사이트나 경매 모임 등을 기웃거리며 좋은 기술을 습득할 방법은 없는지 찾아다니지만 무엇 하나 '이거다' 하는 것은 없다. 결국, 매일 가상 입찰연습만 하다 포기하게 된다. 이는 마치 총알 없는 빈 총을 가지고 입으로만 사격연습을 하는 모양새일 것이다. 이에 필자는 진정으로 부동산 경매의 살아있는 기술과 소송 실무를 통해 낙찰 후 물건을 처리해나가는 과정과 낙찰받은 후 유형별로 처리하는 과정을 설명하려고 한다. 또한, 수익률을 극대화하는 방법을 알려주기 위한 목적으로 이 책을 집필했다.

　일반적인 물건으로는 더 이상 수익이 발생하지 않으니 회의가 들어 기껏 어렵게 경매의 기초 과정을 배우고 알면서도 계속 투자 활동을 못 하는 경매 투자자들을 우리는 주변에서 많이 볼 수 있다. 이러한 분들을 위해서 소액으로도 수익을 창출해낼 수 있는 기술을 소개하려고 한다.

　'공유지분 경매'+'토지지분 법정지상권'+'토지 개발업자 되기'

　이 투자 방법은 사전에 결과를 예측할 수 있는 '과학적인 투자법'이다. 낙찰 후 경매의 결과를 예측해 이길 수 있는, 그래서 수익이 발생할 수 있는 물건만 선별해낼 수 있는 능력을 알려줄 것이다.

　누구나 경매를 배워 입찰에 참여할 수는 있으나 모두 다 성공하기는 어려운 것이 경매의 세계다. 그러나 부동산에 있어서 '경매'는 여전히 유효한 재테크 방법인 것이 사실이다. 소수의 전문가(일명 선수)뿐만 아니라 일반인들의 참여 폭도 넓어져 무척이나 일반화되어 있다. 따라서 그만큼 경매를 통한 좋은 부동산 재테크 방법도 어려워진 게 사실이다. 보다 차별화된 전략 및 틈새시장이 필요하다.

　이런 경매의 일반화는 근래 재테크 열풍에 따라 몇 년 사이에 경매 참여 인구가 폭발적으로 급증하면서 생긴 현상이다. 참여자가 많다 보니 낙찰받기가 상대적으로 힘들어졌고, 설사 낙찰받는다 해도 이른바 '묻지 마 낙찰'이 다반사다 보니 경매의 최대 매력인 고수익 실현이 불가능하게 된 것이 사실이다.

경매의 진짜 매력을 느끼기 위해서라면 더욱 차별화된 투자전략을 수립해야만 할 것이다. 낙찰받는 것 자체만으로 고수익을 창출하던 시대는 지나갔기 때문이다. 오히려 고가 낙찰로 인하여 고민만 늘어나므로 일반 물건이나 소위 말하는 특수 물건(공유지분 경매, 유치권, 법정지상권 등)들을 함부로 낙찰받으면 근심 덩어리 부동산만 보유하게 된다.

이 책에서는 차별화된 투자전략 중 하나라고 할 수 있는 '**공유지분 경매+토지지분 법정지상권+토지 개발업자 되기**' 기술을 복합해 풀어나가는 경매의 하이테크 기술을 알려줄 것이다.

공유지분은 여러 사람 또는 두세 사람의 공유로 등기된 부동산이므로 공유자 1인이 사용 또는 처분하기가 쉽지 않다는 것은 누구나 잘 아는 사실이다. 아울러 이러한 공유지분 부동산은 금융권 대출도 제한을 받게 되다 보니 투자자들의 관심에서 멀어지게 된다. 상황이 이러하다 보니 법원 경매에서 공유지분 물건의 경우는 통상의 물건보다 2~3회 더 유찰된 후 낙찰자가 결정되는 경향을 보이고 있다. 이처럼 쓸모없어 보이는 반쪽짜리 물건으로만 여겨져 온 것이 바로 '공유지분 경매'다.

그러나 이 부동산도 잘만 이용하면 고수익을 올릴 수 있다. 그 방법은 낙찰 후 다른 공유지분권자와 합의를 하든지, 공유물분할청구소송을 하든지 여러 방법(농지지분 낙찰 후 공유물분할, 건물인도 및 철거 등)들을 통해 해결하는 것이다. 만약 합의에 실패하게 되면 순수한 공유 관계인 경우, 법원에 '공유물분할청구소송'을 제기하면 되고 이러한 소송은 법률 전문가의 도움 없이 '나 홀로 소송'을 통해 해결할 수 있다. 생각보다 어렵지 않고 몇 가지 과정만 거치면 된다. 한 번 수행하기가 어렵지 그다음부터는 컴퓨터에 양식들을 입력해서 몇 가지 사항만 수정해 계속 같은 프로세스로 진행할 수 있다.

1. 내용증명 발송(1~2회)
2. 부동산 가압류 및 부동산처분금지가처분
3. 부당이득금반환소송 및 공유물분할청구소송
4. 인도명령, 건물명도소송
5. 토지인도 및 건물철거소송 등
6. 토지 개발행위허가

'공유지분 경매+토지지분 법정지상권+토지 개발업자 되기'

법정지상권이 성립되지 않는 토지지분을 낙찰받았으나 협의가 잘되지 않는 경우에는 우선 토지에 대한 '공유물분할청구소송'을 통해 빠른 해결을 할 수가 있다. 그러나 이 해결책으로도 시간이 지연만 된다면 그다음 방법으로 건물 소유자에 대해서 '토지인도 및 건물철거소송+부동산처분금지가처분'을 신청하고, 토지지료의 청구를 원인으로 해서

'부당이득금반환소송+부동산 가압류'를 진행한다. 이후 승소해 '판결문+집행문'을 받은 후 건물을 경매 신청해 그 건물을 싸게 매입하거나 토지의 지분을 매각하는 전략을 구사할 수가 있다.

또한, 건물 임차인을 상대로 '건물명도소송'을 통해서 건물주와의 협상을 유도하는 방법과 임차인이 임대차보증금반환청구를 통해서 직접 경매를 넣는 방법 등 다양한 전략 및 해결책들이 있다. 지분을 낙찰받은 후 타 공유자의 지분에 임차보증금반환채권 및 가압류, 근저당 등 채무가 많이 있는 물건이라면 이 물건이 기회가 되기도 한다. 바로 타 공유자 지분이 경매로 나온다면 그 경매에서 '공유자우선매수신청'을 통해서 전체 지분을 100% 매수할 수도 있기 때문이다.
또한, 임차인과 타 공유자가 낙찰 부동산에 점유를 하고 있는 경우의 해법에 관하여 다양한 전략이 존재한다. 인도명령신청 및 구상권(가압류+부당이득금청구소송)과 '공유자우선매수신청'의 다양한 조합들이 발생하게 된다.

필자가 이 책을 집필하기까지 많은 망설임이 있었다. 경매의 특수 분야인 토지지분 법정지상권뿐 아니라 거기에 더하여 지분 경매의 깊은 영역에 대해 공개하려니 두려운 마음이 들었기 때문이다. 또 너무 많은 기술이 공개되는 것이 아닐까 하는 우려도 있었다. 아무쪼록 투자에 많은 도움이 되었으면 하는 바람이다.

자본주의의 꽃이라 하는 부동산 경매는 참 많은 틈새시장과 파생상품을 만들어내는 것 같다. 일반적인 지분 경매 투자자들은 보통 낙찰자 입장에서만 물건을 분석한다. 이것은 빅픽처를 그리지 못하는 투자법이다. 더 큰 그림을 그리면서 투자를 디자인하려면 채무자, 채무자 지분의 후순위 채권자, 타 공유자, 타 공유자 지분의 채권자, 점유 임차인들 간의 이해관계를 상상하며 사전에 입찰에 임하는 방법을 공부해야 한다.

'지분 100% 매수전략' 및 '농업인 되기 프로젝트' 그리고 '토지 개발 행위허가(토지 개발업자 되기)'에 대한 다양한 해법을 연구하는 '지분경매실전연구소'에서는 지분 경매에 대하여 함께 해결책에 대한 정보를 공유하고 성공담을 나누며 임장 및 투어도 함께하면서 집단지성의 힘으로 과학적인 실전 투자에서 성공적으로 수익을 만들어 간다.

부동산의 아웃렛인 경매시장에서 오리지널 땅을 발견해 개발행위허가를 득하고 토목공사를 거쳐 부지를 조성해서 매도하는 일련의 프로세스를 스터디하는 클럽이 있다. 그곳에서는 토지매입 전 '토지이용계획확인서' 등 분석하는 공부를 핵심으로 스터디한다.

앞에서 소개한 지분 경매의 다양한 파생상품들에 대한 내용들을 용기를 내서 배우고 익혀서 수익을 내는 경매의 세계로 들어가 보자!

2017. 10. 27.
지분경매실전연구소에서
조홍서

차 례

프롤로그 ... 004

PART 01 공유지분 경매의 기초와 낙찰 후 처리 요령 ... 015

- 01 공유지분이란 ... 017
- 02 공유지분의 발생과 처리 요령 ... 020
  - ① 상속에 의한 경우 ... 020
  - ② 부부가 공동으로 소유한 경우 ... 033
  - ③ 지인 및 친척끼리 공동 소유한 경우 ... 059

PART 02 PLAY 지분 경매 ... 097

- 01 지분 물건 낙찰 ... 099
- 02 1차 협의 매각 '일부러 적을 만들지 마라' ... 103
- 03 내용증명 발송 '남는 것은 문서뿐' ... 105
- 04 2차 협의 매각 '흥분하지 마라' ... 107
- 05 민사소송 '적극적으로 활용해라' ... 111
- 06 3차 협의 매각 '익스트림 쿨(Extreme Cool)' ... 117
- 07 조정실에서의 '배트맨 협상' ... 120
- 08 채권최고액 1원 '형식적 경매' ... 123

PART 03 지분 경매 실전사례   **127**

01 재산은 있는데 돈은 없다고?   129
02 하나만 알고 둘은 모르는 공유자!   144
03 9분의 2 낙찰로 집 전체 날아간다!   149
04 나 돈 없는 사람 아니라예!   153
05 공유자 큰아들과 밀고 당기기   160
06 49%와 51% 엄청난 차이   164
07 이 물건 왜 낙찰받은 거죠?   173

PART 04 공유지분 경매에서의 인도명령   **177**

01 소수 지분권자의 다른 소수 지분권자에 대한 인도청구   184
02 1/2 지분권자의 다른 1/2 지분권자에 대한 인도청구   186
03 다수 지분권자의 다른 소수 지분권자에 대한 인도청구   188
04 인도명령신청서   189
05 소수 지분권자의 다수 지분권자에 대한 인도청구   195

PART 05 나 홀로 소송   **199**

01 본안소송   201
    ❶ 소장 접수와 처리과정   201
    ❷ 사건의 분배와 재판 진행   202
    ❸ 소장 작성 요령   205

	④ 변론준비 절차	212
	⑤ 변론기일	213
	⑥ 입증	216
	⑦ 소의 종결, 상소 및 재심 절차	228
02	강제집행	236
	① 제도의 취지	236
	② 집행권원 확보	236
	③ 집행문 부여	237
	④ 유체동산에 대해 강제집행할 때	238
	⑤ 채권에 대해 강제집행할 때	239
	⑥ 부동산에 대해 강제집행할 때	240
	⑦ 재산명시제도	244
	⑧ 재산조회제도	246
	⑨ 채무불이행자명부제도	246
03	송달	249
	① 교부송달	250
	② 공시송달	250
	③ 발송송달	252

PART 06 공유 토지와 법정지상권 　257

01	법정지상권 성립 요건	261
	① 저당권설정 당시 토지에 건물이 존재할 것	262
	② 저당권설정 당시 토지와 건물이 동일인의 소유여야 한다	263
	③ 저당권의 설정	263
	④ 경매로 소유자가 달라질 것	264
02	법정지상권 법리	270
	① 저당권설정 당시 건물의 존재 유의사항	270
	② 토지와 건물이 동일한 소유자에 속할 것	273
	③ 그 밖의 요건	273

	4 존속기간	274
	5 인정이유 및 근거	275
03	건물이 존재하는 공유 토지 낙찰사례(A/A+B)	280
04	토지만 낙찰받은 낙찰자의 부당이득금반환소송	282

PART 07 혼자서 낙찰받은 후 등기하는 법　　289

PART 08 토지 개발업자 되기 프로젝트　　299

01	농지	303
02	농업인	305
	1 농지법시행령 제3조에 나와 있는 농업인?	306
	2 농업인확인서 발급규정 제4조에서의 농업인?	306
03	농지원부, 농업경영체	311
04	농지취득자격증명원(농취증)	312
05	농업회사법인 만들기	315
	1 근거법령	316
	2 법인 성격	316
	3 설립 주체	316
	4 사업 범위	317
	5 의결권	317
06	토지 개발행위허가(토지 개발업자 되기)	318
	1 토지이용계획확인서 분석법	321
	2 토지 매입(개발 면적 및 업종에 따른 판단) 시 체크 사항	322
	3 인허가(개발행위허가증) – 형질 변경	327
	4 토목공사	330
	5 매도 및 세금	332
	6 매수 타당성 분석	332

PART 01

공유지분 경매의 기초와 낙찰 후 처리 요령

공유지분이란

경매에 나오는 물건 중에는 공유지분이라는 물건이 있다. 유치권, 법정지상권처럼 특수 물건으로 분류한 선수들의 영역으로서 일반 투자자에게는 기피 대상 1호였다. 주택이 되었든 토지가 되었든 간에 아무튼 부동산에 둘 이상이 공동으로 자기 지분의 비율만큼 소유하고 있다가 공유자 중 1인의 지분이 어떠한 연유로 경매에 나오는 것이다.

이러한 공유지분 경매는 그 나름의 특성 때문에 일반적인 물건과는 아주 다르게 취급을 받고 있다. 권리분석에서부터 낙찰 후의 처리 문제까지 제반 여러 사항들이 일반 물건과는 다르다 할 수 있지만 조금 관심을 갖고 접근하면, 생각하는 이상의 결과를 도출해낼 수 있을 것이다. 그럼 먼저 우리는 생소한 분야인 공유지분 경매가 될 수 있는 물건, 즉 공유지분에 대해 알아보자.

공유지분이란 공유물에 대한 각 공유자의 권리, 즉 소유 비율을 말하는 것으로써 공유지분은 각 공유자 간의 합의에 의하여 또는 법률의 규정(법정)에 의하여 정해진다. 그러나 그 지분이 분명하지 않은 경우에는 민법은 각 공유자의 지분은 균등한 비율인 것으로 추정한다.

이러한 사항들은 뒤에서 법조문 및 판례를 통해서 자세하게 배울 것이고, 여기서는 기초적인 사항과 공유지분 경매가 진행되는 순서 및 맥을 잡아가도록 하겠다.

지분은 소유권을 지분 비율로 표현한 것이지만 이것 또한 하나의 소유권과 같은 성질을 가지고 있으므로 목적물을 사용·수익·처분하는 권리와 능력을 가지게 된다. 이에 따라 각 공유자는 공유물 전부를 자신의 지분 비율로 사용, 수익할 수 있다. 그렇지만 공유자 전원의 동의가 없는 한 1인의 공유자는 그 목적물 전체를 자유로이 처분할 수는 없다 할 것이다. 반면에 자신의 지분은 다른 공유자의 동의나 허락 없이 자유롭게 처분 가능하다.

이 민법 조문을 거의 외우다시피 해보자. 앞으로 많이 여러 번 반복해서 공부할 내용이다(기억하자! 보존행위, 관리행위, 처분행위-보관처!).

제263조(공유지분의 처분과 공유물의 사용, 수익)
공유자는 그 지분을 처분할 수 있고 공유물 전부를 지분의 비율로 사용, 수익할 수 있다.

제264조(공유물의 처분, 변경)
공유자는 다른 공유자의 동의 없이 공유물을 처분하거나 변경하지 못한다.

제265조(공유물의 관리, 보존)
공유물의 관리에 관한 사항은 공유자의 지분의 과반수로 결정한다. 그러나 보존행위는 각자가 할 수 있다.

공유지분의 발생과 처리 요령

어떤 부동산이 공유지분으로 발생되는 경우는 크게 세 가지로 나누어 볼 수 있다.

1 상속에 의한 경우

> 상속재산의 법정상속분 순위 및 비율은?
> (피상속인은 망자이다! 기억하자, 피망!)
>
> 법정상속 순위는 민법 제1000조에서 규정하고 있다.
> 1순위로 피상속인의 직계비속·배우자,
> 2순위로 피상속인의 직계존속·배우자,
> 3순위로 피상속인의 형제자매,
> 4순위로 피상속인의 4촌 이내의 방계혈족의 순서로 이루어진다.

재산상속 비율은 민법 제1009조에서 규정하고 있다.
법정상속 순위가 같은 상속권자가 여러 명이면 균등하게 배분한다. 다만, 피상속인의 배우자는 다른 상속권자보다 50%를 가산하여 받게 된다.

법정상속분 비율의 계산(공통분모 5)

구분	상속인	상속분	비율
자녀 및 배우자가 있는 피상속인의 경우	장남, 배우자가 있는 경우	장남 1 배우자 1.5	2/5 3/5
	장남, 장녀(미혼), 배우자가 있는 경우	장남 1 장녀 1 배우자 1.5	2/7 2/7 3/7
	장남, 장녀(출가), 2남, 2녀, 배우자가 있는 경우	장남 1 장녀 1 2남 1 2녀 1 배우자 1.5	2/11 2/11 2/11 2/11 3/11
자녀는 없고 배우자 및 직계존속이 있는 피상속인의 경우	부모와 배우자가 있는 경우	부 1 모 1 배우자 1.5	2/7 2/7 3/7

직계란 친족(아버지 쪽) 사이의 핏줄이 할아버지, 아버지, 아들, 손자 등으로 바로 이어지는 계통을 말한다. 그러면 직계존속과 직계비속은 무엇일까?

직계존속은 조상으로부터 자기에 이르기까지 이어 내려온 혈족을 말하는데 부모, 조부모(할아버지·할머니), 증조부모(증조할아버지·증조할머니) 등을 말한다(형제가 아닌 관계). 나보다 웃어른들 쪽의 위치에 있는 분을 말한다.

직계비속은 반대로 자기로부터 아래로 이어 내려가는 혈족을 말하는데 자녀, 손자, 증손 등이 이에 해당된다. 나보다 아래 위치한 사람들을 말한다(형제가 아닌 관계).

그러므로 친동생이나 처남, 큰아버지(삼촌) 등은 직계존속도, 직계비속도 아니다. 다만 큰아버지나 작은아버지, 큰할아버지는 방계존속, 조카나 조카손자는 **방계비속**이라 하고, 처남과 같이 자신의 배우자 계통 사람들은 **인척**이라고 한다.

이 경우 등기부등본의 갑구 소유권을 살펴보면 보통 성씨가 같고 돌림자를 쓰는 사람이 중복되는 경우가 많다. 식구들끼리 공유하는 것이다. 그러나 형제자매들로 이루어졌지만, 이들 중 모든 사람이 다 잘 나갈 수는 없는 일이고 그중에 1~2명이 잘못되어 그 지분이 경매로 나오는 것이다. 어느 경우에는 형제자매들 간에 사이가 좋지 않아 계속 경매에 나와 방치되는 일도 많다.

채무액(빚)이 적으면 형제자매들이 어떻게 막아줄 수도 있겠지만, 채무액이 클 경우에는 어떻게 도와주지도 못하므로 경매에 나올 수밖에 없다. 경매가 진행된 후에도 법률적 지식이 없거나 설령 가격이 낮아져도 낙찰받을 여력이 없어 다른 사람들에게 낙찰되는 경우가 대부분이다.

이 상속에 의한 공유지분의 경우가 공유지분 경매에서 가장 많이 있다. 상속의 경우 대부분 아버님이 돌아가시고 남은 어머니와 자식들에 대한 상속이기 때문에 어머니와 자녀들이 공유자인 예가 많이 있으며 가장 많은 형태를 보이고 있다.

'가족 간 상속공유지분인 경우, 가족 중에서 누가 경제력이 있는지 주소 및 나이 등이 써있는 등기부등본을 봐도 어느 정도 알 수가 있으며 그것을 보고 입찰 참가 여부를 결정한다.' 물론 부동산으로서의 가치도 고려하고 시세도 고려하면서 말이다.

경매 투자자 입장에서 생각해보면 식구들끼리의 공유 물건이다 보니 다른 사람들에게 낙찰되도록 형제, 자매들이 내버려두지는 않을 텐데 하는 의문이 들 수도 있겠지만 그들의 형편이라는 게 그렇게 여유롭지 못한 게 현실이다. 형편이 괜찮아도 필자의 경험에 의하면 주변에서 이런 지분에는 아무도 안 들어온다고 말한다. 그러니까 한 번 더 유찰되면 그때 내가 들어가야지 하다가 실기하는 경우가 제일 많았다.

경매를 통해서 돈을 벌려면 이러한 틈새시장을 나 자신의 것으로 만들 줄 알아야 한다. 또한, 공유자가 낙찰받지 못한다면 나 아닌 다른 사람이 그 물건 가져가는 것이 자본주의 경제의 원리이며, 이러한 경매시장이 활성화되지 않으면 은행에서 마음 놓고 대출도 해주지 못한다.

대부분의 공유지분 경매는 합의도출에 실패하면 소송이 필수적으로 수반되는 경우가 대부분이다. 그렇다고 너무 심각하게 생각할 정도의 엄청난 소송은 아니며, 우리가 하는 소송이 몇 가지 되지 않는다. 또한, 이러한 소액 경매 투자에서 나 홀로 소송하는 능력을 갖추지 않고 경매 입찰에 임해 변호사 및 법무사 비용을 지불하고 나면 수익이 별로 생기지 않을 것이 불을 보듯 분명하다. 따라서 우리는 혼자 처리할 수 있는 나 홀로 소송 능력을 키워야 하겠다(물론 금액이 많고 복잡한 물건은 필수적으로 변호사 등 법조인의 도움을 받아야 한다).

그래서 또한 상대방 공유자도 이렇게 작은 공유지분 물건에 소송까지 불사하며 어떤 사람이 입찰에 참여할까 하여 매번 유찰시키는 경우도 많이 있다. 이러한 것이 현실이다 보니 우리는 스스로 소송 능력을 겸비하여 이 틈새시장을 살펴보고 투자에 임하여 경매에서 나의 투자 영역을 만들어 가야 하는 것이다.

제일 먼저 낙찰받은 후 공유자와 어떻게 연락을 취하는지 알아보겠다. 매각허가결정 받은 후 경매법원의 해당 경매계에 방문해서 경매기록을 열람, 복사 신청해 타 공유자의 주소를 알 수도 있고, 등기부등본에서 주소를 알 수도 있을 것이다. 그 주소를 가지고 먼저 내용증명 우편으로 연락해본다. 내용증명 우편으로 보내는 것은 연락을 취하여 협의하는 목적도 있지만, 협의에 실패했을 때 다음의 소송을 대비하기 위해서도 보내는 것이다.

1) 우편물을 작성할 때

내용증명 우편은 모두 3부(1부를 작성해서 복사)를 작성한다. 똑같은 내용의 우편물 3부를 가까운 우체국에 가지고 가면, 1부는 받는 사람(타 공유자), 1부는 보내는 사람(나), 1부는 우체국에서 보관한다. 나중에 어떤 내용의 우편물을 보냈다는 것을 우체국에서 증명해주는 것이다.

이를 통해서 우선 상대방 공유자에게 내용증명을 보낸 뒤 아무런 응답이 없을 경우 내용증명으로 보낸 우편물을 가지고 관할 법원에 민사소송을 제기할 때 복사해 사용하면 된다.

내용증명 쓰는 방법은 딱히 정해진 양식은 없다. 다만, 받는 사람, 보내는 사람의 주소와 성명 등을 정확하게 함께 기재하고, 육하원칙에 따라 있는 사실과 요구하고 싶은 내용을 적으면 된다.

(1) 내용증명 보내기

다음은 타 공유자에게 보낸 내용증명 양식 및 샘플이다.

통지서

수신 ○○호(○○○525-○○○412)
　　　경기도 ○○시 ○○동 ○○○-1 ○○주택 ○○동 ○○호
발신 조○○ ☎ 010-○○○○-○○○○
　　　서울시 ○○구 ○○동 ○○-12 ○○○○

1. 안녕하십니까? 저는 2000.11.10. ○○지방법원 본원 경매○○계를 통해 상기 주소지 소재 부동산의 ○○호 씨 지분 13분의 2를 낙찰받았습니다.

2. 그래서 ○○호 씨, ○○경 씨(○○○119-○○○○516, ○○호 씨의 처), ○○환 씨(○○1213-○○21421, ○○호 씨의 자)가 점유하고 있는 ○○주택 ○동 ○○○호의 인도 문제를 상의 드리려 하오니 010-○○○○-○○○○ 전화로 연락 부탁드립니다(주민등록등본상 ○○○517-○○○○219, ○○향 씨가 등재되어 있으나 미거주자로 확인조사 됨-법원집행관조서).

3. 나머지 지분해소 문제는 조만간 공유자(○○자, ○○경, ○○경, ○○호, ○○연)들에게 연락드릴 예정입니다.

4. 어려우신 상황인 줄 알고 있습니다. 그러나 원만한 해결을 위해서 조속한 시간에 연락하여 주시길 바라며, 연락이 없으면 부득이 법에 호소할 수밖에 없습니다.

　　　　　　　　　　2000.○○.○○.
　　　　　　　　위 발신인 ○○서(인)

이 양식을 기준으로 자신의 상황에 맞추어 내용을 추가하면 된다. 이렇게 내용증명 우편으로 연락을 취해야 잔대금 납부 전에 협의가 되어 빠른 시간 내로 투자금 회수를 할 수도 있고, 타 공유자의 현재 상태 및 앞으로의 처리 방향 등을 잡을 수 있는 첫 번째 공식적인 행동이다. 그래서 낙찰자의 지분 및 타 공유자와의 지분 문제를 의논드리고 싶다는 요지의 내용증명을 보내야 한다.

공유자들이 이 내용증명 우편을 받고 거의 전화를 한다. 그러나 전화가 왔다 해서 합의가 도출되는 것은 절대 아니니 너무 흥분하면 안 된다. 적정가격에서의 협상이 최선이지만 그들도 억울하다는 생각을 하고 있으며, 내용증명을 받는 시점에는 타 공유자들도 아쉬운 것이 별로 없다(낙찰이 되었다 해도 변한 것이 별로 없음).

그러면 잔금을 내고 1번 더 비슷한 내용으로 내용증명을 보낸다. 그때는 거의 연락이 없다. 그러면 할 수 없이 소송준비에 들어가야 한다. 이후 내용증명 2부(2번 송달했으므로)를 첨부해 관할 법원에 부당이득금반환청구소송(공유자가 전체 부동산을 점유하고 있을 때) 및 공유물분할청구소송을 신청한다. 그리고 부동산 가압류 및 부동산처분금지가처분(피보전 권리, 공유물분할청구권)을 동시에 신청한다. 그러면 몇 가지 길이 있다.

합의? 나머지 처리 방법들은 다음 장에서 자세하게 설명한다. 지금은 전체적인 지분 경매의 맥을 잡는 시간이다. 여기서 내용증명 우편을 보내고 상대방이 받았는지 정확하게 확인하는 방법을 알려주겠다.

인터넷우체국(www.epost.go.kr) 홈페이지의 우편물조회 중 '등기소포 배달조회'에 들어가서 우체국에서 준 영수증에 적혀 있는 '등기번호' 예를 들면, '31*1601*08108'이라는 13개의 숫자를 입력 후 조회를 클릭한다. 그러면 누가 받았는지까지 다 조회가 된다. 여러 상황을 살펴볼 수가 있다. 주의할 점은 반드시 우편 내용의 수신인 주소 및 성명과 봉투의 수신인의 주소 및 성명이 동일해야 한다.

등기소포 배달조회 화면

내용증명 우편물을 받은 타 공유자로부터 전화가 오거나 만나게 되었을 때 반드시 협상능력이 필요한 경우가 많이 발생하므로 여기서 잠깐 협상에 대한 기본 공식을 배우고 넘어가자.

이 협상법을 기억하면서 경매 낙찰 후(점유자의 명도, 타 지분권자와의 협의 시, 유치권자와 협상, 법정지상권에서 건물주와의 협의 시, 후순위채권 양도 양수 시, 토지 개발행위허가 시 등) 수많은 상황들을 생각해본다면 여러분들은 다시 한 번 협상력에 의해서 승패가 나뉘는 결과를 초래한다는 사실을 알게 될 것이다.

(2) 배워서 평생 써먹는 협상

우리는 어렸을 때부터 '부모님 말씀 잘 들어라, 선생님 말씀 잘 들어라, 친구들과 싸우지 말라'는 말들을 하루에도 몇 번씩 들으며 살아온 세대다. 아마도 몇백 년 넘게 우리 문화를 지배해온 충효를 중심으로 하는 유교 문화의 배경 때문이 아닌가 싶다. 순종을 미덕으로 여기는 문화권에서 자란 우리 세대는 협상이라고 하면 생소하게 여기는 사람들이 많다. 어떤 사람들은 협상가들을 자신의 이익만을 생각하는 피도 눈물도 없는 냉혈한으로 폄하하기도 한다.

하지만 협상도 자신이 원하는 바를 얻기 위해서 설득하고 주장을 펼치는 과정이라고 생각하면 일상생활에서 누구나 한 번쯤은 협상하고 하루를 보내고 있지 않을까? 협상이란 쉽게 말하면 동일 시간에 최대 이익을 얻을 수 있는 가장 효율적이고 합법적인 방법이라고 생각할 수 있다. 세상에는 협상을 요구하는 무수한 상황들이 발생하고 있기 때문에 협상도 학문이라는 이름으로 나날이 발전하고 있고, 협상에 관련된 책들만 해도 한 해에 수십 권이 출판되는 것 같다.

　선진국에서는 협상학이 수십 년 전부터 자리를 잡고 연구되었다고 하니 우리나라가 협상 테이블에서 번번이 고배를 마시곤 하는 것도 이해가 될 만하다. 이제는 우리나라에서도 협상의 중요성이 제법 인정받고 있고 협상 전문가 과정이나 협상 전략 과정을 비싼 값을 치르고 듣는 기업체나 CEO들이 많아지고 있는 분위기이다.
　공부하고 협상 테이블에 여러 번 앉게 되다 보면 협상이 단순한 말싸움이 아니라 이론과 전략이 있는 엄연한 학문이라는 것을 인정하게 될 것이다. 특히 공유지분 경매 해결을 위해서 어떤 협상 전략도 알지 못한 채 조정이나 협상에 임하게 된다면 낭패를 볼 수도 있기 때문에 총 없이 전장에 나가는 군인에 비유할 수도 있겠다.
　협상은 준비 과정이 80%요, 실전이 20%다. 준비만 제대로 하면 아무리 처음 보는 사람과 첫 협상을 하게 된다고 하더라도 자신 있게 협상에 임할 수 있다. 그 사람이 어떤 잘난 척을 하건 어떤 큰소리를 치건 간에 말이다.

　공유지분 경매에서 아무래도 갑의 입장은 낙찰받은 여러분이라고 할 수 있다. 그러나 내가 유리한 입장에 있다고 해서 상대방을 마구 궁지에 몰고 협박하거나 비웃고 큰소리치다가는 비록 금전적으로 이익을 보았다고 하더라도 그 인생은 결코 행복하지 못할 것이다. 어느 유명한 협상가는 협상에 대해서 "협상이란 나를 어필함과 동시에 상대방을 알아가는 과정이다"라고 했다.

　돈을 버는 지혜와 함께 돈을 벌어도 미움받지 않는 지혜를 삶 속에서 터득해야만 비로소 진정한 협상 기술을 익혔다고 할 수 있다. 협상에 임하기 전 상대방에 대해 알아두는 것은 필수조건이지만 그렇다고 대놓고 너의 약점을 내가 이미 다 알았으니 순순히 항복하라는 식으로 말하면 어떨까? 상대방은 불쾌감을 느끼고 오히려 경계하게 되며 감정이 상하게 되면 자신이 손해를 보는 한이 있더라도 협상을 해주지 않는 경우가 생기기도 할 것이다.

　'윈윈(Win-Win)'이 되어 협상 테이블을 기분 좋은 미소와 악수로 떠날 수 있어야 이긴 협상이라고 말할 수 있을 것이다. 협상자는 협상의 목적과 목표를 확실하게 적어두고 잊지 말고, 말을 함에 있어 무엇보다 중점 포인트를 먼저 말하는 것이 중요하다. 괜히 상대방을 떠본다고 변죽을 울리거나 없는 사실을 과장하여 말하는 것은 금물이다.

　반대로 좋은 게 좋은 거라고 터무니없는 가격에 협상을 해주고 찜찜한 기분으로 협상 테이블을 나서는 일도 없어야겠다. 협상에 임하는 목적은 수익을 올리기 위해서이기 때문이다. 좋은 협상을 위해 말도 안 되는 조건을 내거는 대상자에게는 때로는 결렬도 불사하겠다는 의지로 자리를 박차고 나오는 자세가 필요하다. 협상은 가슴으로 하는 것이 아니라 머리로 하는 것이다.

　어렵고 딱한 사정에 마음이 움직이는 대상자가 있더라도 협상 테이블에서는 냉정해야 한다. 만약 돕고 싶더라도 협상 테이블에서 원칙과 전략대로 협상한 뒤 얻고 난 수익으로 도와야 옳다. 협상 시 꼭 기억하여 실전에서 바로 써먹을 수 있는 협상기억법을 제시한다.

'ㅅ, ㅇ, ㅈ, ㅊ2 법칙'이다. 꼭 기억하자. 실전에서 무수히 쓰이고 있는 매우 중요한 협상법이다.

이 협상법을 기억하면서 경매 낙찰 후(점유자의 명도, 타 지분권자와의 협의 시, 유치권자와 협상, 법정지상권에서 건물주와의 협의 시, 후순위채권 양도양수 시, 토지 개발행위허가 시 등) 수많은 상황들을 생각해본다면 여러분들은 다시 한 번 협상력에 의해서 승패가 나뉘는 결과를 초래한다는 사실을 알게 될 것이다.

Plus Tip! 협상의 노하우

'ㅅ, ㅇ, ㅈ, ㅊ2' 법칙

지분 경매뿐 아니라 일상생활에서 일어나는 수많은 협상 중 계속 성공적으로 사용할 수 있다. 인생의 모든 상황 상황들이 사실 알고 보면 협상의 연속인 것이다.

- **상급자 법칙**(상급자를 가상으로라도 만들어라)
  협상의 문제들을 여러분이 직접 결정한다는 인상을 상대방에게 주어서는 안 된다. 항상 여러분이 오너일지라도 가상의 상급자(혹은 하급자 중에 그 분야의 전문가)를 만들어 협상 테이블에 나가도록 한다.

- **엄살 부리기**(엄청 놀라는 척을 해라)
  상대방도 자신이 제안했을 때 자신이 요구한 대로 되리라고 기대하지 않을 것인데 만약 여러분이 놀라는 모습이나 엄살을 부리지 않는다면 상대방의 제안이 가능하다고 말해준 셈이므로 일부러 내키지 않는 척 크게 엄살을 꼭 부려야 한다.

- **질문하기**(대답을 많이 하기보다는 질문을 하라)
  협상 테이블에서 여러분들이 말을 많이 하기보다는 자꾸 질문을 던져서 상대방의 정보와 의중을 가늠해보는 것이 훨씬 유리하며 또한 말을 많이 함으로써 상대방에게 여러분들의 정보를 무심결에 알려주는 것까지 방지할 필요가 있기 때문이다.

- **침묵하기**(무조건 침묵한다고 생각해라)
  여러분이 제안을 내놓은 후 상대방의 반응에도 침묵으로 일관하고 상대방이 제안했을 때도 침묵으로 답하면서 상대방이 먼저 말문을 열기를 기다려 보자. 상대방이 참지 못하고 말을 먼저 한다면 협상의 주도권은 여러분들이 쥐는 것이다. 또한, 그 제안은 생각지도 않은 좋은 방향으로 협상의 주도권을 가져올 가능성이 많이 있다. 여러분들이 협상을 빨리 종결시키지 못해서 안달 난 듯 말을 먼저 하는 순간 여러분의 협상은 실패로 될 확률이 높다. 그래서 시간이 촉박한 사람은 협상에서 이미 불리한 조건을 가지고 있는 것이다. 공유물을 점유하고 있는 공유자의 경우 이에 해당한다 하겠다. 빨리 수익을 얻고 싶은 마음에 급한 듯한 인상을 보였다간 협상에서 불리한 위치가 되기 십상이다.

- **첫** 제안에 '예스' 안 하기
여러분들이 첫 제안에 예스라고 한다면 상대방은 다시 한 번 생각한다. 왜냐하면, 자신의 제안에 허점이 있다고 생각하며 첫 제안 한 것을 두고두고 후회할 것이기 때문이다. 또한, 상대방이 이겼다고 느끼게 하기 위해서라도 항상 첫 제안에는 생각하는 척이라도 해야만 한다.

5개의 앞 글자(ㅅ, ㅇ, ㅈ, ㅊ2)를 꼭 기억하자 실전에서 무수히 사용되는 매우 중요한 협상법이다. 이 협상법을 기억하면서 경매 낙찰 후(점유자의 명도, 타 지분권자와의 협의 시, 유치권자와 협상, 법정지상권에서 건물주와의 협의 시, 후순위채권 양도양수 시, 토지 개발행위허가 시 공무원과의 협의 및 주민들과의 민원 등) 수많은 상황들을 생각해본다면 여러분들은 다시 한 번 협상력에 의해서 승패가 나뉘는 결과를 초래한다는 사실을 알게 될 것이다.

※ 'ㅊ'은 2개(침묵, 첫 제안)이므로 'ㅊ2'로 표기했다.

2 부부가 공동으로 소유한 경우

이런 경우는 좋은 지역의 아파트 등 우량 물건들이 많다. 부부관계가 좋은 경우 부부는 어떻게 해서든지 이러한 경매 상황을 해결하려고 한다. 또한, 공유자우선매수권에 대해서도 대부분 잘 알고 있고, 돈이 충분하면 대개의 경우 공유자우선매수권을 행사한다.

이미 이혼한 상태의 부부라면 경매당하지 않은 부인이나 남편이 직접 가압류 후 집행권원을 얻어 경매에 나오는 경우도 많이 볼 수 있다. 예전에는 이렇게 부부가 공동으로 부동산을 소유하는 게 흔한 일은 아니었다. 하지만 요즘에는 이러한 소유 형태를 심심하지 않게 볼 수 있다. 부부가 공동으로 소유하는 형태가 늘어날수록 부부 공유지분에 대한 경매도 늘어갈 것이다.

필자의 사견으로는 지분 경매가 지금보다 더 늘어날 것으로 본다. 부부 공유지분의 경우 낙찰받은 후 만나보면 두 사람의 상태가 극과 극인 경우가 많이 있다. 또한, 주거용 공유지분을 낙찰받은 경우에 그 부동산을 전부 점유하고 있는 사람이 타 공유자면 내 지분 비율만큼의 부당이득금을 청구할 수 있다. 공유지분권자의 정당한 권리니까. 이런 부부 공동 소유인 때 이런 경우가 많이 발생할 것이다. 만약 나머지 지분에 대하여 남편 명의로 되어 있고 부인이 그 부동산을 점유, 사용하고 있다면 그 부분에 대한 지분 비율만큼 청구할 수 있다. 이 경우는 약간 지분 비율이 크고 금액이 조금 더 나와야 한다.

너무 적은 금액은 부동산 가압류조차 할 수 없다(서울중앙지방법원의 경우 300만 원 이하는 기각시켜 버린다). 그리고 공유물의 관리에 대하여는 과반수의 결정에 의해 가능하지만, 그 처분행위는 전원의 동의가 있어야 한다. 관리행위란 임대를 놓는 것과 같은 것이고, 처분행위는 매도하는 행위와 같은 것을 말한다. 어쨌든, 관리행위에 대하여는 과반수의 지분을 가지고 있는 자가 할 수 있지만, 그 수익에 대해서는 분배를 해야 한다.

나머지 부동산 소유자인 남편이나 부인을 상대로 부당이득금반환청구를 할 수 있다. 그리고 부당이득금반환청구의 소멸시효는 10년이다. 상대방이 전부 점유 사용하는 것에 대해 임료 상당의 부당이득반환청구를 할 수 있다.

부당이득반환청구도 역시 소송이므로 소장을 요건에 맞추어 기재하여 법원에 접수함으로써 청구할 수 있으며, 소액 투자인 경우는 보통 청구금액 3,000만 원 이하 소액재판(예 : 사건번호2009가소1234)을 통하여 진행한다. 과거에는 2,000만 원 이하 금액에 대한 소가가 소액소송으로 진행되었으나 2017년 1월 1일부터는 소가 한도액이 3,000만 원 이하로 변경되었다. 여기서 '가소'가 소액재판이라는 표시이다. 경매사건은 '타경'이라는 사건부호를 가지고 있다. 이때 거의 이행 권고결정 명령이나, 보통 조정으로 종결되는 경우가 많이 있다.

일반소송비용의 1/10에 해당하는 인지대와 당사자의 송달료만 납부하므로 비용이 저렴하다고 '지급명령신청'을 하는 분도 있는데 이러한 공유지분에 의한 임료 상당의 부당이득반환청구인 경우 거의 상대방이 동의하지 않고 반박한다. 따라서 원고인 여러분들은 다시 소액소송으로 청구해야 하므로 지급명령신청을 하지 말고 바로 소액소송을 준비하는 것이 좋다.

1) 부당이득금반환소송

다음은 실제 소송에 사용한 부당이득금반환청구의 소액소송 양식 및 내용이다.

소장

원고 ○○서

피고 ○○호

부당이득금반환청구의 소

1. 소송물가액 923,077원＝923,077원(1년 임차료)
1. 첨용인지대 4,600원＝923,077원×5/1,000
1. 송달료 74,000원＝3,700원×2인×10회

첨부서류 포함부본 2부(1부 재판부＋1부 상대방용)

○○중앙지방법원 귀중

소장

원고 ○○서(○○○111-3900910) ☎ 010-○○○○-○○○○
　　　서울시 ○○구 ○○동 ○○○-○○ ○○○
피고 ○○호(○○○525-○○○7412) 13분의 2 소유자
　　　경기도 ○○시 ○○동 ○○○-1 ○○○택 ○동 ○층 ○○○호

부당이득반환청구의 소

청구취지

1. 피고는 원고에게 금 1,076,923원 및 이에 대하여 2000.11.06.부터 이 사건 소장부본 송달 일까지 연 5%, 그 다음 날부터 다 갚는 날까지 연 15%의 각 비율에 의한 금원을 지급하라.
2. 소송비용은 피고의 부담으로 한다.
3. 제1항은 가집행할 수 있다.

라는 판결을 구합니다.

청구원인

1. 당사자의 지위

    원고는 경기도 ○○시 ○○동 ○○○-1 ○○○택 ○동 ○층 ○○○호(피고 ○○호의 13분의 2 지분)의 부동산을 2000년 ○○월 ○○일 ○○○지법 경매○○계에서 사건번호 2000타경1000호 부동산 강제경매로 입금 11,850,000원의 매수대금으로 낙찰받아 2000년 10월 10일 적법한 절차에 따라 잔금을 완납하고 소유권이전등기까지 마친 진정한 소유자입니다.

2. 피고의 부당이득금

    가. 위 원고의 점유 부동산(13분의 2)에 관하여 피고 겸 전체 부동산 점유자 ○○호는 소유자 원고로부터 어떠한 사용승낙이나 동의 없이 또

한 정당한 권원 없이 13분의 2 지분만큼을 2000.00.16.부터 금일 현재까지 무단으로 사용하고 있으며 원고의 몇 차례 명도 및 임료 청구 요구에도 불성실한 대응만 하며 진정한 명도나 임료지급 의사를 보이지 않고 있는바

나. 이에 원고는 이 사건 법률상 피고가 정당한 권원 없이 점유 부동산을 점유, 사용(13분의 2 지분만큼)하여 임차료 상당의 부당이득 한 점을 이유로 피고에게 부당이득의 반환을 청구하는 것이며 그 금액은 이 사건의 부동산을 피고가 정당한 권원 없이 점유한 시점을 기준으로 하여 청구하는바 피고 ○○호는 원고에게 2000.○○.16.부터 완제일까지 월임료 상당의 월금 76,923원의 부당이득으로 반환할 의무가 있다 하겠습니다.

또한, 부당이득의 기준 되는 임차료 기준은 인근 지역의 시세조사에 의한 것입니다.

3. 결론

위에 따라 피고는 원고에 대하여 위 청구취지 기재 금원을 반환할 의무가 있다 할 것이므로 이를 구하기 위하여 이 사건 소를 제기합니다.

첨부서류

1. 갑 제1호증 내용증명 및 메모 2통
1. 갑 제2호증 부동산등기부등본 1통
1. 갑 제3호증 임차료청구내역서 1통
1. 갑 제4호증 피고전입세대열람내역 1통
1. 갑 제5호증 부동산전세금시세 2통
1. 갑 제6호증 등기부등본 1통

2000.01.○○.
위 원고 ○○서(인)

○○중앙지방법원 귀중

목록

1. 1동 건물의 표시

경기도 ○○○시 ○○동 ○○○-1 ○○○택 제○동 제○층 제.○○○호
벽돌조 슬래브위 기와지붕 3층 연립주택 1층 318.24㎡
2층 318.24㎡
3층 318.24㎡
지층 305.64㎡

전유부분의 건물의 표시

제○층 ○○○호
벽돌조
47.64㎡
지하실 16.98㎡

대지권의 목적인 토지의 표시

대지의 표시 : 1. 경기도 ○○시 ○○동 ○○○-○
대 0844㎡
대지권의 종류 : 1. 소유권대지권

임차료청구내역서

* 청구금액 계산 내역
- 기준시점 : 2000년 12월 16일(매각잔금 납입일)
- 부당이득금청구기준 : 인근 유사 부동산 전세금시세(전세 5,000만 원)
- 점유지분(13분의 2)의 전세금 = 50,000,000원 × 2/13 = 7,692,308원
- 월차임 전환 시 산정률 기준 : 12%/년(주택임대차보호법 제7조2항 및 동 시행령 제2조의2 참조)
- 청구금액 산출근거(연임 차료) : 7,692,308원 × 0.12% = 923,077원(1년 치 청구분)
- 월 임차료 청구금액 : 923,077원/12개월 = 76,923원

여기서 잠깐 '소액심판제도'에 대해서 공부해보기로 하겠다.

소액사건은 단독 판사가 담당하는 소송물가액이 3,000만 원 이하의 금전 그 밖의 대체물 및 또는 유가증권의 일정 수량의 지급을 구하는 제1심의 민사사건이며, 간이한 절차에 따라 신속히 처리하기 위하여 민사소송법보다 우선하여 소액사건심판절차법의 적용을 받는 것이다. 그러니까 소액사건은 금전의 지급에 이용한다고 생각하면 된다.

내용증명 우편의 발송을 통해서 타 공유자와 원만히 해결되지 않는 경우에는 민사소송을 통해 해결할 수 있다. 그러나 민사소송은 소장을 쓰는 것부터 끝날 때까지의 절차가 오래 걸리고 비용도 조금 많이 들고 시일도 오래 걸리기 때문에 재판을 꺼리는 수가 많다.

이에 반해 3,000만 원을 초과하지 않는 금전지급을 목적으로 하는 청구(대여금, 물품대금, 손해배상청구, 부당이득금)와 같이 비교적 단순한 사건에 대하여 보통 재판보다 훨씬 신속하고 간편하며 경제적으로 재판을 받을 수 있게 만든 것이 소액심판제도이다.

(1) 소액심판제도의 특징

가) 간편한 소송 제기

법원종합접수실 또는 민사과에 가면 누구나 인쇄된 소장 서식 용지가 비치되어 있다. 그래서 양식을 보고 해당 사항 등을 써넣으면 소액 소장이 만들어지도록 마련되어 있다. 그러나 우리는 미리 자신의 컴퓨터에 앞 장의 양식을 저장하여 필요 내용들을 수정한 후 출력하여 법원에 제출하자.

나) 신속한 재판

소장을 접수하면 담당 판사는 지체 없이 변론기일을 지정하게 되어 있다. 따라서 즉시 변론기일을 지정하여 원고에게 소환장을 교부하며, 되도록 1회의 변론기일로 심리를 마치고 즉시 선고할 수 있도록 하고 있다. 따라서 여러분은 모든 증거 및 관계 서류를 최초의 변론기일에 제출할 수 있도록 준비해야 한다. 다만, 판사의 필요에 따라 심리를 1회 연장할 수도 있다.

다) 소송 대리

소액재판에서는 소송을 제기하는 사람이 스스로 자신을 변호하거나 소송을 밟아 나갈 수 있으며 당사자의 배우자, 직계혈족, 형제자매 또는 호주 등도 법원의 허가 없이 대리인이 될 수 있다. 이 경우 신분관계를 증명할 수 있는 호적등본 또는 주민등록등본 등으로 신분관계를 증명하고, 소송위임장으로 수권 관계를 증명해야 한다.

라) 판결까지의 소요 기간

일반 민사사건이 1심 판결까지 최소 5~6개월 이상 소요됨에 비해 소액사건심판은 특수성으로 인해 약 30일 정도 소요되지만, 현실적으로는 조금 더 걸리고 있다.

(2) 소송비용 – 인지대, 송달료

인지대와 송달료 쉽게 구하는 방법

'대한법률구조공단(www.klac.or.kr, 대표번호 054-810-0132)'의 홈페이지로 들어가서 '소송비용 자동계산'을 클릭하고 '본안사건 인지 및 송달료 계산'에 들어가서 해결하면 된다. 예를 들어 청구금액이 1,000만 원, 원고 1명, 피고 1명인 경우를 보자. 인지액 5만 원과 송달료 74,000원이 계산되어 바로 아래와 같이 화면에 나타난다.

- 소송물가액(청구금액) : 10,000,000원
- 종류 : 소장
- 원고(채권자, 신청자) : 1명
- 피고(채무자, 피신청인) : 1명
- 인지액이 1만 원 이상인 경우는 현금으로 납부해야 한다.
- 2016.02.26. 송달료 3,700원으로 인상되었다.
- 2017.01.01.부터 소액사건 대상 범위가 '소가 3,000만 원 이하 사건'으로 변경되었다
- 인지액 : 50,000원
- 송달료 : 74,000원

가) 인지대 계산방법

인지대는 배상청구액에 비례한다.

1,000만 원 미만 : 소가×0.5%(5/1,000) = 인지액

1,000만 원 이상 1억 원 미만 : 소가×0.45%+5,000원 = 인지액

1억 원 이상 10억 원 미만 : 소가×0.4%+5만 5,000원 = 인지액

10억 원 이상 : 소가×0.35%+55만 5,000원 = 인지액(100원 미만 절하)

예 소송물가액이 1,400만 원일 때의 인지액은 '5,000+14,000,000×0.0045 =5,000원+63,000원=68,000원'이 된다.

나) 송달료

　소장을 제출할 때에 소정의 계산방식에 의한 송달료를 송달료 수납은행(대부분 법원구내 신한은행)에 납부하고, 은행으로부터 받은 송달료 납부서를 소장에 첨부한다.

　현금지급기 및 인터넷뱅킹을 이용해서 납부하면 되는데 보통 신한은행에서 수납받는다. 송달료를 법원 구내 은행의 현금 입출금기를 이용하여 납부하는 경우에는 그 이용명세표로 송달료납부서에 갈음할 수 있도록 해서 법원에 가서 많이 이용한다. 신한은행에 인터넷뱅킹을 신청한 경우에는 인지 및 송달료를 인터넷뱅킹으로 납부해도 되니 이 방법을 이용하면 편리하다. 그러나 휴일 및 업무 시간 외에는 이용이 불가하다(업무 시간에만 이용 가능).

　송달료 잔액의 환급은 소송 절차가 종결된 때에 납부인이 송달료 잔액 계좌 입금신청을 한 경우 신고한 예금계좌로 입금해준다. 계좌 입금신청을 하지 않은 경우, 예금계좌의 부정확한 신고 등으로 송달료 잔액의 계좌입금이 되지 않은 경우 및 송달료 잔액이 계좌입금수수료보다 부족한 경우에는 송달료 관리은행에서 납부인에게 잔액환급 통지를 하고 있다.

　송달료잔액환급통지가 이사 등의 사유로 송달불능이 되는 경우 이를 알지 못하여 일정 기간 지난 후 국고수납이 되는 수가 있으니 송달료 납부 시 자신의 예금계좌를 정확히 기재해야 한다.

송달료＝당사자 수×3,700원×10회분

예 원고, 피고 2인뿐일 때＝2인×3,700원×10회분＝74,000원입니다.

  민사소송에 있어서 재판비용은 당사자가 부담하는 것이 원칙이다. 따라서 소장을 제출할 때 납부하는 송달료는 재판이 끝나고 남으면 여러분에게 환급하고 재판 도중 모자라면 법원에서 연락이 와서 추가 납부를 해야 한다.

  ㉠ 소가 3,000만 원 이하 소액사건 : 10회분×당사자 수×3,700원
  ㉡ 소가 3,000만 원 초과 2억 원까지 단독사건 : 15회분×당사자 수×3,700원
  ㉢ 소가가 2억 원을 초과하는 합의 사건 : 15회분×당사자 수×3,700원

  그러므로 원, 피고가 각 1명이면 2명분을, 원고가 여러분 1명이고, 피고가 2명이면 3명분을 납부해야 한다.

(3) 소장 쓰는 요령

소액사건의 경우 소장을 작성하는 것이 일반 민사사건에 비하면 매우 간편하다. 즉 법원에 가면 소액사건 소장의 양식이 인쇄돼 여러 종류별로 비치돼 있어 여러분은 필요한 사항들을 빈칸에 적어 넣기만 하면 되고, 우리는 미리 자신의 컴퓨터에 앞 장의 양식을 저장하여 필요 내용들을 수정한 후 출력하여 법원에 제출하면 된다.

가) 겉표지

사건명과 원고, 피고의 이름을 기재하고 사건명과 인지대 송달료 등을 적는다.

나) 내용

크게 청구취지와 청구원인으로 나누어 준다.

> 1. 청구취지에는 소를 구하는 금액 및 취지를 적는다.
> 2. 소송비용은 피고의 부담으로 한다.
> 3. 제1항은 가집행할 수 있다.
>
> 라는 판결을 구합니다.

청구원인의 항목에서는 청구취지와 같이 청구하게 된 이유를 논리적으로 기재한다.

다) 날인

소 제기 연, 월, 일 및 기명날인한다.

라) 법원 표기

소장을 제출하는 법원을 표시한다.

마) 입증방법

통상 소장에는 증거서류(서증)만을 기재함이 보통이다. 증거서류가 여러 개 있을 경우 혼동을 가져오므로 증거서류에는 여러 부호를 붙여서 제출해야 한다. 원고가 제출하는 증거서류에는 '갑 제○호증' 이라는 부호를, 피고가 제출하는 증거서류에는 '을 제○호증'이라는 부호를 여백에 표시한다.

(4) 소장의 제출

소장의 작성이 완료되면 소장표지와 소장내용 다음에 증거서류를 번호(갑 제1호증, 갑 제2호증……) 순서대로 편철하여 제출하면 된다. 만약 대리인이 있을 경우는(합의부에서 심리하는 사건, 단독 판사가 심리하는 사건 중 소송목적의 값이 8,000만 원을 초과하는 사건은 변호사가 아니면 소송 대리가 되지 않음) 소송위임장과 대리인과의 관계를 증명하는 호적등본, 주민등록등본 등을 첨부해야 한다.

마지막으로 소장에는 인지를 붙여야 하는데 보통 소장표지에 붙이며, 인지를 현금으로 납부할 경우에는 구내 은행에 인지액을 납부하고서 현금납부영수증을 표지 뒷면에 붙인다.

소장을 작성한 후에는 이를 관할 법원에 접수해야 한다. 법원에 종합접수실이 설치되어 있으면 종합접수실에 접수하면 되고, 그렇지 않으면 민사과(소액과, 서울중앙지방법원의 경우는 북관에 따로 있음)에 접수한다.

소장을 제출할 때는 원고와 피고의 수에 1을 더한 숫자만큼의 부본도 함께 제출해야 한다. 즉 피고가 1인이면 소장부본도 2부 제출해야 하며, 피고가 2인이면 소장부본을 3부 제출해야 한다. 그리고 소장, 증거서류, 첨부서류 등은 재판 시 참고를 위해 1부씩을 더 만들어 자신이 꼭 보관해 두는 것이 좋다.

소장은 직접 법원에 가서 접수할 수도 있고 우편으로 접수할 수도 있다(실제는 전자소송을 이용하게 되면 더욱 편리하다). 우편으로 접수할 경우 법원을 찾아가는 수고를 절약할 수 있는 장점이 있지만 처음 소장 접수 시에는 직접 가는 것이 좋고 소송 도중 제출할 서류(답변서에 대한 준비서면 등) 등은 우편을 이용하는 것이 좋다.

(5) 소액재판의 진행

소액심판은 판사 앞에서 심리를 받는 시간이 수분 이내이다. 이처럼 매우 간단하게 진행된다. 이때 쟁점이 되는 차임 상당의 금액이 서로 맞지 않으므로 보통 판사님들은 조정으로 넘긴다. 여기서 중요한 것은 재판에는 꼭 참석해야 한다는 것이다. 피고가 불출석하고 답변서도 내지 않으면 즉석에서 원고에게 승소 판결이 선고되고, 원고가 두 번 불출석하고 그 후 1월 내에 기일지정의 신청을 하지 아니하면 소송은 취하된 것으로 간주될 수 있기 때문이다.

이상으로 간단한 소액소송으로 부당이득금을 청구하는 방법을 배웠다.

2) 부동산 가압류

다음은 부동산 가압류하는 방법을 배워보자!

소액소송 소장을 접수한 후 소장접수증명원을 발급받아서 바로 부동산 가압류를 신청한다. 일단은, 부동산가압류명령신청서를 다음과 같이 1부 작성한다.

(1) 부동산가압류명령신청서 1부를 가지고 관할 시청, 구청 세무과에 가서 등록세영수증을 발급받는다. 발급받은 후, 구청 구내 은행에서 등록세 납부한다(이 방법은 초보자의 프로세스 이해를 돕기 위해 알려주는 것이고, 실제는 인테넷에서 납부(이텍스)할 수 있다).

(2) 부동산가압류명령신청서 1부를 가지고 법원 앞의 서울보증보험주식회사 대리점에 가서 보증보험증권을 발부받으러 왔다 하면 바로 발급해준다(이것도 실제는 서울보증보험주식회사 대리점 전화번호를 인터넷에서 찾아서 공인인증서 발급 및 회원가입 후 이용하면 된다).
※ 부동산 가압류신청은 선담보 제공할 수 있다. 원래는 가압류신청 후 공탁명령이 내려지면 그때 보증보험증권을 제출하므로 법원에 두 번 가야 하지만 부당이득금반환에 의한 부동산 가압류는 같이 제출한다.

(3) 그다음 법원 구내의 은행에 가서 송달료 납부하고, 인지(2,500원)와 중지(2,000원, 토지와 건물은 4,000원)를 같이 매입한다(이것 또

한 신한은행 인터넷뱅킹에 가입해 이용하면 편리하다).

송달료 = 3,700원 × 3회분 × 2명 = 22,200원(당사자가 2인 일 때)

(4) 그다음은 제출할 서류에 송달료영수증, 증지(호치키스), 인지, 등록세영수증을 붙이면 된다.
  ① 부동산가압류신청서 겉표지에 2,500원어치 인지를 풀로 붙이고, 증지 2,000원어치 호치키스로 찍는다.
  ② 첫 페이지 뒷면에는 송달료 낸 영수증과 등록세영수증을 위에만 풀칠해서 붙인다.
  ③ 서류 중에 꼭 '가압류신청진술서'를 첨부해야 한다. 가처분신청에서는 신청진술서가 없으나, 가압류신청은 진술서의 심사를 실질적으로 하니 사실적으로 작성하고, 보정명령이 많이 내려지니 유의하기 바란다.
  ④ 등기부등본 원본 첨부.
  ⑤ 별지 목록 6부를 별도로 준비한다. 나머지는 기타 필요 부속서류 첨부 후 제출하면 된다.

부동산가압류신청서

채권자 ㈜○○씨○
채무자 ○○덕

청구금액	금 4,000,000원
송달료	금 22,200원
인지액	금 2,500원

- 송달료 = 2인 × 3회 × 3,700원 = 22,200원
- 증지 = 2,000원
- 별지 6부

서울중앙지방법원 신청계 귀중

부동산가압류신청서

채권자 ㈜○○씨○(○○○○11-○○○○○010)
　　　　대표이사 ○○서 ☎ 010-002-0006
　　　　서울시 ○○구 ○○동 600-10 ○○○ ○○○○
채무자 ○○덕(○○○718-○○○8739)(3분의 1 지분 공유자)
　　　　경기도 ○○시 ○○구 ○○동 ○○ 제○○○ 제○○3호

청구채권의 표시
금 4,000,000원, 부당이득금반환청구의 소

가압류할 부동산의 표시
별지 목록 기재와 같음

신청취지

채권자가 채무자에 대하여 가지고 있는 위 채권의 집행보전을 위하여 채무자 소유의 별지 목록 기재 부동산을 가압류한다.
라는 재판을 구합니다.

신청이유

1. 당사자의 지위
　　채권자는 경기도 ○○시 ○○구 ○○동 450 제○○층 제003호(3분의2 지분)의 부동산을 2000.○○.05. ○○지방법원으로부터 부동산 강제경매 절차에서 금32,000,000원에 낙찰받아 2000년 01월 15일 적법한 절차에 따라 잔금을 완납한 진정한 소유자입니다.

2. 부당이득금 발생 경위

　가. 위 원고의 경락취득 부동산(3분의 2 지분)에 관하여 피고 겸 전체 부동산 점유자 ○○덕은 소유자 원고로부터 어떠한 사용승낙이나 동의 없이 또한 정당한 권원 없이 3분의 2 지분만큼을 2009.01.15.부터 금일 현재까지 무단으로 사용하고 있으며 원고의 몇 차례 명도 및 임료청구 요구에도 불성실한 대응만 하며 진정한 명도나 임료 지급 의사를 보이지 않고 있는바

　나. 이에 원고는 이 사건 법률상 피고가 정당한 권원 없이 점유 부동산을 점유, 사용(3분의 2 지분만큼)하여 임차료 상당을 부당이득 한 점을 이유로 피고에게 부당이득의 반환을 청구하는 것이며 그 금액은 이 사건의 부동산을 피고가 정당한 권원 없이 점유한 시점을 기준으로 하여 청구하는바 피고 ○○덕은 원고에게 2000.01.15.부터 완제일까지 월임료 상당의 월금 333,333원의 부당이득으로 반환할 의무가 있다 하겠습니다. 또한, 부당이득의 기준 되는 임차료 기준은 인근 지역의 시세조사에 의한 것입니다.

3. 보전의 필요성

채무자는 이건 대상 부동산을 타에 처분한다는 소문이 있는바, 채권자로서는 채무자가 의도적으로 이건 부동산을 타에 처분한다면 후일 본안의 소송에서 승소한다고 하더라도 집행을 하지 못할 수 있는바, 이건 보전조치를 해놓아야 할 필요성이 시급합니다.

아울러 본 건 가압류 손해담보조로 제공할 공탁금은 보증보험회사와 체결한 보증보험증권으로 제출할 수 있도록 허가하여 주시기 바랍니다.

소명방법

1. 소갑 제1호증 소장접수증명원
1. 소갑 제2호증 부동산등기부등본
1. 소갑 제3호증 채무자전입세대열람내역서
1. 소갑 제4호증 매각물건명세서

1. 소갑 제5호증 내용증명
1. 소갑 제6호증 부동산전세금시세표
1. 소갑 제7호증 임차료청구내역서
1. 소갑 제8호증 법인등기부등본

첨부서류

1. 위 입증방법 각 1통
1. 가압류신청진술서 1통
1. 보증보험지급보증위탁계약서 1통

2000. 02. ○○.

위 채권자 ㈜○○씨○ 대표 ○○서(인)

010-○○○○-○○○○

서울○○지방법원 신청계 귀중

[별지]

가압류할 부동산의 표시

1. 1동 건물의 표시

경기도 ○○시 ○○구 ○동 ○○○ ○○○층 제003호
라멘조 슬래브지붕 4층 다세대 주택 1층 129.75㎡
2층 129.75㎡
3층 129.75㎡
4층 129.75㎡
지층 136.06㎡

전유부분의 건물의 표시

제○○층 제003호
라멘조 47.03㎡

대지권의 목적인 토지의 표시

토지의 표시 : 1. 경기도 ○○시 ○○구 ○○동 ○○○ 대 427㎡
대지권의 종류 : 1. 소유권대지권
                1. 427분의 30.9

이상 가압류 대상 : 채무자 ○○덕 지분 3분의 1 전부

임차료청구내역서

*** 청구금액 계산 내역**
- 기준시점 : 201○년 01월 15일(매각잔금 납입일)
- 부당이득금청구기준 : 인근 유사 부동산 전세금시세(전세5,000원)
- 점유지분(3분의 2)의 전세금 = 50,000,000원 × 2/3 = 33,333,333원
- 월차임 전환 시 산정률 기준 : 12%/년(주택임대차보호법 제7조2항 및 동 시행령제2조의2 참조)
- 청구금액 산출 근거(년 임차료) : 33,333,333원 × 0.12% = 4,000,000원(1년치 청구분)
- 월 임차료 청구금액 : 4,000,000원 / 12개월 = 333,333원

3) 지분 100% 매수 전략

수원지방법원 본원 5계 (031-210-1265)
매각기일 : **2009.11.04(水) (10:30)** / 조회수 : 333회

2009타경 경기도 수원시 장안구 정자맨션 지하층 103호

물건종별	다세대(빌라)	감 정 가	15,000,000원	기일입찰 [입찰진행내용]
대 지 권	10.32㎡(3.122평)	최 저 가	(100%) 15,000,000원	구분 / 입찰기일 / 최저매각가격 / 결과
건물면적	15.68㎡(4.743평)	보 증 금	(10%) 1,500,000원	1차 / 2009-11-04 / 15,000,000원
매각물건	토지및건물 지분 매각	소 유 자		낙찰 : 17,190,000원 (114.6%)
사건접수	2009-06-16	채 무 자		(입찰1명,낙찰:예원cnr)
사 건 명	강제경매	채 권 자	(주)예원씨앤알	매각결정기일 : 2009.11.11 - 매각허가결정
				대금납부 2009.12.04 / 배당기일 2010.01.07
				배당종결 2010.01.07

  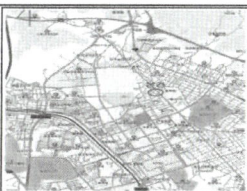

매각물건현황(감정원 : 서광감정평가 / 가격시점 : 2009.07.03)

목록	구분	사용승인	면적	이용상태	감정가격	기타
건1	(4층중지하)		15.68㎡ (4.74평)	방2,거실등	9,000,000원	전체면적 47.03㎡ 중 지분 1/3 매각 * 중복도식구조 * 도시가스

목록	토지현황		대지권의 목적인 토지	감정가격	기타
토1			427㎡ 중 10.32㎡	6,000,000원	전체면적 30.95㎡ 중 지분 1/3 매각

**현황
위치**
* 미도아파트 북측 인근에 위치
* 부근은 아파트, 다세대주택 등이 소재하는 일반주택지대
* 본건 아파트까지 제반차량 출입 및 주정차 가능하며, 대중교통상황은 무난함
* 인접지와 등고평탄한 부정형 토지로 다세대주택 부지로 이용중임
* 다세대주택 출입구는 동측 세로에 연결되며 도로상태는 보통임

임차인현황(말소기준권리 : 2002.04.04 / 배당요구종기일 : 2009.09.11)

임차인	점유부분	전입/확정/배당	보증금/차임	대항력	배당예상금액	기타
	주거용 미상	전 입 일 2003.09.23 확 정 일 미상 배당요구:없음	미상		배당금 없음	
기타참고	☞ 조사외소유자점유 / ☞ 현황조사시 폐문부재로 인하여 임대차 관계는 조사하지 못하였고 전입세대 열람결과 소유자 세대 이외에 세대가 전입되어 있음 / ☞ 지층의 문에 103호로 표기되어 있었으며 전입세대 열람결과 지층으로는 없외고 103호로 소유자 및 가 전입되어 있었음					

등기부현황 (채권액합계 : 24,666,667원)

No	접수	권리종류	권리자	채권금액	비고	소멸여부
1	2002.04.04	지분전부근저당	이귀영	20,000,000원	말소기준등기	소멸
2	2008.02.14	소유권이전(매매)	외2인		(각지분1/3)	
3	2000.09.20	지분압류	장안구청			소멸
4	2009.02.09	지분가압류		4,666,667원		소멸
5	2009.02.19	지분가처분			공유물분할청구권	소멸
6	2009.06.17	지분강제경매		청구금액: 4,666,667원	2009타경35841	소멸

등기부 분석 ☞ 전체면적 중 지분 1/3 매각주의

정자1동 주민센터 [440-300] 경기 수원시 장안구 정자동 840-96 / 전화: 031-228-5626 / 팩스: 031-228-5346

낙찰사례분석(경기도 수원시 장안구 정자동 다세대(빌라))

구분	평균감정가	평균낙찰가	낙찰가율	유찰횟수	입찰인원수	사례분석예상가
최근1년간(8건)	₩91,625,000	₩73,923,750	80.15%	1.5회	2.38명	₩12,022,500
6개월간(7건)	₩101,857,143	₩82,298,571	80.67%	1.43회	1.86명	₩12,100,500
3개월간(3건)	₩109,333,333	₩77,446,333	73.42%	2회	1.33명	₩11,013,000
1개월간(1건)	₩170,000,000	₩100,000,000	58.82%	3회	1명	₩8,823,000

이 사건(2009-358**)이 필자가 3분의 2 지분을 낙찰을 받아서 약 1년 후 나머지 지분권자의 지분 3분의 1까지 매수해 지분이 아닌 100% 온전한 물건으로 만들어 임차인에게 임대를 주었다가 1년 후 그 임차인에게 매각한 물건이다.

상기 물건을 예로 지금까지 배운 내용증명, 부동산 가압류, 부동산처분금지가처분, 부당이득금반환청구소송, 인도명령을 통하여 어떻게 지분 물건을 100% 온전한 내 물건으로 만들어 가는지 알려주겠다.

이 사건 1년 전에 3형제의 지분(각 3분의 1씩) 중 3분의 2 지분이 경매에 나왔었다. 이 3분의 2 지분을 필자가 낙찰받았다. 과반수의 지분을 저렴하게 낙찰받은 것이다. 이곳은 수원의 재개발지구에 들어 있는 곳이다.

3분의 2 지분을 낙찰받고 잔금을 납부하면서 낙찰 부동산 전체를 점유하고 살고 있는 3분의 1 나머지 타 공유자에 대한 인도명령을 신청하여 법원으로부터 인용을 받았으나 타 공유자는 계속 묵묵부답으로만 일관하여 어떠한 연락조차 되지 않았다. 그 후에도 다세대 주택을 점유하고 있는 나머지 3분의 1 지분권자를 상대로 수차례 내용증명을 발송하였지만 어떠한 연락조차 없어 3분의 2 지분을 부당점유하고 있는 점을 근거로 부동산 가압류 및 부당이득금반환청구소송을 청구하게 되었다.

부동산등기부등본에 1년 치 임차료에 상당하는 금액을 가압류등기로 올리고 부당이득금반환청구소송에서도 승소하였으나 임차료 상당의 금액을 지불하지 않아 이 부당이득금반환청구소송에서 승소한 금액에 대하여 부동산 강제경매를 청구했다. 강제경매를 신청하여 나머지 지분 3분의 1을 공유자우선매수신청을 통하여 경매로 낙찰을 받아 100% 온전한 물건이 된 것이다.

3분의 1 지분을 1회차 경매에서 필자가 낙찰을 받은 이유는 제3자가 나타나서 1차에 115%를 낙찰가로 쓰고 최고가 매수인으로 낙찰을 받아 공유자우선매수신청을 통해서 본건을 낙찰받아온 사연이 있는 물건이다. '지분 100% 매수전략'에 해당되는 물건이다.

이 물건을 보면 공유지분 경매에서 낙찰 후 진행되는 프로세스 중 공유물분할청구소송을 제외한 거의 모든 과정이 적용되어 만들어 간 대표적인 물건이라 할 수가 있다.

지금까지 첫째, 상속에 의한 경우와 둘째, 부부가 공유하는 경우를 살펴보면서 내용증명과 부당이득금반환소송, 부동산 가압류하는 방법을 동시에 배웠다. 마지막으로 세 번째 '지인이나 친척들끼리 공유하는 경우'를 살펴보겠다.

3 지인 및 친척끼리 공동 소유한 경우

이 경우에도 공유자 중 1명이 어떤 일로 경제적 문제가 생기면 경매에 나오게 된다. 하지만 이런 경우에는 합의에 이르는 데 시간이 오래 걸리는 경우가 있다. 경매 낙찰 후 소송만 능사가 아니며 우리는 투자자이므로 빠른 시간에 합의하여 투자금 회수와 수익 극대화에 목적이 있다. 따라서 무조건 소송으로 가라는 것이 아니다.

소송은 압박수단으로 사용하는 것이며 정 부득이 합의도출에 실패 시 사용하는 수단이다. 최고의 협상은 서로 간에 윈-윈 하는 것이다. 나만 이득을 얻고 이겼다고 생각하는 순간 협상은 결렬되는 것이다. 특히 여러 명이 있는 물건은 소송 시 송달 문제 등이 있고 합의를 도출하는 데 많은 노력이 필요하므로 되도록 피하는 것이 좋다.

공유지분 경매에서 낙찰 후 넘어야 할 산뿐만 아니라, 입찰 때 넘어야 할 산이 별도로 또 하나가 있다.

1) 공유자우선매수청구

바로 '공유자우선매수청구' 이것이 우리에게 또 기회가 되는 것이다. 그럼 공유자우선매수청구제도를 보면서 차근차근 설명하겠다. 이 공유자우선매수제도는 우리나라에만 있는 독특한 제도라고 한다. 공유자우선매수제도를 만든 취지는 공유 부동산의 원활한 활용에 있다.

공유자는 공유물 전부를 이용하고 관리하는 데 있어서 다른 공유자를 배제한 채 일방적으로 그러한 행위를 할 수 없고 다른 공유자와 협의를 해야 한다. 이러한 협의는 공유자 상호 간의 유대관계를 전제로 가능한 것이다. 그러나 공유자 간 일정한 유대관계가 없다면 사사건건 의견충돌이 있을 테고 그러면 공유 부동산은 주어진 용도대로 사용되지 못하게 될 것이다.

이러한 측면에서 볼 때 공유지분 경매로 새로운 사람이 공유자가 되는 것보다 기존의 공유자에게 우선권을 주어서 그 공유지분을 매수할 기회를 주는 것이 좋다는 게 이 제도의 입법 취지이다. 우리는 반대로 이 제도 때문에 경쟁률이 낮은 가운데 이 시장으로 진입할 수 있는 기회가 생기고 그래서 우리에게도 고마운 제도인 것이다.

공유자는 입찰 날 다른 사람에게 낙찰되어 집행관이 낙찰자의 이름과 최고가매수신고가격을 부르고 매각의 종결을 알리기 전까지 공유자우선매수권을 행사하겠다는 의사를 말하면 된다. 물론 말만으로 끝나는 것은 아니고 일반 입찰자들처럼 그 즉시 10%의 보증금을 제공해야 한다. 보증금을 내지 못하면 공유자우선매수권 의사는 무효가 되고 원래 낙찰자에게 낙찰된다.

앞에서처럼 입찰 날 공유자우선매수권을 행사해도 되지만 입찰일 전에 최고가매수신고가격과 같은 가격으로 공유자우선매수권을 행사하겠다는 신고함으로써 공유자우선매수권을 행사할 수도 있다. 미리 그렇게 신고했다 하더라도 매각의 종결을 알리기 전까지 보증금을 내지 않으면 공유자우선매수권의 효력은 생기지 않는다. 미리 공유자우선매수권을 행사하는 것이 유리한지 입찰일 날 낙찰 결과를 보고 공유자우선매수권을 행사하는 것이 유리한지는 사안마다 다르므로 단정적으로 말할 수는 없다. 법원마다 진행방식이 조금 다르니 경매계에 문의해보는 것이 가장 정확하다(꼭 경매계에 문의하라. 인천지방법원의 경우 미리 신고하고 행사 안 할 시 다음 기일에 행사 못 한다).

미리 우선매수권을 신고하면 법원 기록에 그 신고사항이 기록상으로 남게 되고 사설 경매 사이트에도 기록이 있으므로 대부분의 입찰자들이 이를 알게 되고, 특별하게 그 물건에 애착이 간다든지 아니면 공유자에게 해를 줄 생각이 아니라면 일부러 그 물건에 입찰하는 사람은 없을 것이다. 만일 우선매수권을 미리 신고하지 않았다면 소수의 입찰자들은 낙찰이 취소되는 한이 있더라도 입찰을 하게 될 것이다

우리 투자자 입장에서는 이 공유자우선매수권은 참으로 귀찮은 문제다. 물건에 입찰하기 위해서 나름대로 임장을 하고 보증금을 마련하고

또 하루를 입찰을 위해 써야 하는데 이는 생각보다 많은 시간과 노력을 필요로 하는 일이다. 그만한 노력이 공유자우선매수신청으로 날아가 버릴 수 있으니 참으로 짜증이 날 수밖에 없다.

어차피 다른 물건들도 많은데 굳이 그런 물건까지 할 필요가 있을까? 하지만 이런 생각들이 공유지분에 대한 투자를 기피하게 하므로 이것이 기회인 것이다. 그렇다고 모든 공유자들이 공유자우선매수권을 행사하는 것은 아니다.

임장 활동 때나 서류상에서 이를 꼼꼼하게 검토할 수만 있다면 수익이 나고 협상이 잘 될 것으로 예상되는 물건에만 투자할 수도 있을 것이다. 예를 들어 유치권물건이라면 유치권권리신고자와 점유자가 다른 물건을 고른다면 손쉽게 인도명령을 받아 낼 것이다. 이런 식으로 허점을 파악하고 맥을 잡는 것이 무엇보다 우선이다. 또한, 공유자가 자금 여력이 없는 경우나, 법에 무지하여 공유자우선매수권제도가 있는지조차 모르는 경우도 종종 있다.

그 외에도 공유자 간 도의적인 문제 때문에 섣불리 입찰하지 못하는 경우도 있고, 부동산을 보는 관점의 차이로 해당 물건에 무관심한 경우도 있다. 그 외에도 이런저런 이유로 공유자우선매수권을 행사하지 않는 공유자들이 행사하는 경우보다 더 있다. 이런 공유자우선매수권을 행사하겠다는 공유지분에 대한 입찰은 저가낙찰 및 단독 내지는 2~3명일 가능성이 상당히 크다. 또한, 낙찰 후에도 공유지분에 대한 처리나 합의가 쉬운 경우가 많은 이유가 그 부동산에 매수권을 신고 안 한 경우보다 애착을 더 갖고 있기 때문이다. 그렇다고 언제나 내 생각하는 대로 흘러가는 것은 아니지만 말이다.

> **민사집행법 제140조**(공유자의 우선매수권)
> ① 공유자는 매각기일까지 제113조에 따른 보증을 제공하고 최고매수신고가격과 같은 가격으로 채무자의 지분을 우선 매수하겠다는 신고를 할 수 있다.
> ② 제1항의 경우에 법원은 최고가매수신고가 있더라도 그 공유자에게 매각을 허가하여야 한다.
> ③ 여러 사람의 공유자가 우선 매수하겠다는 신고를 하고 제2항의 절차를 마친 때에는 특별한 협의가 없으면 공유지분의 비율에 따라 채무자의 지분을 매수하게 한다.
> ④ 제1항의 규정에 따라 공유자가 우선매수신고를 한 경우에는 최고가매수 신고인을 제114조의 차순위매수 신고인으로 본다.

> **대법원 2006.03.13. 자 2005마1078 결정[매각허가결정에 대한 이의]**
>
> 【판시 사항】
> [1] 집행법원이 여러 개의 부동산을 일괄매각하기로 결정한 경우, 매각 대상 부동산 중 일부에 대한 공유자가 매각 대상 부동산 전체에 대하여 공유자의 우선매수권을 행사할 수 있는지 여부(한정 소극)
>
> 【이유】
> **1. 공유자의 우선매수권에 관한 법리 오해 등 주장에 대하여**
> 민사집행법 제140조가 규정하고 있는 공유자의 우선매수권은, 공유자는 공유물 전체를 이용·관리하는 데 있어서 다른 공유자와 협의를 하여야 하고, 그 밖에 다른 공유자와 인적인 유대관계를 유지할 필요가 있다는 점 등을 고려하여 공유지분의 매각에 있어 새로운 사람이 공유자로 되는 것보다는 기존의 공유

자에게 우선권을 부여하여 그 공유지분을 매수할 수 있는 기회를 준다는 데에 그 입법 취지가 있는 것이긴 하나, 그것은 어디까지나 공유자가 최고가매수 신고인과 같은 가격으로 매수를 원할 경우에 공유자에게 우선권을 주어 그에게 매각을 허가한다는 의미이지 그 이상의 특전을 인정하는 것은 아니므로, 일괄매각 대상의 일부에 대한 공유자라 하여 다른 일반의 매수참가자들보다 매각 대상 전체에 관하여 우월적으로 취급하여야 할 합리적인 이유는 없는 점, 공유자의 우선매수권제도는 다른 매수 신고인들의 희생을 전제로 하는 것이므로 그 입법 취지를 감안하더라도 가급적 제한적으로 운용할 필요가 있는 점, 일괄매각제도는 동일인으로 하여금 매각 부동산으로 일괄매수하도록 함으로써 부동산의 합리적 이용을 가능하게 한다는 데에 그 주된 목적이 있는데, 일괄매각 대상인 여러 개의 부동산에 관하여 채무자 이외에 여러 공유자가 각각 따로 있는 경우에는 공유자의 우선매수권제도로는 동일인에게 매각 부동산을 일괄 귀속시킨다는 목적을 달성하기 곤란한 점, 여러 개의 목적물을 일괄매각하는 경우 그중 일부에 매각불허가사유가 있다면 그 전부에 대한 매각을 불허가하여야 하는데, 거꾸로 일괄매각 대상 부동산 중 일부에 대한 공유자에 불과한 자에게 그것도 다른 매수 신고인의 희생을 바탕으로 하여 전체에 대한 매각을 허가하는 것은 형평에 맞지 않는 점, 원심 법원의 결정과 같이 여러 사정을 종합적으로 고려하여 합리적이라고 볼 수 있는 경우에만 일부 부동산의 공유자에게 전체 부동산에 대한 우선매수권을 인정하여야 한다는 견해에 의할 경우 집행법원이 전체 부동산을 공유자에게 일괄 귀속시킬 합리적 필요성이 있는지 여부를 일일이 심사하여 매수인을 결정하여야 하는 결과가 되어 매각 절차의 신속과 획일적 처리를 저해할 우려가 있는 점 등을 종합하여 보면, 집행법원이 일괄매각결정을 유지하는 이상 매각 대상 부동산 중 일부에 대한 공유자는 특별한 사정이 없는 한 매각 대상 부동산 전체에 대하여 공유자의 우선매수권을 행사할 수 없다고 봄이 상당하다.

※ 건물만의 지분권자인 공유자우선매수신고를 한 공유자가 자신의 지분이 없는 토지에까지 공유자우선매수신청을 하는 경우에는 공유자우선매수신청을 행사할 수가 없다는 판례이다.

앞에서 언급했듯이 부동산에 대한 공동소유의 형태는 친척이나 각별한 관계의 지인들 간에 이루어지고 있는 것이 일반적인데, 경매를 통해서 매각되면 생면부지인 사람들 간에 공동소유자가 될 수 있고, 이로 인하여 재산권을 행사할 때마다 분쟁이 발생될 소지가 다분하다. 때문에 가능하면 기왕의 공동소유자(공유자)가 낙찰을 받을 수 있도록 특혜를 주고 있는데, 그것이 공유자우선매수신청권이며, 동 신청이 있는 경우에는 의뢰인이 낙찰을 받더라도 동일한 금액으로 그 공유자가 낙찰을 받게 되는 것이다

그래서 채무자가 아닌 다른 공유자는 입찰기일까지 최저매각가격의 10분의 1에 해당하는 현금이나 법원이 인정하는 유가증권 등을 보증으로 제공하고, 최고매수신고가격과 동일한 가격으로 채무자의 지분을 우선 매수할 것을 신고할 수 있으며, 이 경우 법원은 최고가매수신고에도 불구하고 그 공유자에게 경락을 허가해야 한다.

> 공유자가 우선매수신고를 한 경우에는 최고가매수 신고인을 차순위매수 신고인으로 본다.(민사집행법 제140조)
> 공유자우선매수의 신고는 집행관이 매각기일을 종결한다는 고지를 하기 전까지는 할 수 있다.(민사집행규칙 76조1항)

공유자는 집행관이 최고가매수 신고인의 이름과 가격을 호창하고 매각의 종결을 고지하기 전까지 최고가매수신고가격과 동일가격으로 매수할 것을 신고하고 즉시 보증을 제공하면 적법한 우선매수권의 행사가 될 수 있으나, 매각의 종결 후에는 매수권을 행사할 수 없다.

또한, 공유자는 매각기일 전에 미리 매각을 실시할 집행법원에 보증을 제공하고 우선매수권을 행사하겠다는 신고를 함으로써 우선매수권을 행사할 수도 있다. 그러나 미리 우선매수권을 행사했다고 해도 매각기일 종결의 고지 전까지 보증을 제공하지 않으면 우선매수권 행사의 효력이 발생하지 않는다.

그래서 지분 경매의 경우 다른 공유자의 우선매수권이 있어, 입찰하더라도 낙찰에 우선권이 없어 불안정하며, 낙찰받아 지분을 취득한 후에도, 향후 매매에 여러 가지로 제한이 있어 통상 지분입찰은 피하는 것이 좋다.

그러나 우리는 이 대목에서 기회를 찾을 수 있다. 통상적으로 보면 공유지분 경매는 시가보다 저렴한 가격으로 낙찰되는 편이라 수익이 일반 물건보다 좋은 편이다. 공유물도 의외로 좋은 물건이 꽤 많이 있다. 천천히 공부하다 보면 그러한 물건들이 보일 것이다. 또한, 공유자에게는 공유물분할청구권이 있으므로 그것을 행사하면 법원에서는 통상 매각분할(경매 후 지분에 비례하여 현금으로 청산, 가액분할)을 하기 때문에 기존 공유자에게는 손실로 이어지므로 공유자 간의 합의가 생각보다 어렵지 않게 성립한다.

그리고 공유물분할을 위한 경매에서는 공유자우선매수청구권이 인정되지 않는다. 필자가 경험한 공유자우선매수신고의 사례 중 하나를 언급하겠다.

수원지방법원에서 이미 공유자우선매수신고가 되어 있는 물건에 2인이 입찰했다. 나 또한 공유자우선매수신고를 의식해서 조심스럽게 입찰에 임했고 집행관이 필자를 최고가매수 신고인으로 호창했다. 그런데 "공유자우선매수신고 하실 분 나오세요" 하니까 뒤에서 한 남자가 나온다. 그 순간 나는 보증금 받아서 사무실로 가는 일만 생각하고 있었다. 그런데 집행관이 그 남자에게 보증금을 제시하라고 하니 남자(공유자임)가 뒷주머니에 손을 넣으며 중얼중얼한다.

나는 포기하고 보증금 받아 갈 생각만 하는데 그 남자(공유자임)는 시간을 상당히 지체하며 보증금을 못 내는 것이다. 그러자 집행관이 남자에게 지금 돈을 가지고 있냐고 물었고 그는 은행에 있다고 대답했다. 그러니 바로 집행관이 안 된다며 필자를 최고가매수 신고인으로 다시 호창하며 사건을 종결했다.

이처럼 공유자우선매수신고를 미리 했어도 보증금을 준비하지 못했거나, 타 공유자가 입찰장에 나오지 않으면 공유자우선매수신고는 그것으로 종결된다.

공유자우선매수신고를 하는 방법은 두 가지가 있다.
첫째는 경매기일 전에 미리 공유자우선매수신고를 하는 경우이며 이것으로 인해 입찰 참가자가 현저히 적은 경우가 많다.
둘째는 경매기일을 기다려 낙찰 시에 최고가매수신고금액을 보고서 결정하는 방법 있다. 이것은 우선매수신고를 하고자 하는 사람이 꼭 경매 법정에 나와 결과를 보고 입찰 참가 여부를 결정하는 것이다.

입찰 전이나 임장 활동 때나 서류상에서 이러한 사항들을 꼼꼼하게 검토해서, 수익이 많이 나고 협상이 잘될 것으로 예상되는 물건에만 투자할 수 있는 안목을 배양하기 위해 이처럼 공부하는 것이다. 공유지분의 경매진행 사유를 살펴보면 근래 들어 아파트, 다세대 주택 등 부동산을 취득하면서 부부간, 부모와 자녀 간, 형제와 자매간 또는 각별한 관계에 있는 지인들 간에 공동명의로 소유하는 경우가 많다. 이렇게 공동명의로 취득한 후에 그 공동명의자 중 한 명만이 경제적인 부실에 빠지게 될 경우에 그 사람의 공유지분만이 경매가 진행되는 경우가 종종 있게 되며, 상속에 의한 경우가 대부분이다.

공유자우선매수청구권을 행사할 수 없는 경우

1. 공유물분할을 위한 경매 절차(형식적 경매)에서 공유자의 우선매수신청은 허용되지 않는다.
2. 토지와 건물이 일괄 경매가 되는 경우 토지나 건물의 일부 공유자는 토지와 건물 전체에 대하여 우선매수청구권을 행사할 수 없으므로, 이러한 경우는 공유자우선매수신청이 안 된다.
3. 토지가 특정되어 사용되는 구분소유적 공유관계에서 구분소유적 공유 관계에 있는 공유자에게는 우선매수청구권 없음
4. 집합건물의 구분소유자의 경우에는 공유가 되는 부분이 있다고 하더라도 공유자우선매수청구권이 인정될 수 없다.
5. 공유지분 전체에 대하여 일괄매각되는 경우 경매개시기입등기나 압류 후에 취득한 자는 공유자우선매수청을 할 수 없다.

공유지분을 경매를 통해서 낙찰받을 때 잔금 납부 후 가장 중요한 문제는 공유자와의 관계 설정이라고 할 수 있다. 서로 협의가 잘될 수 있는 공유자들인지 협의가 안 되었을 경우 다른 공유자들을 내가 의도한

대로 끌어들일 수 있는지 등이 무척이나 중요하다.

　최종적으로 협의가 되지 않을 경우 소송으로 가서 해결해야 하니 비용도 비용이거니와 아주 장기간 투자금이 묶이게 되어 투자금이 넉넉하지 않은 입찰자들은 곤란한 상황을 맞을 수도 있다. 그렇다고 성급하게 합의하는 것만이 능사가 아니다. 오히려 공유물분할소송을 통해 경매해 가액분할(대금분할) 하는 것이 훨씬 나을 때가 있다.

　공유지분 물건에 대한 임장을 가게 되면 일반 다른 물건처럼 시세도 봐야 하고 실질적인 문제가 없는지 등기부상 권리 외에 또 다른 권리가 있는지도 봐야 한다. 하지만 그런 것들은 모든 물건들처럼 공통적으로 해야 하는 임장 활동 중 하나일 뿐이다.

　우선 등기부등본을 보게 되면 대략적인 공유자들 간의 관계 및 등기된 주소 및 나이 등으로 입찰 여부를 결정하게 된다. 100% 정확한 추측은 아니더라도 여러 번 반복해 분석하다 보면 어느 정도 파악할 수 있다.

　가장 일반적이고 많은 게 가족들끼리의 공유다. 어머니와 나머지 형제, 자매들이 가장 손쉽게 볼 수 있는 공유자의 유형이다. 이 경우 해당 물건에 살고 있는 사람을 가장 먼저 만나게 되는데, 때에 따라서는 해당 물건에 살고 있는 사람을 가장 늦게 만나야 되는 경우도 있다. 하지만 필자의 경우는 임장 시 미리 안 만나고 입찰에 응한다. 그 순서는 나름대로 상황에 맞게 탄력적으로 운영하면 된다. 필자는 굳이 입찰 전에 만나야 하는 필요성을 별로 느끼지 못한다. 물론 만나서 상의하는 것도 방법이지만 미리 내가 입찰에 들어가는 것을 알려주는 꼴이 되니 추천하고 싶지는 않다.

그리고 종합해 생각해보면 지금까지 배운 공유자우선매수신고와 부당이득금반환청구소송을 통해 그것에 맞는 물건을 골라서 입찰한다면 서로 간에 협의되지 않았을 때 수익이 나는 물건이 될 것이다.

예를 들어 두 부부 중 한 사람 지분 1/2인 물건이 나오고 그곳에 부인이나 남편이 전부 점유하여 살고 있다면 부당이득이 발생한다. 아파트의 1/2 지분이다. 그러나 아무리 설명하고 협의하려 해도 안 되면 법에 호소할 수밖에 없다. 그러면 부당이득반환청구소송을 하기 바란다. 판결이 난 후에도 1/2 상당의 차임을 안 주면 앞에서 설명한 것과 같이 판결문 가지고 남편이나 부인의 지분을 강제경매신청하면 된다. 그러면 그사이에 협의가 되기도 하고, 그렇지 않다면 강제경매신청 후 공유자우선매수신청을 통해 남편이나 부인 지분을 싸게 낙찰받으면 된다.

공유자들 간의 관계가 어떻든 투자자 입장에서 잘 체크해야 할 부분은 나머지 공유지분을 낙찰 후 매수하든지, 나의 지분을 사 줄 사람을 찾아내는 것이다. 그리고 과연 공유자들 중에 공유자우선매수권을 행사할 사람은 있는지 어느 정도 사전에 파악하고 판단해야 한다. 그 외에도 향후 협의가 안 되어 소송으로 갈 경우, 장기전에 누가 더 유리한지도 염두에 두어야 한다. 그리고 등기부등본상으로 잔대금 처리 후 소송으로 공유물분할까지 가는 물건이라면 매각 후 근저당, 가압류 등 남아 있는 제한사항은 있는지도 중요한 매수 포인트가 된다.

2) 공유물분할소송 및 부동산처분금지가처분

가장 먼저 '정부24(www.gov.kr)'에서 토지대장과 건축물대장을 발급받아야 한다. 그다음 목적물가액을 산출하기 위한 토지공시지가 및 건물시가표준액(2017년 건물신축가격은 670,000원이다)을 산출해야 한다. '대한법률구조공단(www.klac.or.kr, 대표번호 054-810-0132)' 홈페이지로 들어가서 '소송비용 자동계산'을 클릭하고 '기타사건 비용 계산'에 들어가서 '건물소가산정'에 들어가면 해결된다. 이곳으로 들어가지 않으면 책자(부동산 시가표준액표)를 사서 파악을 하는 번거로움이 있는데 정말 편리하고 비용이 들어가지 않게 잘 만들어져 있다.

대한법률구조공단 소송비용 자동계산 화면

부동산시가표준액표 책자

소장

원고 ○○서

피고 ○○순, ○○호, ○○미

공유물분할청구의 소(대금분할)

소가 : 2,446,593원

인지대	12,200원
송달료	222,000원

- 인지대 12,200원 = 2,446,593원 × 5/1,000
- 송달료 222,000원 = 3,700원 × 4인 × 15회
- 소가 2,446,593원 = 66,058,014원 × 2/18(원고의 공유지분 비율) × 1/3
- 목적물가액 = 건물시가표준 + 대지의시가표준 =
  27,580,014원 + 38,478,000원 = 66,058,014원
 - 건물시가표준 : 27,580,014원 = ㎡당 건물신축가격 × 구조지수(철근콘크리트조) × 용도지수(다세대 주택) × 위치지수 × 경과연수별잔가율 × 면적㎡
    27,580,014원 = 670,000원 × 1 × 1 × 1.05 × [1−(0.02×14)] × 54.45㎡
- 대지시가표준 : 38,478,000원 = 공시지가 × 면적
  38,478,000원 = 1,650,000원 × 23.32㎡

- 원본 + 부본 3부

○○중앙지방법원 본원 귀중

소장

원고 ○○서(○○○111-0924910) ☎ 010-002-4006
　　　서울시 ○○구 ○○동 00-0 001(지분 18분 2)
피고 ○○순(○○○228-2069215)(지분 18분의 12)
　　　서울시 ○○구 ○○동 590-67 신○라 001호
　　　○○호(○○○505-1069215)(지분 18분의 2) 전화 010-4600-9000
　　　서울시 ○○구 ○○동 590-67 신○○빌라 001호
　　　○○미(○○○127-2069216)(지분 18분의 2)
　　　서울시 ○○구 ○○동 590-67 신○빌라 001호

목적물의 표시 : 별지 기재와 같음
목적물의 가액 : 금 2,202,657원
피보전 권리의 요지 : 공유물분할청구의 소(대금분할)

청구취지

1. 별지 목록 기재 부동산을 경매에 붙여 원고 ○○서에게 18분의 2를, 피고 ○○순에게 18분의 12를, 피고 ○○호에게 18분의 2를, 피고 ○○미에게 18분의 2의 비율로 배당한다.
2. 소송비용은 피고들의 부담으로 한다.
라는 판결을 구합니다.

청구이유

1. 원고는 피고들의 별지 목록 기재 부동산의 18분의 2 지분에 대해 2000. ○○.○○. ○○중앙지방법원 경매00계 사건번호 2000타경○○○○○호로 매수신청하여 매각허가결정을 받아 2000.10.00. 적법한 절차에 따라 잔금을 납부하고 소유권이전등기를 마친 진정한 소유자입니다.

2. 그러나 원고는 피고들에게 여러 차례에 걸쳐 별지 목록 부동산의 공유지분 해소 문제에 대해 협의할 것을 요청하였으나 협의가 더 이상 원만하게 진행되지 않아 공유물분할청구의 소를 제기하기에 이른 것입니다.
3. 위와 같이 원고와 피고들 사이에 공유물분할에 관한 합의가 이루어지지 아니하고 이 사건 부동산은 다세대 주택으로서 그 성질상 현물로 분할할 수 없으므로 별지 목록 기재의 부동산을 경매하여 그 매각대금을 공유지분 비율에 따라 분할하는 것이 최선의 방법이라 생각합니다.
4. 따라서 원고는 별지 목록 기재 부동산을 경매에 붙여서 공유지분에 따라 원고와 피고들에게 배당되도록 하여, 공유관계를 해소하기 위하여 이 사건청구에 이른 것입니다.

입증방법

1. 갑 제1호증 내용증명사본 2통
1. 갑 제2호증 토지대장(공시지가)
1. 갑 제3호증 부동산등기부등본
1. 갑 제4호증 건축물대장

첨부서류

1. 위 입증방법 각 1통
1. 법인등기부등본 1통

2000. ○○. ○○.
원고 ○○서(인)

○○중앙지방법원 본원 귀중소장

별지 목록

목적물의 표시
1. 1동 건물의 표시
    서울시 ○○구 ○○동 500-00
    철근콘크리트조 평슬래브지붕 4층 다세대 주택(9세대) 1층 90.26㎡
                                                             2층 100.10㎡
                                                            3층 90.30㎡
                                                           4층 54.45㎡
                                                           지층 90.26㎡

전유부분의 건물의 표시
    제○층 제001호
    철근콘크리트조
    45.33㎡

대지권의 목적인 토지의 표시
    토지의 표시 : 1. 서울시 ○○구 ○○동 007-00
                         대 198㎡
    대지권의 종류 : 1. 소유권대지권
    대지권의 비율 : 1. 198분의 23.32

분할할 지분
    ○○서·····················18분의 2
    ○○순·····················18분의 12
    ○○호·····················18분의 2
    ○○미·····················18분의 2 끝.

앞의 소장을 접수 후 바로 부동산가처분신청을 한다.

부동산처분금지가처분신청

채권자 ㈜○○씨앤알
채무자 ○○덕

목적물의 가액 : 금 15,716,691원

인지대	2,500원
송달료	22,200원

- 증지 : 2,000원(호치키스)
- 송달료 : 3,700원×2인×3회=22,200원
- 목적물가액=건물시가표준+대지의시가표준=10,203,183원+5,513,508원
  =15,716,691원
- 건물시가표준 : 5,513,508원=㎡당건물신축가격×구조지수(라멘조)×용도 지수(다세대 주택)×위치지수×경과연수별잔가율×면적㎡×가처분할지분
  5,513,508원=510,000원×1×1×1×[1−(0.02×17)]×49.14㎡×1/3
- 대지시가표준 : 10,203,183원=공시지가×면적×가처분할지분
  10,203,183원=989,000원×30.95㎡×1/3

※ 별지 6부

○○지방법원 신청과 귀중

부동산처분금지가처분신청

채권자 ㈜○○씨앤알(○○○○11-3000910)
　　　　대표이사 ○○서
　　　　☎ 010-002-0006
　　　　서울시 ○○구 ○○동 000 000(지분 3분의 2)
채무자 ○○덕(○○○718-○○○8739)(3분의 1 지분 공유자)
　　　　경기도 ○○시 ○○구 ○○동 ○○ 제○○층 제003호

목적물의 표시 : 별지 기재와 같음
목적물의 가액 : 금 15,716,691원

피보전 권리의 요지 : 공유물분할청구권

신청취지

1. 채무자는 별지 목록 기재 부동산(○○덕 지분 3분의 1)에 대하여 매매, 증여, 양도, 전세권, 저당권이나 임차권의 설정 및 기타 일체의 처분행위를 하여서는 아니 된다.
라는 재판을 구합니다.

신청이유

1. 채권자는 별지 목록 기재 부동산의 3분의 2 지분에 대해 2000.10.05. ○○지방법원 경매○계 사건번호 2000타경0006호로 매수신청하여 매각허가결정을 받아 2000.01.15. 적법한 절차에 따라 잔금을 납부하고 소유권이전등기를 마친 진정한 소유자입니다.

2. 채권자와 채무자는 몇 차례에 걸쳐 별지 목록 부동산의 공유물분할에 대한 협의를 하였으나 원만이 진행되지 않고 있어 공유물분할소송을 제기할 준비 중에 있습니다.

3. <u>대법원판례 2013마396호</u>에 보면 가처분의 피보전 권리는 가처분신청당시 확정적으로 발생되어 있어야 하는 것은 아니고, 이미 그 발생의 기초가 존재하는 한 장래에 발생할 채권도 가처분의 피보전 권리가 될 수 있다고 할 것이며 부동산의 공유지분권자가 공유물분할의 소를 제기하기에 앞서 그 승소 판결이 확정됨으로써 취득할 타 지분권자에 대한 소유권을 피보전 권리로 하여 처분금지가처분도 할 수 있다 할 것입니다.

4. 또한, 공유물분할소송에서 경매로 환가하라는 판결이 나와서 경매에 붙여질 때 그 전에 이미 별지 기재 부동산의 등기부상에 제한 물건을 채무자 및 제3자가 소송진행 중에 채무자의 지분(3분의 1)의 등기부상에 올려놓은 상태에서 소제주의를 원칙으로 해서 경매가 되면 부동산상의 권리들을 말소시켜 버리지만, 예외적으로 인수되는 권리가 있다고 하겠습니다. 결국, 매수인은 인수하는 만큼의 금액을 참작하여, 그 권리를 떠안고도 이익이 있다면 응찰하므로 경매매각대금은 시세보다 제한 물건의 금액만큼 저감된 금액으로 매각될 것이며, 채권자는 이때 자신의 지분에 상응하는 금액을 환가받지 못하는 지경에 이르게 될 것입니다.

    ※ **예** 매각 뒤 인수해야 하는 권리
    - 경매개시기입등기보다 앞선 지상권, 지역권, 전세권, 가등기, 가처분, 환 매등기, 등기한 임차권, 대항력을 갖춘 임차인
    - 예고등기

5. 보전의 필요성

    채권자는 채무자를 상대로 공유지분에 대한 공유물분할청구의 소를 바로 제기할 예정이나, 채무자가 소의 회피를 목적으로 제3자 및 자녀에게 공유지분을 처분할 염려가 상당하므로 장차 채권자의 승소 판결의 집행보전을 위하여 이 사건 가처분신청에 이르게 되었습니다.

6. 담보제공

　　보증보험사와 지급보증 위탁계약을 맺은 문서를 제출하는 방법으로 담보 제공을 할 수 있도록 허가하여 주시기 바랍니다.

첨부서류

1. 내용증명 2부
1. 별지 부동산표시목록 6부
1. 부동산등기부등본 1부
1. 토지대장(공시지가) 1부
1. 건축물대장 1부
1. 법인등기부등본 1부

2000.02.○○.

위 채권자 ㈜○○씨앤알 (인)

○○지방법원 신청과 귀중

별지 목록

목적물의 표시
  1. 1동 건물의 표시
     경기도 ○○시 ○○구 ○○동 000 제0층 제003호
     라멘조 슬래브지붕 4층 다세대 주택 1층 129.75㎡
                                      2층 129.75㎡
                                      3층 129.75㎡
                                      4층 129.75㎡
                                      지층 136.06㎡

전유부분의 건물의 표시
    제○○층 제003호
    라멘조 47.03㎡

대지권의 목적인 토지의 표시
    토지의 표시 : 1. 경기도 ○○시 ○○구 ○○동 000
                      대 427㎡
    대지권의 종류 : 1. 소유권대지권
                  1. 427분의 30.9

    가처분할 지분 : ○○덕 3분의 1 끝.

다음 판례는 위의 부동산처분금지가처분을 신청할 근거가 되는 관련 판례이다. 참고하면 많은 도움이 될 것이다.

대법원 2013.06.14. 자 2013마396 결정[부동산처분금지가처분]

【판시 사항】

부동산의 공유자가 공유물분할청구의 소를 본안으로 제기하기에 앞서 장래 취득할 부동산의 전부 또는 특정 부분에 대한 소유권 등의 권리를 피보전 권리로 하여 다른 공유자의 공유지분에 대한 처분금지가처분을 할 수 있는지 여부(적극)

【결정 요지】

가처분의 피보전 권리는 가처분신청 당시 확정적으로 발생한 것이어야 하는 것은 아니고 이미 그 발생의 기초가 존재하는 한 장래에 발생할 권리도 가처분의 피보전 권리가 될 수 있다. 따라서 부동산의 공유자는 공유물분할청구의 소를 본안으로 제기하기에 앞서 장래에 그 판결이 확정됨으로써 취득할 부동산의 전부 또는 특정 부분에 대한 소유권 등의 권리를 피보전 권리로 하여 다른 공유자의 공유지분에 대한 처분금지가처분도 할 수 있다.

【이유】

재항고 이유를 판단한다.

1. 원심결정 이유에 의하면, 원심은 채권자가 이 사건 부동산의 공유자로서 공유물분할청구소송에 따라 얻게 될 권리를 피보전 권리로 하여 나머지 공유자들인 채무자들을 상대로 각자의 소유지분에 관하여 매매, 증여, 저당권설정 등 일체의 처분행위를 하여서는 아니 된다는 가처분을 하여 줄 것을 구하는 이 사건 신청에 대하여, 채권자가 주장하는 사정만으로는 채권자가 채무자들에 대하여 각 소유지분의 처분금지를 구할 권리가 있다고 보기 어렵다는 이유로 이 사건 신청은 피보전 권리에 대한 소명이 부족하다고 보아 이 사건 신청을 기각한 제1심결정을 그대로 유지하였다.

2. 그러나 원심결정은 다음과 같은 이유에서 수긍하기 어렵다.
가처분의 피보전 권리는 가처분신청 당시 확정적으로 발생한 것이어야 하는 것은 아니고 이미 그 발생의 기초가 존재하는 한 장래에 발생할 권리도 가처분의 피보전 권리가 될 수 있다. 따라서 부동산의 공유자는 공유물분할청구의 소를 본안으로 제기하기에 앞서 장래에 그 판결이 확정됨으로써 취득할 부동산의 전부 또는 특정 부분에 대한 소유권 등의 권리를 피보전 권리로 하여 다른 공유자의 공유지분에 대한 처분금지가처분도 할 수 있다(대법원 2002.09.27. 자 2000마6135 결정 등 참조).

이러한 법리에 비추어 살펴보면, 채권자는 이 사건 부동산에 대한 공유물분할청구소송의 결과에 따라 장래에 취득할 위와 같은 권리를 피보전 권리로 하여 이 사건 부동산 중 채무자들의 공유지분에 대한 처분금지가처분을 할 수 있다고 할 것이다.

그럼에도 원심은 앞서 본 바와 같은 이유만을 들어 채권자의 이 사건 신청을 배척하였으니, 이러한 원심결정에는 가처분의 피보전 권리에 관한 법리를 오해하여 필요한 심리를 다하지 아니한 위법이 있다. 이를 지적하는 취지의 재항고 이유의 주장은 이유 있다.

3. 그러므로 원심결정을 파기하고, 사건을 다시 심리·판단하게 하기 위하여 원심법원에 환송하기로 하여 관여 대법관의 일치된 의견으로 주문과 같이 결정한다.

그러나 이와 같은 판례에도 불구하고 가처분신청이 기각된 경우가 있으니 참고하기 바란다. 또한, 우리가 신청하는 본안소송은 공유물분할소송이다. 그래서 공유물분할청구권을 가지고 공유물분할청구의 소를 제기하기 전 또는 제기 중에 '부동산처분금지가처분'을 신청하여 공유자의 나머지 지분 부동산을 처분하지 못하도록 잠정적인 조치를 취하는 것을 말한다.

그리고 본안소송은 상당한 시일을 요하기 때문에 재판 도중에 공유자가 나머지 지분을 다른 사람에게 이전한다면 그동안 수고와 노력이 물거품이 되고 말 것이다. 따라서 이러한 사태를 미연에 방지하는 것이 부동산처분금지가처분이다.

부동산처분금지가처분은 채권자가 목적물에 대한 채무자의 소유권 이전뿐만 아니라 증여 또는 전세, 담보제공(저당권설정), 기타(임차권 등) 일체 처분행위를 할 수 없도록 하는 것이다.

(1) 신청서 및 첨부서류

① 신청서 1통 ② 별지 목록 6통 ③ 목적물가액을 산정 할 수 있는 서류(건축물대장표제부, 전유부, 토지대장 등) ④ 부동산등기부등본 1통, 대리인이 접수할 경우에는 위임장, 대리인의 신분증, 채권자 도장, 당사자(채권자, 채무자)가 법인일 경우에는 법인등기부등본 1통이 필요하다.

(2) 등록세·교육세 납부

부동산 소재지 시·군·구청에서 등록세과세표준 및 세액신고서를 작성해 신고하고, 고지서를 발급받아 구청 구내 은행에 납부하면 된다. 등록세는 부동산가액의 2/1,000, 교육세는 등록세액의 20/100이다. 처분금지가처분신청서와 목록을 꼭 지참해야 한다(기억하자, 등교!).

(3) 신청비용

인지는 2,500원, 증지 2,000원, 송달료는 22,200원[당사자 수(2인일 때)×3,700원×3회분]이다. 인지와 증지 모두는 법원 구내 은행에서 구입한다. 송달료는 법원 구내 은행에 송달료 예납전표를 작성해 납부하면 된다.

(4) 신청서 제출

공유물분할청구의 소를 제기한 법원 또는 본안소송을 제기하려고 하는 법원에 제출한다.

(5) 담보제공 명령

신청 후 2, 3일 후 법원이 담보제공을 명하면, 채권자는 공탁보증보험증권을 법원 앞 서울보증보험회사에서 발급해 제출한다. 도장과 신분증 지참하고, 대리인이 공탁보증보험증권을 발급받으려면 채권자 도장과 주민등록번호를 알아야 한다.

가압류·가처분신청이 이유 있으면 법원은 가압류·가처분을 명한다. 법원은 가압류·가처분에 대해 심리를 하여 신청이 적법하면 판결이나 결정을 하기 전 또는 후에 채권자에게 현금 납부나 또는 공탁보증보험증권을 이용해 담보를 제공하라는 명령을 내린다. 이는 주로 변론을 하지 않고 서면으로만 심리를 하기 때문에 상대방이 손해를 입을 염려가 크므로 이를 담보케 하는 것이다.

대개 신청하는 측의 의견만 듣고 법원은 일방적으로 가압류·가처분을 명하는데 압류당하는 측의 의사를 듣지 않기 때문에 신청이유가 허위이더라도 법원은 모르는 수가 많다. 이러한 피해를 막기 위하여 신청인에게 보증금을 공탁하라고 한다. 담보로 제공된 금액은 법원의 재량에 의해 결정되며, 소명의 유무, 보전처분의 종류와 내용 및 그로 인하여, 채무자가 입게 될 예상 손해액, 채권자와 채무자의 자력에 따라 피보전 권리의 가액과 보전처분의 목적물의 가액이 동일한 경우에도 달라지게 된다.

그러나 가압류·가처분을 신청하는 채권자 입장에서는 담보 액수가 예상될 수 있어야만 짧은 기간 내에 담보 제공할 수 있다. 법원은 가압류의 경우에 피보전 채권액, 즉 청구한 채권액이고. 가처분의 경우는 목적물의 가액을 기준으로 하여 담보액의 표준을 정하고 있다.

담보제공은 가압류·가처분을 할 자(채권자)가 현금(또는 유기증권) 공탁이나 현금을 담보로 하는 것이 부담되면 보증보험회사의 공탁보증보험증권으로 대신하여 제공하면 된다. 재판은 채무자를 소환하지 않고 심리한다. 신청이 이유 있으면 가처분 결정과 동시에 등기 공무원에게 가처분 취지를 기입하는 등기촉탁을 한다. 만일 신청이 이유 없으면 기각한다.

형식적 심사를 한 후 법원은 실질적 심사를 해야 하는데 가압류·가처분은 변론을 거치지 않고 서면심리에 의해서만 재판할 수 있다. 변론을 거쳐 재판할 수도 있다. 실무상은 보전처분의 신속성과 밀행성의 요구 때문에 극히 예외적인 경우에만 변론을 거치고 보통은 서면심리에 의하며, 서면심리로만 불충분한 경우에는 당사자의 심문 절차를 거치는 수가 있다.
변론 여부는 법원의 재량에 속한다. 실무상 보통 변론 없이 하는데. 그 이유는 앞서 말한 바와 같이 변론을 하게 되면 채무자가 가압류·가처분신청을 알게 되어 재산을 은닉하거나 처분하여 그 실효성을 거둘 수가 없어 대체적으로 변론을 하지 않는다.

앞의 소송은 다세대 주택이므로 현물로 분할이 불가능하므로 보통 조정에 이르게 된 것이다. 토지 같은 경우는 각 지분별로 분할이 가능하다면 현물로 분할하게 하는 판결이 내려지지만 그러한 판결이 생각보다 쉬운 일은 아니므로 여기서는 주택의 경우를 설명하는 것이다.

우리는 어려운 일을 즐기기 위해서 경매를 하는 것이 아니라 수익을 목표로 일을 진행시키는 것이므로 이왕이면 쉽게 해결되고 수익이 많이 나는 쪽으로 물건을 선별해야 하겠다. 물건이 현물분할이 가능하든 가능하지 않든 간에 재판부에서 판사님은 양 당사자 간에 합의를 원만하게 도출하려고 한다. 서로 한쪽에게 나머지 지분을 매수하게 하는 것이 가장 보편적인 방법이지만 이 또한 쉽지는 않다. 서로 부르는 매수, 매도 가격이 맞지 않게 되면서 이러한 조정 절차도 무산되고 결국은 경매를 통한 대금분할의 수순을 밟게 된다.

이러한 합의가 쉽고 어려울지는 전적으로 상대방의 상황에 달려 있다 할 것이고 우리는 가격만 맞으면 매도할 준비가 언제든지 되어 있는 것이다. 어차피 재판도 진행 중이고 공유지분인지라 정상적인 매매는 불가능하므로 상대 공유자가 결정해야만 한다.

또한, 소송이 진행 중이라는 부담감으로 인하여 상대방으로 하여금 좀 더 많은 양보를 끌어낼 수 있는 무기가 될 수 있다. 어차피 합의가 안 되었기 때문에 여기까지 오게 된 것이므로 공유자는 조금 지쳐 있는 상태일 것이고, 협상이 결렬되어 최종적으로 경매를 통한 대금분할이 진행되면 합의에 의한 것보다 더 손해를 볼 수 있다는 중압감도 상대방을 조급하게 만드는 것이다. 그러한 중압감은 상대방의 약점이 되지만 내게는 약점이 아니라 장점이 될 수도 있어서 협상에 있어서 유리한 고지가 될 수도 있다.

공유물분할청구소송의 결과로 경매가 진행될 경우 손해를 볼 수도 있겠지만, 꼭 그렇지만은 않다. 공유물분할청구소송은 승소, 패소가 명확하게 구분되는 재판이 아니며 어떤 식으로 해당 부동산이 분할되는지 그 결과가 얼마나 내게 유리한지를 보는 선택의 문제라고 할 수 있다. 승소, 패소가 명확한 재판은 아니니까 조금은 부담감이 없는 상태에서 재판에 임할 수 있으므로 상대방과는 다른 입장이다.

이상 공유지분 경매의 맥을 알려드렸으니 대략 감을 잡았을 것이다.

3) 공유물분할에 의한 부동산경매신청서

공유물분할청구소송에서의 집행력 있는 판결정본을 가지고 공유물분할에 의한 부동산경매신청서를 법원 경매계에 제출한다. 물론 상대 지분권자도 집행력 있는 판결정본을 가지고 있으므로 공유물분할에 의한 부동산경매신청서를 법원 경매계에 제출할 수 있다.

경매시장에 나와서 경매비용을 제외하고 각 지분 비율대로 경매 낙찰금을 나누어 가지는 것이다. 아마 보통은 타 공유자들의 손해가 예상된다. 투자자는 감정가 이하에서 낙찰을 받았기 때문이다.

공유물분할에 의한 부동산경매신청서

사 건 200○가단1○34호 판결정본에 의한 공유물분할

신청인 ㈜○○○디 대표이사 ○○○ ☎ 010-○○○○-○○○○
경기도 ○○○ ○○○○ ○○○○○(2분의 1 지분)

수입인지
5,000원

상대방 정○○(2분의 1 지분 공유자)
경기도 ○○○ ○○○○ ○○○○○

경매할 부동산의 표시

별지 목록 기재와 같음

경매신청권의 표시

의정부지방법원 200○가단1○34호 판결정본에 의한 공유물분할

신청취지

신청인은 의정부지방법원 200○가단1○34호 공유물분할청구 사건에 대한 배당을 위하여 별지 목록 기재 부동산에 대한 경매개시결정을 한다.
라는 재판을 구합니다.

신청이유

별지 목록 기재 부동산은 신청인과 상대방의 공유 부동산이었던바, 의정부지방법원 200○가단1○34호 공유물분할청구소송을 제기하여 판결주문과 같이 경매를 실시하여 각 지분에 의한 배당을 하라는 판결이 확정되었으므로 신청인은 판결에 의한 경매개시의 절차를 구하기 위하여 본 신청에 이른 것입니다.

첨부서류

1. 집행력 있는 판결정본 1통
2. 집행권원의 송달증명원, 확정증명원 1통
3. 부동산등기부등본 1통
4. 부동산 목록 10통

2010.05.○○.

위 채권자 ㈜○○○디 대표이사 ○○○ (날인 또는 서명)

의정부지방법원 귀중

별지 목록

목적물의 표시

1. 1동 건물의 표시

    경기도 의정부시

    철근콘크리트조 철근콘크리트조지붕 5층 공동주택(다세대 주택)

          1층 11.96㎡(계단실)

          2층 161.56㎡(다세대 주택)

          3층 161.56㎡(다세대 주택)

          4층 161.56㎡(다세대 주택)

          5층 161.56㎡(다세대 주택)

          옥탑1 14.68㎡(연면적, 층수 제외)

전유부분의 건물의 표시

 제4층 제4○○호

 철근콘크리트조

 54.45㎡

대지권의 목적인 토지의 표시

 토지의 표시 : 1. 경기도 의정부시

       대 286㎡

 대지권의 종류 : 1 소유권대지권

       1. 286분의 26.14

분할할 지분

 ㈜○○○디··························2분의 1

 정○○······························2분의 1 끝.

> ## 이해관계인 일람표
>
> **채권자** ㈜○○○디 경기도 ○○○ ○○○○ ○○○
> **채무자** 정○○ 경기도 의정부시 ○○○ ○○○○ ○○
> **가등기권자** 민○○ 서울시 ○○○○ ○○○○ ○○○
> **근저당권자** 양주○○협동조합 의정부시 의정부동 487-5   끝.
>
> 총 4인

여기서 잠깐 공유물분할에 의한 부동산 경매인 형식적 경매의 '인수주의'를 살펴보겠다. 이 인수주의가 나에게 이득이 되기도 하고 해를 주기도 하니까 아주 중요한 매수 포인트다.

공유물분할에 의한 부동산 경매 물건이 경매시장에 나오면 이 인수주의를 생각하면서 물건을 선별한다. 공유물분할소송은 형식적인 경매로 인수주의를 택하고 있으며, 부동산등기부와 부동산상의 권리를 모두 인수해야 한다.

부동산에 관한 담보권의 실행을 위한 경매에 있어서는 부동산 위에 존재하는 제한물권 등의 부담은 매수인이 인수하는 것(인수주의)이 아니라 매각에 의해 소멸하는 것이 원칙(소멸주의)이다.(민사집행법 91조 2, 3, 4항) 그러나 형식적 경매의 경우에도 이 소멸주의가 적용되는가에 관하여는 견해가 나뉜다. 즉 단순히 현금화 그 자체만을 목적으로 하는 현금화를 위한 형식적 경매에 있어서는 위 규정을 부정할 것이라고 하는 견해가 유력하게 제시되고 있다.

그러면 앞의 내용을 보면서 우리는 투자하기 좋은 물건을 선별할 수 있다. '인수주의' 때문에 지분 경매 물건에서는 생각을 많이 하게 하는 물건들이 있다. 이런 물건들은 투자자 입장에서는 별로 추천하고 싶지 않은 물건이다. 자세히 관찰하면서 왜 그런지 각자 생각해보자. 역으로 생각해보면 이 인수주의가 지분 경매 투자자 입장에서 또 다른 기회가 되기도 한다.

대법원 2009.10.29. 선고 2006다37908 판결[가등기회복등기]

【판시 사항】

민법 제269조에 의하여 실시되는 '공유물분할을 위한 경매'가 목적 부동산 위의 부담을 소멸시키는 것을 법정매각 조건으로 하는지 여부(원칙적 적극) 및 위와 달리 그 부담을 매수인에게 인수시키는 경우 집행법원이 취할 조치(=매각조건 변경 결정과 고지)

【판결 요지】

구 민사소송법(2002.01.26. 법률 제6626호로 전부 개정되기 전의 것)은 제608조제2항에서 "저당권 및 존속기간의 정함이 없거나 제611조의 등기 후 6월 이내에 그 기간이 만료되는 전세권은 경락으로 인하여 소멸한다"고 함과 아울러, 제728조에서 이를 담보권의 실행을 위한 경매 절차에도 준용하도록 함으로써 경매의 대부분을 차지하는 강제경매와 담보권 실행을 위한 경매에서는 소멸주의를 원칙으로 하고 있다.

공유물분할을 위한 경매에서 인수주의를 취할 경우 구 민사소송법이 목적 부동산 위의 부담에 관하여 그 존부 및 내용을 조사·확정하거나 인수되는 부담의 범위를 제한하는 규정을 두고 있지 않을뿐더러 목적 부동산 위의 부담이 담보하는 채무를 매수인이 인수하도록 하는 규정도 두고 있지 않아 매수인 및 피담보채무의 채무자나 물상보증인이 매우 불안정한 지위에 있게 되며, 목적 부동산 중 일부 공유지분에 관하여만 부담이 있는 때에는 매수인으로 하여금 그 부담을 인수하도록 하면서도 그러한 사정을 고려하지 않은 채 공유자들에게 매각대금을 공유지분 비율로 분배한다면 이는 형평에 반하는 결과가 될 뿐 아니라 공유물분할소송에서나 경매 절차에서 공유지분 외의 합리적인 분배 비율을 정하기도 어려우므로, 공유물분할을 위한 경매 등의 이른바 형식적 경매가 강제경매 또는 담보권의 실행을 위한 경매와 중복되는 경우에 관하여 규정하고 있는 구 민사소송법 제734조 제2항 및 제3항을 감안하더라도, 공유물분할을 위한 경매도 강제경매나 담보권 실행을 위한 경매와 마찬가지로 목적 부동산 위의 부담을 소멸시키는 것을 법정매각조건으로 하여 실시된다고 봄이 상당하다.

<u>다만, 집행법원은 필요한 경우 위와 같은 법정매각조건과는 달리 목적 부동산 위의 부담을 소멸시키지 않고 매수인으로 하여금 인수하도록 할 수 있으나, 이때에는 매각조건 변경 결정을 하여 이를 고지하여야 한다.</u>

그러면 간략하게 복습해보겠다. 물건이 지분에 의하여 수인의 소유로 된 때는 이를 공유라 한다.

1. 공유자는 그 지분을 자유로이 처분할 수 있고 또한 공유물 전부를 지분의 비율로 사용·수익할 수 있으며,
2. 공유물의 관리에 관한 사항(임대 등)은 공유자의 지분의 과반수 이상의 동의가 있어야 가능하며, 보존행위는 각자가 할 수 있다.
3. 그리고 공유자는 공유물의 분할을 청구할 수 있으며, 분할 협의는 원칙적으로 공유자 당사자 간 협의에 의하나 분할 협의가 성립되지 않을 때는 공유자는 법원에 분할을 청구할 수 있다.
(기억하는가? 보존행위, 관리행위, 처분행위-보관처!)

또한, 입찰에 있어 중요한 사항은 '공유지분 경매'에 있어서 경매지분이 아닌 다른 공유자는 경매지분에 관하여 우선매수청구권이 있다. 채무자가 아닌 다른 공유자는 입찰기일까지 최저매각 가격의 10분의 1에 해당하는 현금이나 법원이 인정하는 유가증권을 보증으로 제공하고 최고가매수신고가격과 동일한 가격으로 채무자의 지분을 우선 매수할 것을 신고할 수 있다. 이 경우 법원은 최고가매수신고에도 불구하고 그 공유자에게 경락을 허가해야 한다.

이상과 같이 지분 경매의 경우 다른 공유자의 우선매수권이 있어 입찰하더라도 낙찰에 우선권이 없어 불안정하며, 낙찰받아 지분을 취득한 후에도 향후 매매나 임대 사용 등에 여러 가지로 제한이 있다. 이런 여러 가지 이유로 통상 지분 경매는 피하고 있으나 필자의 경험에 의하면 많은 경우에 공유자우선매수신고를 하지 않고 있는 실정이다. 그래서 우리에게는 오히려 기회가 되는 것이다.

낙찰 후에 공유물을 처리하는 여러 방법을 소개하면 다음과 같다.

- 타 공유자에게 낙찰받은 물건을 매도하거나, 타 공유지분을 매수하는 방법
- 공유지분권자와 합의하여 함께 처분하는 방법
- 공유물분할청구의 소송을 통하여 지분을 해소
- 그 공유물분할의 분할은 현물분할이 원칙
- 현물분할을 할 경우에 그 가치가 현저히 하락할 때는 경매를 통해 가액 분할

PART 02

PLAY 지분 경매

지분 물건 낙찰

'목계(木鷄)'라는 말을 들어봤는지 모르겠다. 목계라는 말은 장자의 달생편에 나오는 우화다. 옛날 중국의 주나라 선왕이 닭싸움을 좋아해 닭을 잘 훈련시키는 기성자라는 사람을 불러 싸움닭 한 마리를 주면서 싸움을 잘하는 닭으로 훈련시키기를 명했다. 10일이 지난 후에 왕이 기성자를 불러 "훈련 상황이 어떠한가?" 물으니 답하기를 "아직 멀었습니다. 닭이 허장성세(虛張聲勢)가 심한 것이 싸움할 준비가 안 되었습니다"라고 했다. 그래서 10일이 지난 후 다시 닭의 훈련 상태를 물으니 답하기를 "상대 닭을 보기만 하면 싸우려 하는 것이 훈련이 덜 되었습니다"라고 하여 다시 10일이 지나 물으니 답하기를 "아직도 상대 닭을 보면 살기를 번득이는 것이 훈련이 덜 되었습니다"라고 하여 다시 10일 후 닭의 훈련 상태가 어떠한지 물었다. 그제서야 "이제는 훈련이 거의 되었습니다"라고 하며 "닭이 목계(木鷄)와 같습니다. 그래서 상대 닭이 살기를 번득이며 싸움을 하려 달려들다가도 마치 목계와 같으므로, 덕이 충만하여 그 모습만 보아도 상대방은 등을 돌리고 도망을 칩니다" 라고 했다는 고사이다. 《이건희》라는 삼성 회장의 책에 나오는 내용이다. 경매를 하면서 마음을 급하게 생각하지 말라는 것이다.

한두 건의 경매 성공담을 자랑하는 경매 도사, 경매 선수 전문가를 온라인이든 오프라인이든 그리 어렵지 않게 만날 수 있다. 가만히 있으면 손해 보는 것만 같은 급한 마음에 이리저리 부화뇌동하며 빌라가 돈이 된다면 빌라에, 상가가 돈이 된다면 상가에 투자하며 날뛰다가는 적은 돈으로 큰돈을 만들기는커녕 애써 모은 종잣돈까지 묶일 수 있다.

재개발, 재건축, 땅, 아파트 등 수많은 낙찰 성공담을 내세우는 허장성세(虛張聲勢)가 심한 싸움닭들이 많은 세상이다. 목계가 조용히 상대를 알아보듯 여러분도 상대를 알아보는 내공을 기르며 차분하게 자기만의 영역을 준비하라.

경매 초보자라면 기본적인 권리분석부터 능숙하게 해내는 것이 순서다. 요즘처럼 경매지가 잘 나오는 세상에 권리분석이나 말소기준 권리에 대한 기본 정보는 검색엔진에 입력한 후 엔터키만 치면 알 수 있다.

이 책을 읽기 전 경매 책 몇 권 읽은 분들은 이미 경매지를 슬쩍 훑어만 보아도 법적으로 머리 아픈 물건인지 아닌지 정도는 알아볼 수 있을 것이다. 그러나 가장 중요한 기술은 수많은 물건 중에서 저평가된 물건을 알아보는 자기만의 혜안(慧眼)을 기르는 것이다.

이렇게 자신만의 주 종목을 만들지 못하면 이미 인기가 치솟을 대로 치솟아(상투 잡기라고도 한다) 낙찰자들이 바글바글한 물건을 낙찰받느라 바쁘기만 하고 소득은 신통치 못한 헛발품을 팔게 될 뿐이다. 어차피 유행은 돌고 도는 것 아니겠는가. 반드시 주 종목을 만들어야 한다.

자, 일단은 지분 경매 초보자가 공유지분 물건 중에서 피해가야 할 물건에 대하여 알아보자.

- 타 공유자가 많은 물건
- 임차인이 물건 가치에 비해 너무 많이 있는 물건
- 구분소유적 공유

이 물건에 대해서만 조심하면 대다수 괜찮은 물건을 선택할 수 있을 것이다. 물론 가치 판단도 해야겠지만 말이다.

일단 지분 경매의 초보자들은 쉽고 기본적인 임차인 및 근저당 등 제한 물건이 없는 일명 깨끗한 물건에 접근하면서 경험을 쌓는 것이 좋겠다. 그러나 조금 고수가 되어가면 선순위 공동 근저당권이 있는 물건이나 선순위 임차인이 있는 물건이 오히려 수익이 더 나는 물건이라는 사실을 알게 된다. 예를 들어 선순위 임차인의 임대차보증금을 타 공유자의 지분만큼 낙찰자인 내가 지불했다면 타 공유자에게 구상권을 행사해 '구상금청구소송'으로 타 지분까지도 내 소유로 만들 기회가 생기는 것이다.

경험만큼 좋은 스승이 없다. 그러므로 그중 가장 기본이 되는 아파트 및 빌라 같은 물건이라면 과감하게 한 번 도전해보는 것이 좋을 것이다. 등기부등본을 보면서 마치 탐정이라도 된 듯이 부부간의 지분인지 아니면 증여를 통한 가족 간의 문제인지 추리도 해보면 더더욱 재미있게 풀어나갈 수 있을 것이다. 요즘 '추리 경매'라는 말도 유행을 하고 있듯이 말이다.

1차 협의 매각
'일부러 적을 만들지 마라'

낙찰을 받고 나면 잔금을 내지 않은 상황에서 두 가지의 경우가 발생한다. 첫째로는 타 공유자에게 협의를 위한 연락이 오는 경우이고, 두 번째로는 묵묵부답이다. 전자는 그래도 경매와 법을 어느 정도 알고 소송 전에 협의하는 것이 이익이라는 것을 아는 상대일 경우가 많다. 후자는 재산권 행사에 관심이 없거나 불안해하며 먼저 이쪽에서 연락이 오길 기다리는 쪽일 것이다. 하지만 어떤 경우라도 시나리오대로 움직일 것이므로 당황하거나 초조해할 필요는 없다.

1차 협의에서는 공유자를 만났더라도 협의가 될 확률은 수많은 낙찰 경험상 10% 이하이다. 생각해보라. 첫 협상에서 합의에 이를 정도로 자산을 지킬 능력이 있는 공유자라면 경매까지 가게 하지도 않았을 것이고 공유자우선매수권이 있는 지분 경매에서 낯선 사람이 낙찰받게 하겠는가?

그러다 보니 협의하는 과정을 보면 서로 입장 차이가 좁힐 수 없을 정도로 크다. 공유자 입장에선 "낙찰가에서 몇 푼 더 생각해 드릴 테니 쓸모없는 반쪽짜리 물건 그냥 파세요"라는 말을 할 것이다. 그러나 우리 투자자 입장은 낙찰가에서 몇 푼 더 받자고 그 어렵다는 법 공부를 해가며 남들 안 하는 지분 경매에 도전한 것이 분명 아니다. 여러 차례 임장을 하고 가치 분석을 하고 수많은 고민 끝에 입찰을 결심했고 경쟁자들까지 물리치는 과정을 통하여 낙찰받은 것이다. 그렇기 때문에 앞으로 그 자산의 가치에서 소송에 진행될 시간과 노력을 비용으로 환산하여 제한 정도의 금액이 되어야 협상이 될 수 있는 것이다.

공유자 입장의 적정 협상금액=낙찰금액+낙찰액의 10~20%
낙찰자 입장의 적정 협상금액=(부동산 전체의 가치 평가액×자신의 지분 비율)
 −앞으로의 소송에 사용될 시간과 노력의 적정 환산액

※ 이 공식에서 협상이 더욱 어려워지는 이유는 낙찰금액과 자산의 가치 평가액이 많은 차이가 있다는 것이다.

내용증명 발송
'남는 것은 문서뿐'

　1차 협상에서 만약 잘 협의가 되지 않았다면 다음 행동을 개시하자. 낙찰을 받고 나면 약 2~3주 후에 법원에서 '대금지급기한통지서'라는 등기를 받게 된다. 그러면 잔금을 납부하고 꼭 직접 등기를 해보기 바란다. 그러면 이제 법적으로도 완전히 내 지분이 자산으로 인정되게 된다. 필자는 전혀 연락이 없는 타 공유자에게는 예의상 낙찰 잔금을 납부하기 전에 전화를 한다. 협의할 건지 아니면 어떻게 하면 좋겠냐고 묻는다. 대다수가 부질없는 행동이었지만 말이다.

　앞에서 설명한 내용처럼 첫 번째 내용증명은 낙찰자의 지분 및 타 공유자와의 지분 문제를 의논드리고 싶다는 요지로 작성하는 것이 좋다. 공유자들이 이 내용증명 우편을 받으면 거의 연락을 취해 온다. 그러나 앞서 말했듯 1차 내용증명 발송 후 협상이 원만히 이루어지는 경우는 드물다.

내용증명을 받는 시점에는 타 공유자들이 금전적 손해를 실감하지 못하기 때문에 아쉬운 것이 별로 없기 때문이기도 하다. 다음에 제시된 팁과 내용증명 작성 예를 기준으로 자신의 상황에 맞추어 내용을 추가하는 방법으로 내용증명을 작성해보자.

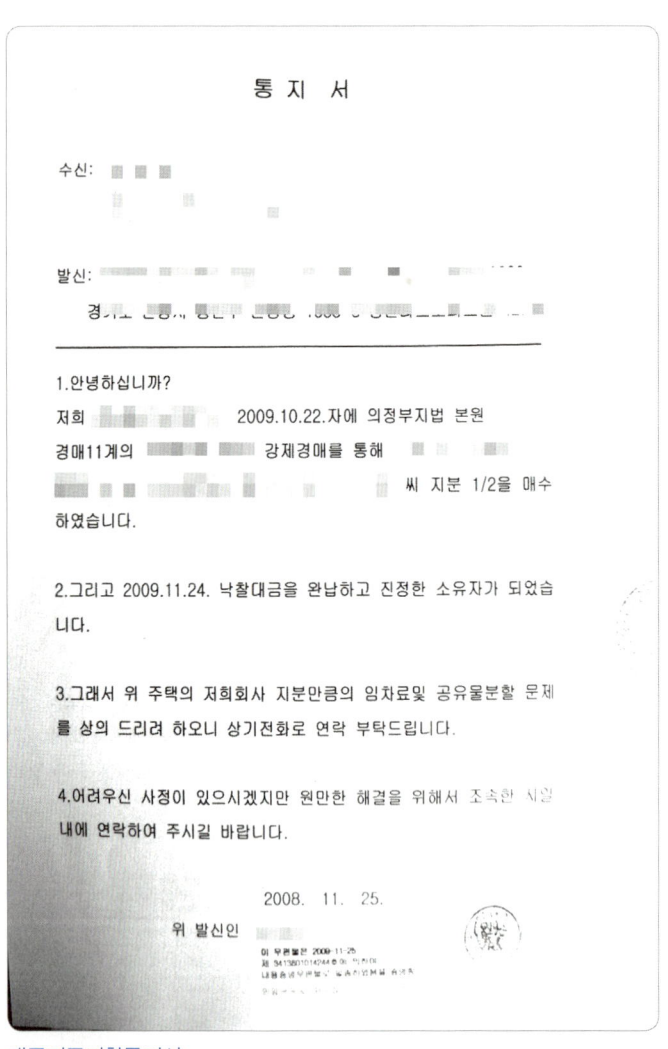

대금지급기한통지서

2차 협의 매각
'흥분하지 마라'

　내용증명을 받은 타 공유자들이 할 수 있는 것은 낙찰자와 합의를 시도하거나 묵묵부답이거나 둘 중의 하나다. 계속 반복하는 것은 타 공유자가 선택할 길이 크게 두 가지밖에 없기 때문이다.

　낙찰자 입장에서는 연락을 취해 와서 단시간에 협상을 이루는 것이 최선이겠지만 어떻게 해서든 시간을 끌며 백방으로 방법을 알아보고 있을 공유자의 모습을 상상해보면 합의가 이루어질 기대는 애초에 접는 것이 좋겠다. 수많은 실전 경험을 통해 얻은 가능성은 10~30% 내외다. 그런 경우 공유자 본인이 물건을 점유하고 사용하고 있는 경우가 대부분이었으며 자신이 직접 살고 있는 집을 낙찰받았을 경우에 해당된다.

필자 역시 살고 있는 집에서 사람을 내보내는 것이 안타까워, 예상했던 소득에서 조금 손해를 보더라도 인정상 합의를 봐주기도 한다. 그러니 공유자가 점유하고 있지 않은 일반 물건들은 내용증명을 보냈음에도 합의가 쉽지 않다는 것을 기억하고 내용증명을 발송해야 한다.

내용증명이나 법, 소송 이야기가 자꾸 나오니 남의 눈에 눈물 나게 하면 내 눈에 피눈물 난다며 굳이 그렇게까지 경매를 해야 하는지 물어오는 사람들도 있다. 마음 약한 소리다. 피도 눈물도 없는 사람이 과연 누구인지 생각해보자.

지분 경매의 경우 상속에 의한 공유지분인 경우가 가장 많은데 대부분 아버지가 돌아가시고 어머니와 자식들이 공유자로 지정되어 있다. 형제자매들 간에 상속으로 재산을 물려받은 경우 이들 중 모든 사람이 다 경제적인 여유를 누리며 살 수는 없을 것이다.

그중 한 명이라도 빚을 변제하지 못하게 될 경우 잘못되어 그 한 명에 대한 지분이 경매로 나오게 되는 것인데 형제자매들 간에 서로 빚을 떠넘기며 가족 간의 불화를 일으키기도 한다. 채무액이 적다면 형제자매들이 어떻게든 막아줄 수 있지만, 채무액이 클 경우에는 경매에 나올 수밖에 없고 경매가 진행된 후에도 법률적 지식이 없거나 설령 가격이 낮아져도 낙찰받을 여력이 없다면 타인에게 낙찰되는 것을 지켜볼 수밖에 없다.

형제자매들이 형편은 괜찮은데도 지분 경매에 물건이 나왔을 경우 지분 물건은 특수 물건이라 입찰자가 없을 거라고 주변에서 하는 말을 들었을 것이다. 한두 번 더 유찰되기를 기다렸다 가족 중 한 명이 입찰하여 낙찰받을 계획으로 미루다가 결국 또 타인이 낙찰을 받게 된 것이다.

가족 간의 상속공유 지분인 경우 가족 중에 누가 경제력이 있는지 주소 및 나이 등이 기록된 등기부등본을 봐도 어느 정도 알 수가 있으며, 그것을 보고 입찰 참가 여부를 결정하는 것도 좋은 방법이다. 마치 탐정 놀이를 하듯이 말이다. 물론 부동산의 가치도 고려하고 시세도 고려하는 것은 필수다.

이런 복잡한 상황에서 낙찰자가 나타나 일단 급한 빚을 감해줄 수 있다면 그들 입장에서는 낙찰자가 공유물에 대한 권리를 요구하기 전까지는 그 시간 동안 조금의 이자라도 이익을 볼 수 있다. 남의 돈 무서운 줄 모르고 변제할 능력도 없는 돈을 제 돈인냥 써댄 사람이야말로 경제 개념 없이 가족들을 불행에 빠뜨린 장본인이다.

그리고 그 빚을 갚지 못해 물건을 싸게 낙찰받을 수 있는데도 어떻게든 빚을 한 푼이라도 적게 갚으려고 유찰되기를 기다려 싼값에 지분을 다시 사들이려는 얄팍한 수를 부린 대가를 뼈저리게 치르게 되는 것이다. 경매를 통하여 돈을 벌기 위해서는 이러한 틈새시장을 나 자신의 것으로 만들 줄 알아야 한다.

또한, 공유자가 낙찰받지 못한다면 나 아닌 다른 사람이 그 물건을 가져가는 것이 자본주의 경제의 원리이며, 이러한 경매시장이 활성화되지 않는다면 은행에서 마음 놓고 대출받을 수 없을 것이다. 우리 같은 경매인들이 없다면 돈 빌려주고 받지 못하는 사람들의 억울함은 누가 해결해주겠는가? 알고 보면 본인들이 진 채무를 나의 낙찰을 통하여 대신 빚을 갚은 것이며, 낙찰자는 법원에서 합법적인 경매를 통하여 낙찰을 받고 정당하게 소유권을 가진 것이다. 그 권리를 행사하는 데 문제가 있다고 생각하는 사람은 아무래도 경매보다는 자선 사업 쪽이 적성에 맞을 것이다.

2차, 3차 내용증명도 1차와 같은 양식으로 보내게 되는데 거의 대다수의 공유자들은 내용증명을 보내오지 않는다. 1차 때의 내용증명 내용을 상황에 맞게 내용을 조금 수정해서 2차 3차까지 내용증명을 보내도록 하자.

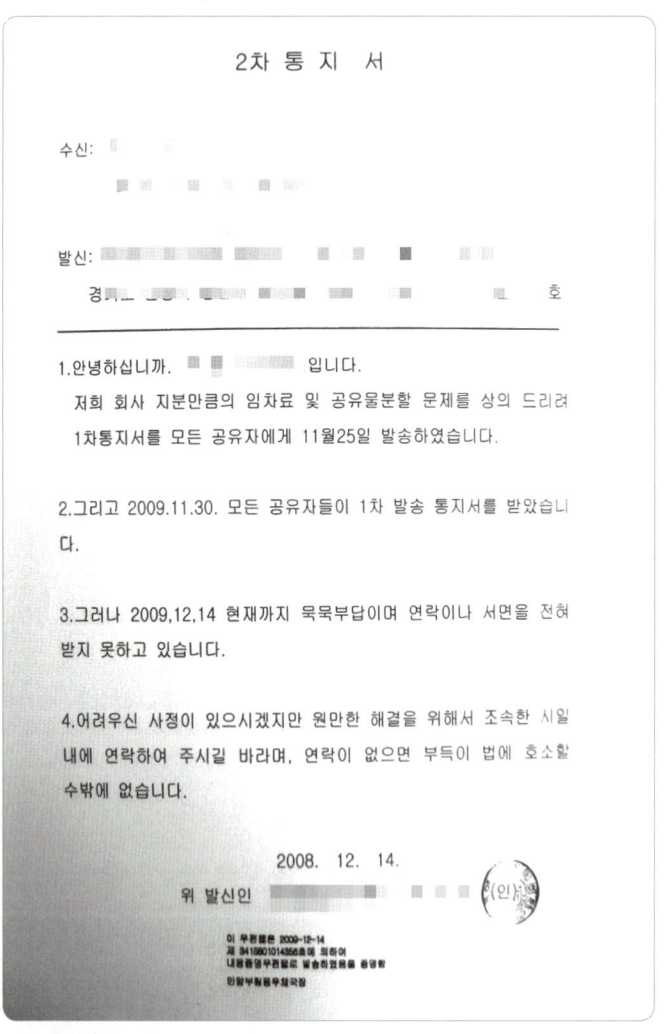

2차 내용증명

민사소송
'적극적으로 활용해라'

　자, 드디어 소송준비를 하게 되었다. 권리분석과 임장을 통해 수많은 경쟁률을 통과해 낙찰이란 기쁨을 느끼며 잔금까지 납입했을 것이다. 그렇다. 1차, 2차, 3차 내용증명을 보냈지만 타 공유자들은 어떻게 반응하는지를 느꼈을 것이다. 세상사는 일이 어찌 다 내 마음대로 되겠는가? 그리 크게 당황할 일도 없고 초조할 일도 없다. 타 공유자가 어떠한 카드를 꺼내 든다 해도 그 카드에 대응하는 카드는 이미 보유가 된 상태이기 때문이다.

　어차피 지분 경매의 전체 흐름도에서 예견한 일이 아니던가! 단지 소송의 절차가 낯설고 어렵기만 한 초보자에게 조금 부담이 되지만 소송은 결코 법조인만의 전유물이 아니다. 본인의 의지로든 본의가 아니든 소송을 해야 하는 상황이라면 두려워하거나 떨 것이 아니라 자신의 실력을 발휘하여 승소 판결을 받아야 한다.

대부분의 공유지분 경매는 합의도출에 실패하면 소송이 필수적으로 수반된다고 생각하면 된다.. 그리고 경매비법의 90%는 바로 소송과 법의 기술이다. 우리 사는 이 세상 속에는 보이지 않게 법(法)은 수없이 많은 작용을 하고 있다고 편하게 생각하고 접근하자. 사람과 사람이 만나거나 식사를 할 때도 법은 보이지 않게 늘 존재한다. 우리 주변에 항상 법이 존재하고 있지만, 이것을 느끼는 사람은 그다지 많지 않다. 매일 반복되는 일상 속에서 법의 존재를 느끼지는 못한다. 법은 늘 가까이에 있지만, 법 이야기만 나오면 법은 늘 멀게만 느껴지고 법 공부하면 머리부터 아파 오는 이유이다.

잘 생각해보면 어떨까. 전체의 법을 알려고 하지 말고 우리가 알아야 하는 법 속에서 법의 개념이나 목적 등 꼭 알아야 할 부분만 간단하게 정리하고 요약해보면 법조문이나 그 해석을 두고 골치 아픈 일은 없을 것이다. 그리고 막상 필요한 내용을 정리하고 보면 그렇게 어렵지 않다는 것을 시간이 지나고 익숙해질수록 더 느낄 수 있을 것이다.

소송으로 가는 게 꼭 손해 보는 것이 아니며 수익이 더 많을 수 있는 경우가 오히려 더 있다. 특히나 소송을 처음 해본 사람이라면 소송이라는 단어가 주는 왠지 모를 거부감 때문에 주눅 들기에 십상이지만 우리는 이제 그것을 마음대로 수행해나가는 능력을 키워나가야 하는 것이다. '법은 최소한의 양심'이라는 말을 필자도 잘 알고 있다. 하지만 "소송 좋아하면 집구석 망한다"는 말을 많이 듣다 보니 소송을 잘 모르는 분에게는 소송 그 자체를 피하고 싶은 마음뿐 일 것이다. 그러나 우리에게는 또 이러한 말들 때문에 기회가 또 생기는 것이다.

　물론 이 책에서 소송장 및 소송의 진행방식 등을 간단하게 알려드렸지만 스스로 나 홀로 소송을 하기에는 부족한 점이 많으니까 서점에 가서 관련 소송 책자 1권쯤은 두고 참고하기 바란다. 만약 처음부터 어려우면 만화로 되어 있는 소송 절차와 전반적인 내용을 접하면 된다. 익숙하면 쉬워지니 겁먹지 말고 천천히 전진을 해보자.

　우리들이 하는 공유지분에 의한 소송이라야 앞에서 언급한 인도명령, 부당이득금반환소송, 공유물분할청구의 소, 부동산 가압류, 부동산처분금지가처분 등 몇 가지 되지 않는다. 이 범주에서 크게 벗어나지 않아 반복적인 소송을 나 홀로 해나가는 것이라 전혀 어렵지 않다. 소송의 첫 번째 관문은 소송장을 쓰는 일이고, 우리가 처리해야만 하는 소송은 변호사나 법무사들이 취급하는 복잡한 소송이 아니고 우리의 컴퓨터 바탕화면 등에 저장해두었다가 소송에 닥쳤을 때 그 양식들을 꺼내어서 하나의 매뉴얼화 시켜 주소, 이름과 상황에 맞게 고치면 된다. 어느 경우건 거의 같아서 기본 매뉴얼에 자신의 상황을 조금씩 바꾸거나 고치면 된다.

　다시 한 번 강조하지만 너무 심각하게 생각할 정도의 엄청난 소송은 아니다. 소액 경매 투자에서 나 홀로 소송하는 능력을 갖추지 않으면 경매입찰에 임하여 변호사 및 법무사비용을 지불하고 나면 수익이 별로 생기지 않을 것이 불을 보듯 분명하므로 혼자 처리할 수 있는 능력을 키워야 한다(물론 금액이 크고 복잡한 물건은 필수적으로 변호사 등 법조인의 도움을 받아야 한다). 그래서 또한 상대방 공유자도 이렇게 작은 공유지분 물건에 소송까지 불사하며 어떤 사람이 입찰에 참여할까 하여 매번 유찰을 시키는 경우도 많이 있다는 것을 명심해라. 이것 또한 하나의 틈새라고 생각하면 된다.

하지만 경매 낙찰 후 처리가 소송만이 능사가 아니다. 우리는 투자자이므로 빠른 시간에 합의하여 투자금 회수와 수익 극대화를 이뤄야 한다. 따라서 무조건 소송으로 가라는 것이 아니다. 소송은 압박수단으로 사용하는 것이며 정 부득이하게 합의에 실패했을 때 사용하는 수단이다. 최고의 협상은 서로 간에 윈-윈 하는 것이다. 나만 이득을 얻고 이겼다고 생각하는 순간 협상은 결렬되는 것이다.

현재 다루는 소송은 주택 및 집합건물이므로 현물로 분할이 불가능하므로 보통 조정에 이르게 된다. 아니면 형식적 경매를 통하여 현금 안분 배당이 된다. 토지 같은 경우는 각 지분별로 분할이 가능하다면 현물로 분할하게 하는 판결이 내려지지만 그러한 판결이 생각보다 쉬운 일은 아니므로 여기서는 주택의 경우를 설명하는 것이다. 우리는 어려운 일을 즐기기 위해서 경매를 하는 것이 아니라 수익을 목표로 일을 진행시키는 것이므로 이왕이면 쉽게 해결되고 수익이 많이 나는 쪽으로 물건을 선별해야 한다. 어려운 물건에 도전해서 시간을 오래 보낸 후에 어렵게 해결을 한다고 해서 꼭 경매 고수가 아니라는 것이다. 이왕이면 쉽게 해결하고 수익도 많이 나는 것이 진정 경매 고수가 아닐까 생각한다.

물건이 현물분할이 가능하든 가능하지 않든 간에 재판부에서 판사님은 양 당사 간에 합의를 원만하게 도출하려고 한다. 서로 한쪽에게 나머지 지분을 매수하게 하는 것이 가장 보편적인 방법이지만 이 또한 쉽지는 않다. 서로 부르는 매수, 매도 가격이 맞지 않게 되면서 이러한 조정 절차도 무산되고 결국은 경매를 통한 대금분할의 수순을 밟게 되는 것이다. 합의가 쉽고 어려울지는 전적으로 상대방의 상황에 달려 있다. 우리는 투자자이므로 가격만 맞으면 매도할 준비가 언제든지 되어 있기 때문이다. 어차피 재판도 진행 중이고 공유지분 인지라 정상적인 매매는 불가능하므로 상대 공유자가 선택해야만 한다. 또한, 소송이 진행 중이라는 부담감으로 인하여 타 공유자로 하여금 좀 더 많은 양보를 끌어낼 수 있는 무기가 될 수 있다는 걸 명심하자.

소송이란 것이 또 하나의 압박의 수단인 것이다. 어차피 합의가 안 되었기 때문에 여기까지 오게 된 것이므로 공유자는 조금 지쳐 있는 상태일 것이고, 협상이 결렬되어 최종적으로 경매를 통한 대금분할이 진행되면 합의에 의한 것보다 더 손해를 볼 수 있다는 중압감도 상대방을 조급하게 만드는 것이다. 그러한 중압감은 상대방 타 공유자의 약점이 되지만 내게는 약점이 아니라 장점이 될 수 있기 때문에 협상의 자리에서 타 공유자보다 더 위에 있다고 하겠다.

공유물분할청구소송의 결과로 경매가 진행될 경우 손해를 볼 수도 있겠지만, 꼭 그렇지만은 않다. 공유물분할청구소송은 승소, 패소가 명확하게 구분되는 재판이 아니며 어떤 식으로 해당 부동산이 분할되는지 그 결과가 얼마나 내게 유리한지 불리한지를 보는 선택의 문제라고 할 수 있기 때문이다. 승소, 패소가 명확한 재판은 아니니까 조금은 부담감이 없는 상태에서 재판에 임할 수 있으므로 상대방과는 완전히 다른 입장이라는 말이다.

우리가 해야 할 소송은 크게 두 가지로 나눌 수 있다. 첫 번째로 부당이득금반환소송과 두 번째는 공유물분할소송이다. 그리고 부동산 가압류 및 부동산처분금지가처분(피보전 권리 : 공유물분할청구권)을 신청해야 한다.

앞에서 설명한 두 가지 소송의 절차 내용을 보면서 차근차근해본다면 소송을 별 무리 없이 해나갈 수 있을 것이다.

※ 공유물분할청구소송과 부동산처분금지가처분
※ 부당이득금반환소송과 부동산 가압류

3차 협의 매각
'익스트림 쿨(Extreme Cool)'

    2차, 3차 내용증명을 발송하고 만나서 협상까지 했지만 타 공유자는 아직도 관망만 하고 있거나 협의가 되지 않는 상황이 되면 소송장을 접수할 단계를 밟게 된다. 이쯤 되면 타 공유자는 마음이 점점 급해지기 시작한다. '설마 소송까지 하겠어?'라고 마음 놓고 있다가 소송이 현실로 다가오는 순간 공유자의 발등에는 불이 떨어진 격이나 마찬가지다.

    특히나 소송을 한 번도 진행해보지 않았을 경우 소송에 드는 시간과 비용 계산이 제대로 되지 않아 여기까지 오는 경우가 많은데 이런 사람일수록 소송을 두려워하기 마련이다. 그래서 공유자는 변호사 및 법무사에게 상담하게 되고 변호사를 선임하는 방법을 선택하거나 본인이 소송에 걸리는 시간과 노력을 돈으로 환산해 최대한 합의에 응하기 위해서 노력한다. 그러나 변호사를 선임했다고 해서 변호사가 법을 바꿀 수는 없지 않은가? 변호사를 선임해도 결국 시간만 벌 수 있을 뿐 비용을 줄이려다 변호사 비용까지 덤터기를 쓰게 되는 꼴임을 깨닫고 협상을 시도하는 것이 경매의 법리를 조금이라도 아는 공유자의 태도일 것이다.

게다가 우리 투자자 입장에서는 1, 2차 때 협상했던 금액보다는 시간 비용이나 소송에 들이는 노고의 비용을 공유자에게 요구하지 않을 수는 없지 않은가? 다른 사람 사정 모두 봐주며 손해를 감수해가는 투자자는 투자자라고 볼 수 없기 때문이다. 그러므로 3차 협의금액이 달라지는 것은 당연지사이다. 억울한 공유자 입장을 최대한 고려해서 1, 2차 협의가 실패했을 경우 3차 협의나 소송에서는 금액이 높아질 수밖에 없음을 미리 알려두자.

결국, 타 공유자는 1차 및 2차 협상을 통해 다시 돌아올 수 없는 길을 가고 있는 것이다. 오히려 시간과 변호사 비용 그리고 시간이 지남에 따라 협의되는 금액까지 환산한다면 오히려 1차나 2차 협상 때 합의하지 않은 것을 땅을 치고 후회하는 상황이 오는 것이다. 만약 집을 포기한다면 모를 일이지만 말이다.

처음의 로드맵대로 우리는 차근차근 갈 길을 걸어가면 된다. 그러나 절대 빨리 가려 하지 말라. 시간은 이 싸움에서 나의 큰 무기가 될 수 있다. 조급한 마음은 상대방과 협상에서 큰 단점이 된다. 항상 협상에는 여유 있는 마음과 태도로 임하되 투자자 입장에서 협상해야 함을 기억하자. 3차 협의가 잘 되었다면 여기서 모든 상황은 종료된다. 경험상 약 60%가 소장을 접수했을 때 합의가 된다.

'익스트림 쿨(Extreme Cool)'

일반 경매도 마찬가지겠지만, 지분 경매를 하며 사람들을 만나다 보면 매우 공격적이거나 또는 매우 비굴해지기까지 하는 사람들을 만나게 된다. 이런 사람들 사이에서 냉정을 유지하며 일을 진행한다는 것은 정말 도를 닦는 것과 같은 인내심을 요구하는 일이다. 이성을 잃은 사람들을 이성적으로 대하기가 쉽지 않기 때문이다. 그러나 우리는 인간관계를 맺는 일을 하는 것이 아니라 비즈니스를 하고 있음을 간과해서는 안 된다.

나는 인생의 축소판이라고도 할 수 있는 스포츠 경기에서 '익스트림 쿨(Extreme Cool)'을 유지하는 훌륭한 선수들을 보며 자주 마음을 다잡는다. 뼈를 깎는 듯한 고통스러운 훈련을 인내와 집념으로 이겨내고 그 모든 것을 보여줄 긴장된 결전의 날, 관중의 환호와 야유 속에서도 끝까지 감정을 컨트롤해 우승을 거머쥐는 선수들. 올림픽이나 월드컵에 나갈 정도의 선수들이라면 실력 차이가 나야 얼마나 나겠는가? 마인드컨트롤에 실패하는 자는 힘들게 내공을 쌓더라도 마지막 순간에 무너지기 쉽다.

나는 올림픽 게임 중에서도 양궁을 보는 것을 좋아한다. 그리고 우리나라 양궁팀이 정말 대단하다고 생각하는 사람 중 하나이다. 20년을 훌쩍 넘게 세계 정상을 유지하고 있으니 말이다. 그들은 아무리 화살이 과녁을 빗나가도 전혀 흔들림 없는 모습을 보여주며 끝에 가서는 결국엔 금메달을 목에 걸게 되는 역전극을 보여준다. 나는 그 모습에 감동을 느낀다. 수년간의 연습 동안 얼마나 많은 화살이 빗나갔을까. 그들이 그렇게 냉정을 유지할 수 있는 이유는 독한 연습 때문일 것이다. 그것을 통해 나는 그들이 활이 되고 화살이 될 수 있었다고 생각한다.

여러분이 어떤 상황을 완벽히 컨트롤하고자 한다면 이론부터 시작해 실전을 치르며 많은 경험과 실수를 거치고 난 다음에야 냉정을 유지하는 것이 가능할 것이다. 우리는 주변에서 투자를 하며 이성을 잃고 자살에 이르기까지 괴로워하는 사람들을 많이 볼 수 있다. 투자금은 액수를 떠나 그 자체로 여러분에게는 적은 돈은 아닐 것이다. 하지만 그 돈에 일희일비할 만큼 우리 인생에서 큰 가치를 지니지는 않는다는 것이 필자의 생각이다. 돈을 잃거나, 공유자로부터 참기 힘든 말을 듣거나 하는 여러분을 자극하는 어떤 상황이 오더라도 냉정을 유지해야 한다. 여러분의 감정이 아니라 있는 그대로의 현실에 집중할 수 있는 진정한 투자 고수가 되려면 필수적으로 갖추어야 할 덕목이니 꼭 마인드컨트롤에 고수가 되기 당부드린다. 이 점에서 필자는 빌린 돈으로 투자하려는 사람의 투자 상담은 달갑게 여기지 않는다. 이런 사람들은 냉정을 유지하기 힘들기 때문이다. 몇백만 원이라도 자신의 종잣돈을 갖고 투자를 시작해보자. 혹여 투자에 실패하는 경우가 생기더라도 여러분의 투자 방법이 비겁하지 않고 실패에 좌절하지 않았다면 투자에 성공할 기회는 꼭 다시 찾아올 것이다.

07

조정실에서의
'배트맨 협상'

　민사조정은 임의적 절차로 소송과 달리 서로 한발씩 양보해 화해하는 절차다. 따라서 서로 양보할 의사가 있어야 하며 이미 감정이 지나치게 상하거나 이해관계가 첨예하게 대립할 때는 사실상 불가능한 경우도 있다. 그러나 사회에서 명망 있는 조정위원이나 판사가 중재자로서 화해를 유도하기 때문에 화해 가능성이 크다. 따라서 타 공유자를 상대할 때는 되도록 감정이 상하지 않도록 최대한의 매너로 대하는 것이 좋다.

　공유물분할소송은 현물분할이 원칙이나 집이나 건물을 지분 비율대로 분할하는 것이 불가능하기 때문에 되도록 협의를 통해서 타 공유자가 지분을 인수하는 것이 사회질서 유지상으로 보나 비용 측면으로 보나 합리적이다. 굴러온 돌이 박힌 돌 빼는 경우는 누구에게나 불편한 법이지 않은가? 그러나 굴러온 돌 입장에서도 새로 터 잡기 쉽지 않다.

그러므로 조정은 공유자가 내 지분을 인수하는 쪽으로 방향이 잡힐 것으로 예상하고 조정에 임하라.

조정이 성사되지 않을 경우 판사가 강제조정을 하는 수도 있다. 강제조정은 원고와 피고 간의 임의조정이 원칙이나 서로 굽힐 수 없는 입장 차이로 조정이 불가한 경우 중재인인 판사의 입장에서 모든 이해관계인의 이익을 고려하고 분쟁의 평화적·종국적 해결을 이룩할 수 있는 방안을 마련해 당사자를 설득하고자 하는 데 그 목적이 있다. 즉 서로 자기주장만하다 임의조정의 기미가 보이지 않은 경우에는 객관적 입장에서 조정을 해주는 조정자가 있을 경우 그것이 수월하다는 것이다. 학창 시절이 생각나는가? 두 학생이 말싸움에서 시작해 결국은 서로 코피 터지게 치고받게 되더라도 선생님이 오셔서 흥분을 가라앉히고 중재자 입장에서 잘잘못을 말하고 어떤 권위로써 화해를 종용했을 때 그것을 거부하는 학생이 얼마나 되었던가? 판사의 조정에도 불복하며 이의제기를 하는 공유자는 드물겠지만 만약에 그런 경우 조정은 효력을 상실해 바로 소송이 진행된다.

여기서 조정이 성립되면 조정조서가 작성된다. 조정조서의 효력은 판결문과 같기 때문에 조서 내용대로 당사자가 이행하지 않을 때는 그 사람의 재산을 경매하여 권리를 실행할 수 있다.

보통 타 공유자는 판사가 조정할 때 그 심리가 또 한 번 변한다. 판사의 말 한마디면 결국 본인의 집 전체가 경매에 부쳐질 것이기 때문이다. 현재 조정실까지 온 이유는 서로의 금액이 맞지 않아서 오게 된 것이다. 타 공유자는 막다른 길이라는 것을 잘 알고 있다. 판사와의 조정이 진행되면서 거의 협의가 90% 된다고 볼 수 있다. 절대 조정 상황에서 조정관이나 판사의 말에 의해 원하는 금액에서 무작정 양보하지 않기를 바란다. 당신은 투자자임을 명심하고 본인이 합당하다는 금액 안에서 협의하기 바란다.

타 공유자는 3차 협의까지 실패하고 나면 십중팔구 변호사를 대동하고 조정실까지 오게 되는 경우가 대부분이다. 그러나 투자자는 나 홀로 소송이 원칙이므로 특수한 경우가 아니면 비용이 많이 드는 변호사를 선임하지 않는다.

채권최고액 1원 '형식적 경매'

지분 경매를 진행하다 보면 타 공유자들과 협의 및 협상 과정에서 민사소송을 잘 활용해야 금액 협의할 때 매우 유리하다. 물론 무조건 법만으로 해결하겠다고 생각하면 아주 곤란하다. 더 좋은 방법으로 협의할 수 있다면 어떤 방식으로든 그 방법을 써야 한다. 하지만 필자의 수많은 경험에 비추어 보면 민사소송을 이용하지 않을 때, 타 공유자와 협의는 거의 이루어지지 않는다. 협의금액에서 많은 차이를 보이기 때문이고 시간 또한 오래 걸린다. 철석같이 약속하고도 안면을 바꾸는 타 공유자도 태반이다. 이런 경우에는 타 공유자가 스스로 뼈저리게 후회하게 만들어 주고도 싶다. 최대한 배려해주고 존중해주는 마음을 기만한 결과로 말이다.

모든 협상과 조정에 실패했을 경우 소송은 형식적 경매의 절차를 밟게 된다. 형식적 경매 공유물을 현금으로 분할할 수 있도록 하는 판결로 여기까지 진행된 것은 공유물분할청구소송의 마지막 단계까지 온 것이라고 볼 수 있다.

비록 여기까지 오게 되는 일은 10%밖에 되지 않는다 할지라도 이 단계까지 오는 동안 시간도 오래 걸렸고 협상부터 조정까지 그만큼 많은 뒷이야기가 남을 것이다. 돌아보면 처음으로 지분 경매에 도전하고 낙찰받아 타 공유자에게 내용증명도 보내고, 타 공유자와 협상도 하고 조정을 거쳐 직접 경매신청까지 하게 된 것 아닌가?

경매로 낙찰받은 물건을 직접 경매신청을 한다는 것은 경매하는 사람 중 몇 %가 경험하게 될까? 아마 여기까지 경험한 낙찰자들은 지분 경매의 큰 틀을 이해하며 경험하고 그 맥 또한 짚을 수 있게 될 것이다. 돈 주고도 할 수 없는 공부를 한 셈이다. 경험만큼 좋은 스승이 어디 있겠는가? 수익률만 얻어낸다면 자신감은 200% 상승할 것이다.

공유물분할소송을 하면 주택이나 아파트 같은 경우에는 현물분할이 되지 않기 때문에 형식적 경매를 통해 현금으로 안분배당을 하게 된다. 주의해야 할 것은 꼭 임장을 통해 구분소유적 공유를 확인하고 넘어가도록 해야 한다. 구분소유적 공유는 분할이 가능하기 때문이다.

지분 경매는 돈 주고 들을 수 있는 전문적인 강좌가 개설되어 있다. 필자에게 연락하면 안내해준다. 지분 경매는 실전 경험을 통해 전체적인 맥을 잡는 것이 그 무엇보다 중요하다. 운전면허시험 100점 맞았어도 운전하면서 계속 사고만 난다면 무슨 의미가 있겠는가. 결국, 중요한 것은 실전 기술인 것이다.

> **Plus Tip! 형식적 경매**
>
> 형식적 경매란 공유물분할을 위한 경매나 유치권자와 같이 재산의 가치보존 또는 정리를 위한 경매를 말한다.
>
> 일반적인(임의경매, 강제경매) 경매는 부동산의 제한 물건(근저당, 가압류 등)은 낙찰자에게 인수되지 아니하고 소멸되는 것이 원칙(소멸주의)이다. 하지만 형식적 경매에서는 소멸주의가 그대로 적용되지는 않고 법원마다 판사의 재량 및 해석에 따라서 그 적용 방법이 달라질 수 있다. 경우에 따라서는 형식적 경매는 근저당 가압류 등이 낙찰자에게 그대로 인수될 수 있다. 그러므로 형식적 경매는 반드시 권리인수 여부를 해당 경매법원에서 확인한 후 입찰에 참여해야 한다. 매각 물건명세서에 주의사항이나 비고란에 보면 '등기부상 근저당, 가압류 임차인의 권리는 낙찰로 소멸되지 않는다' 등과 같은 예로 명시한다.

PART 03

지분 경매 실전사례

재산은 있는데 돈은 없다고?

공유지분 경매를 검색하다 눈독을 들이게 된 이 물건은 김영석(가명)이라는 사람이 중국과 무역업을 하다가 채무변제를 못 해서 나온 9분의 2 지분이었다. 처음 물건을 보는 순간 타 공유자가 경매 물건에 거주하여 점유하고 있고 9분의 2 지분이 나온 지분 경매에서는 우량 물건이라 할 수 있기 때문에 왠지 물건을 발견하는 순간 내가 입찰받을 수 있을 것 같은 생각이 들었다. 처음부터 내가 소유했던 것 같은 느낌이 오는 물건이었다. 그래서 당장 내일 아침 일찍 임장을 하여 현장에서 물건분석을 해야겠다고 생각하며 잠이 들었다.

다음날 오전쯤 현장에 도착해 주변 부동산 중개업소 전화번호를 메모하면서 물건의 가치를 분석해보니 어제저녁 서류상의 분석보다 더 우량 물건이라는 생각이 들었다. 우체통의 우편물을 검토해보니 지분

9분의 7을 소유한 타 공유자인 어머니 박정자 씨(가명)가 살고 있는 것이 확실했다.

만약 낙찰 시에는 내 지분 9분의 2만큼을 점유하고, 전체를 혼자서 살고 있으므로 부당이득금을 받을 수 있겠다는 정황을 파악했다. 법원의 매각물건명세서에 소유자 점유라고 쓰여 있던 것과 동일한 상황이다. 그래서 주민센터로 가서 세대열람을 통해 소유자 점유 사실을 확인했다. 세대열람 결과 어머니 박정자 씨가 점유하는 전형적인 지분 경매 물건 중 우량 물건이다.

주민등록법 시행규칙

제14조 (주민등록전입세대의 열람)
① 열람 또는 등·초본 교부기관의 장은 다음 각 호의 어느 하나에 해당하는 경우로서 별지 제15호서식에 따라 전입세대열람을 신청한 자에게는 해당 물건 소재지에 주민등록이 되어 있는 세대주와 동일 세대별주민등록표상의 동거인(말소 또는 거주불명 등록된 사람을 포함한다)의 성명과 전입일자만 열람하게 할 수 있다. 다만, 동일 세대별 주민등록표상의 세대원이 세대주보다 전입일자가 빠른 경우에는 그 세대원의 성명과 전입일자를 열람하게 할 수 있다.

1. **법 제29조제2항제2호에 따라 경매참가자가 경매에 참가하기 위하여 신청하는 경우**
2. 「신용정보의 이용 및 보호에 관한 법률」 제4조제4항제2호의 업무를 수행하는 신용정보업자 또는 「부동산 가격공시 및 감정평가에 관한 법률」 제29조의 업무를 수행하는 감정평가업자가 임차인의 실태 등을 확인하기 위하여 신청하는 경우
3. 영 별표2 제3호에 해당되는 금융기관 등이 담보주택의 근저당설정을 이유로 신청하는 경우
4. 해당 물건의 소유자 본인, 그 세대원 또는 소유자 본인의 위임을 받은 자가 신청하는 경우

5. 해당 물건의 임차인 본인, 그 세대원 또는 임차인 본인의 위임을 받은 자가 신청하는 경우
6. 해당 물건의 매매계약자, 임대차계약자, 매매계약자 또는 임대차계약자 본인의 위임을 받은 자가 신청하는 경우
7. 법원의 현황조사명령서에 따라 집행관이 신청하는 경우

전입세대열람을 해당 주민센터에 가서 신청하면 되는데 이때 필요한 서류는 신분증, 해당 주택이 경매로 나왔다는 서류가 필요하다. 반드시 전입세대열람신청 시에는 세대합가의 위험성 때문에 동거인 포함해서 발급을 받아야 하고 동거인이 있다면 동거인과 세대주와의 관계를 문의해야 한다.

입찰예정 금액 또한 시세의 64% 선으로 입찰 매수 포인트로 적절한 시기다. 앞으로 1주일 입찰일, 마음의 준비를 끝내고 돌아오는 발걸음이 가벼웠다. 입찰 당일, 9분의 2 지분 물건에 과연 몇 명이 입찰에 참여할까? 법원에 가는 길에 계속 생각해봐도 단독입찰이거나 많아야 2:1이라는 결론이다. 특수 물건이라 보통 경매에 임하는 일반 물건에 입찰하는 경매꾼들 눈에는 파악되기가 힘든 물건이지만 방심하지 않고 약간 최저매각가격에서 5% 정도 올려서 입찰가를 썼다.

법원 집행관들이 입찰봉투를 전부 정리하면서 오늘 입찰에 참여한 물건을 불러주는데 입찰에 참가한 인원이 2명이란다. 2:1! 음, '나 말고 또 이 물건에 들어온 경매인이 있다니' 하는 생각을 하던 중 약 20만 원 차이로 아슬아슬하게 내가 최고가매수 신고인이라는 발표가 났다. 그런데 영수증을 받는 데 2등 한 사람이 법인 대표인데 이 물건에 왜 들어왔느냐며, 알고 들어왔느냐며 핀잔 비슷하게 말을 흘리고 지나간다. 약간 묘한 기분이었지만, 그래도 나 말고 1명이 더 들어온 물건이라 일

단은 약간의 안심이 되는 상황이다. 그리고 2주 후 매각허가결정이 확정되고 작은 지분 물건이라 며칠 후 바로 잔금을 납부했다. 그리고 바로 내용증명을 작성해 9분의 7 지분을 가진 타 공유자인 어머니 박정자 씨(가명)에게 1차로 발송했다.

며칠 후에 김영석의 형, 즉 첫째 아들인 김경석(가명) 씨에게 전화가 왔다. "왜 이 물건을 사셨어요? 1번 더 유찰되면 우리가 살려고 했는데……"라고 한다. "아니 나라에서 내놓은 경매 물건을 산 게 죄입니까? 사라고 내놓고서 왜 샀느냐 물으면 낙찰자는 뭐라고 해야 합니까?" 따져 물으니 "어떻게 했으면 좋겠습니까?"라고 한다. "인근 부동산 중개업소에 전세로 내놓고 지분 비율대로 보증금을 나누어 갖도록 하죠." 조금 미안한 마음도 들고 해서 의견을 제시했더니 현재 어머니 박정자 여사가 살고 있는데 그건 안 될 말이라고 한다.
"제가 웬만하면 다른 형제들과 의논해보고 어머니 거취를 해결하고 싶지만 지금 동생은 사는 곳도 모르고 어디서 무엇을 하는지 연락도 안 되고요. 아시다시피 노모는 경제 능력뿐 아니라 법적 해결 능력도 없어 한 번 더 유찰될 때까지 기다려 보려고 한 겁니다. 큰아들인 제가 해결해야 하니 시간을 좀 주십시오. 식구들과 의논 좀 해보겠습니다."

그래서 전화를 기다리며 본업에 몰두하느라 그냥 잊고 지내고 있는데 2주가 지나도 전화가 안 온다. 보통 타 공유자들이 전화를 잘 안 하는 편이다. 오히려 아쉬운 쪽은 그쪽일 텐데도 문제를 적극적으로 해결하려는 생각이 없는 사람들이 많다.

집에서 실제 생활하는 데는 아직도 별로 불편하거나 달라진 것을 못 느끼기 때문인 듯도 하다. 법적인 등기부등본상의 명의를 공유한다는 것이 아직 어떤 상황인지 모르는 것이다. 그래서 내가 먼저 전화해보기로 하고 큰아들과 전화통화를 했다.

"여보세요? 김경석 씨죠?"

"아……, 네."

그냥 무뚝뚝한 단답형의 대답에 기운이 빠진다. 상황을 알고 작전상 그러는지 아니면 정말 모르거나 될 대로 되라고 하면서 자포자기하는 것인지조차 가늠하기 힘든 목소리다.

"연락 주신다고 해서 기다리고 있었는데요."

"아……, 네." 하는 무의미한 대답을 반복하는 큰아들의 목소리에 힘이 없다.

"지난번에 말씀드린 것 의논해보셨나요?"

그랬더니 성의 없이 힘없는 목소리로 일이 바빠서 식구들과 상의를 할 수 없었다는 정말 무성의한 대답이 돌아왔다. 그래서 다시 시간을 줄 테니 식구들과 의논해 다시 통화하기로 하고 끊었다. 집안에서 사업 망한 사람이 생기면 망하기 전까지 돈을 오죽이나 끌어 썼겠는가? 그래도 집이 경매까지 나올 정도로 망하니 자포자기하는 심정이 이해는 됐지만, 최악의 상황을 만드는 게 바로 이런 무성의한 태도인 것을 모르는가 보다. 바로 2차 내용증명을 보냈지만, 며칠이 지나도 전화, 통지서에도 계속 묵묵부답으로 일관한다. 약 10일 정도 기다렸다가 다시 3차로 통지했다.

거기에는 나의 9분의 2 지분 만큼의 부당이득에 상당하는 임차금을 줄 것과 더는 지분해소를 위해 성의 있는 답변이 없으면 '공유물분할청구소송'을 법원에 제기할 수 있다는 내용을 담아서 정중하게 써서 보냈다. 그래도 묵묵부답이다. 전화를 걸어서 전체 내용과 앞으로의 조치들을 말해줄까 망설였지만, 헛수고일 듯했다.

그래서 소송 준비를 위해서 컴퓨터 앞에 앉아 부동산 가압류, 부당이득금반환청구의 소, 부동산처분금지가처분(피보전 권리, 공유물분할청구권), 공유물분할청구의 소장들을 작성하기 시작했다.

다음 날 아침 법원에 도착해 2층 은행 창구에서 인지, 증지를 금액에 맞게 구입해 소장 겉장에 붙이고, 송달료를 금액에 맞춰서 납부하고, 겉장 뒷면에 붙여서 접수했다. 사건번호를 접수직원에게 물어봐서 메모해 가지고 와야 내가 접수한 사건의 진행 상황을 체크해 나갈 수 있다. 보름쯤 지나니까 상대방에게 송달되었다.

이제 약 30일을 기다려서 상대방의 답변서가 없으면 1차 변론기일이 지정되고 만약 답변이 오면 1차 기일이 잡히든 조정일이 지정된다. 이 부당이득금반환청구의 소는 상대방 타 공유자의 대리인인 큰아들의 답변서가 발송되지 않아서 바로 1차 변론기일이 잡혔다.

1차 변론기일이 지정되어 법정에 나가 둘러보아도 여러 사람 중에 큰아들과 비슷한 나잇대의 남자가 별로 없어서 불참한 것으로 생각했다. 그런데 다행히 변론지정 시간보다 재판시간이 지연되었고 큰아들이 늦게 도착하고 나서 판사님이 "원고 조홍서 씨, 피고 박정자 씨" 하며 부른다. 뒤에서 "네" 하며 큰아들 김경석 씨의 목소리가 들린다. 공부를 많이 한 듯한 인상에 잘 생겼고, 안경을 쓴 40대 중반의 약간은 인생의 희로애락을 겪었을 만한 인상이다. 역시 판사님 앞에서 말도 많고 무엇인가 작정한 듯이 서류를 꺼낸다. 답변서를 준비해 가지고 온 것이다.

 답변서 수령확인을 해주고 판사님 앞에서 잠깐 내려다보며 살짝 읽어 보니 경매당한 이유와 이 집을 꼭 지켜야 한다는 것 등 인정에 호소하는 내용으로 무려 5페이지 이상 꽉 차 있다. 그러나 법원은 무작정 인정에 호소하는 것을 받아주는 곳이 아니다.

 조용한 목소리로 "피고, 남의 지분의 9분의 2만큼 점유하고 협의를 하자고 하는데도 임차료를 주지 않고 사시는 것은 안 됩니다. 그리고 원고는 청구하신 임차료가 정당한 금액인지 판사인 제가 법원에서는 알 수 없으므로 이 건은 조정에 붙여서 서로 협의를 보는 것이 좋겠다는 생각이 드는데 2주 후에 두 분 모두 조정실로 나오세요. 오늘은 이상입니다"라고 판사가 말하는 것을 듣고 상대와 함께 나왔다.

 법원 로비 의자에서 잠시 이야기를 나누는데 "조 사장님, 저라고 협의하고 싶지 않겠습니까? 동생이 사업하면서 돈 다 끌어다 쓴 것도 모자라 집까지 넘어가게 되니 기가 막힐 뿐입니다. 돈도 없고 전 신용불량자라 아무 힘도 없으니 어찌합니까?"라며 신세 한탄만 할 뿐 대안을 제시하지 못한다. 예상했던 바였지만 이런 상황은 매번 힘을 빼놓는다. 나도 그 사정 다 들어줄 순 없으니 조정 날에 조정실에서 보자고 했다. 그래도 웃는 낯으로 서로 인사하고 악수도 하며 헤어졌다.

 그사이에 공유물분할청구의 소 1차 변론기일이 잡혔다. 지금 현재 조정과 공유물분할청구소송이 잡혀 있고, 부동산등기부등본에는 부동산

가압류와 부동산처분금지가처분까지 올라가 있는 상황이다.

　드디어 2차 조정일. 일찍 서두르는 성격이라 조정 시작 15분 전부터 조정실 입구의 복도에 와서 기다려도 또 큰아들의 얼굴은 보이지 않고 자꾸 법원 직원은 피고 이름을 부르며 나에게 물어보더니 전화를 한 번 해보란다. 그래서 전화를 걸어서 오는 중이냐 했더니 지금 법원 정문에서 뛰어오는 중이라 한다. 집안의 중요한 대사를 앞두고 지각이라니……. 돈 받을 사람과 줄 사람, 견해차가 이런 것인가 보다.

　조정실에 큰아들이 도착하고 판사와 조정위원들은 합의하라고 하지만 임차료 상당의 부당이득금의 차이가 크게 나서 더는 진전이 없으니까 판사가 피고에게 잠깐 복도에서 기다리라고 한다. 그리고는 나에게 조금 금액을 양보하라고 하여 나는 바로 그렇게 하겠다고 시원스럽게 답했다. 이어서 나보고 복도에 잠깐 나가 있으라 하더니 곧 큰아들이 조정실로 들어갔다. 잠시 기다리다 조정실에 들어가니 판사가 합의서 작성해 올 때까지 기다리라고 한다.

　그동안 약 4개월 치에 해당하는 임차료 상당의 부당이득금을 원고의 통장으로 한 달 내로 보내고 그 이후의 부당이득금은 방 1칸을 내 주고 현관의 출입문을 원고에게 주라고 하며 합의서를 작성해 왔다. 합의서에 사인한 뒤 며칠 후에 법원에서 전화가 와 사건 부동산의 내부도면을 나에게 보내라며 법원 팩스 번호를 알려주기에 그 아들의 전화번호를 알려주었다.

　공유물분할청구의 소 1차 변론을 위해서 법정으로 향했다. 법정 의자에 앉아서 낙찰받고 약 4개월 정도의 지난 시간을 생각해보았다. 아무리 내가 호의적으로 협의하려 해도 상대가 전혀 협의할 생각이 없으면 결국은 소송에 의한 판결을 기다릴 수밖에 별도리가 없겠다는 결론이 난다. 판사님이 원고와 피고를 부르자 피고는 무엇을 그다지도 많이 메모했는지 한 뭉텅이의 서류를 꺼내어서는 이것저것을 설명한다.

그러나 판사는 일언지하에 지금 협의가 되지 않으면 오늘 결심이 난다고 한다. 그래도 큰아들 김경석 씨는 무슨 할 말이 많은지 계속 하소연과 같은 변론을 늘어놓는다. 어찌 됐든 결심이 나고 2주 후에 대금분할에 의한 경매가 선고된다. 그 선고 일에는 원고, 피고 모두 법정에 나오는 대신 집으로 선고 내용을 우편으로 보내주니 받아보라고 한다.

법정 밖에서 큰아들과 상의를 하려고 기다려서 잠깐 얘기 좀 하자고 불러 세우니 그냥 휑하니 손사래만 치고는 대책 없이 가버린다. 무슨 다른 꿍꿍이속이 있나 하며 약간은 불안한 마음으로 큰아들의 뒷모습을 바라볼 뿐이었다.

2주 후 선고 내용이 적힌 판결문이 우편으로 도착했다. 타 공유자에게도 송달되었는지 대법원 사이트 사건검색에서 확인해보니 아직 받지 않았다. 혹시 일부러 받지 않는 것은 아닌지? 계속 안 받으니까 법원에서 공시송달을 한다. 사건검색에서 송달문을 공시하고는 송달된 것으로 처리하는 것이다. 그 후 14일 흘러도 상대방이 항소하지 않아서 1심 판결이 확정되었다.

드디어 지분 경매의 마지막 단계, 공유물분할에 의한 형식적 경매를 신청하러 민사과로 가서 판결문을 가지고는 집행문, 송달증명원, 확정증명원을 받아서 법원 경매계에 바로 경매신청을 했다. 부동산 경매를 하면서 직접 경매를 신청하는 일이 얼마나 되겠는가? 다른 사람이 경매를 신청한 물건을 주로 낙찰 및 입찰에 참여하지 본인이 직접 경매를 신청하는 것이 부동산 경매는 아니지만, 지분 경매는 합의가 안 될 경우 이 과정이 필요하다.

자! 이제 거의 끝이 보이기 시작한다는 생각을 하니 속이 시원하다. 게다가 그러는 사이 지난번 조정에서 협의한 금액까지 입금되니 노력의 결과가 나타나기 시작한다. 며칠 후 큰아들이 임차료를 보냈고 현관키를 택배로 보내겠다고 연락이 와 형식적 경매를 신청했다는 것을 말해주어도 별다른 반응이 없다. 정말 무슨 큰 대책이라도 마련한 것인지…….

한 달이 지나 현관 키를 가지고 처음으로 내 지분을 확인할 겸 박경자 여사님이 살고 있는지, 법원에서 경매통지가 왔는지를 확인하러 다세대 주택으로 갔다. 아무리 벨을 눌러도 아무 소리가 없다. 자꾸 벨을 누르니 옆집 아저씨가 누구냐고 한다. 경매 나온 것이 좋은 일도 아니고 옆집 사람에게 자세한 이야기는 하고 싶지 않았지만, 너무 의심의 눈초리로 쳐다봐 자초지종을 이야기하니 이미 경매로 물건이 나온 것 온 동네에 다 소문이 나서 알고 있다고 한다.

큰아들에게 전화해서 집에 들어가겠다는 것을 알리려 했으나 전화를 받지 않는다. 그래서 옆집 아저씨가 보는 가운데 문을 열고 들어가 보니 이상하게 청소가 잘 되어 있고 살림살이는 그대로인데 방 하나만 열려 있고 다른 방문을 이미 모두 잠가 놓았다.

핸드폰 카메라로 여기저기를 찍고서 그대로 문을 잠그고 나오면서 문에 경매를 신청했고 집에 다녀간다는 간단한 내용의 메모를 꽂아두고 왔다. 문 옆에 법원에서 경매 때문에 다녀갔다는 통지서와 한전에서 전기료를 납부하지 않아서 보낸 고지서가 여러 장 있는 것을 보니 집을 비운 지 꽤 오래되었나 보다.

그리고는 약 한 달 후 큰아들이 협의하자고 해 법원 앞에 있는 커피숍에서 만나기로 했다. "될 수 있으면 합의를 보셔야죠. 사람 사는 집을 경매를 넣으시면 되겠습니까?"며 오히려 핀잔을 준다. 집이 경매에 처하니 경황이 없었겠지만 그렇게 연락하고, 메모해서 알리고, 법원과 한전에서 연락할 때는 가만있다가 오히려 큰소리를 친다. 서로 옥신각신하기를 몇 분, 최대한 양보해 제안했다.

"정 돈이 없으면 대출을 받을 수 있게 내가 9분의 2 지분만큼 은행측에 보증을 서주겠소." 공유자가 이렇게까지 나오니 할 말이 없을 것이다.

이렇게 결론을 내고 합의서를 쓰고 이것을 보증하기 위해서 같이 택시를 타고 근처에 있는 주민센터로 가서 큰아들의 인감증명서 1통을 받아왔다. 그때는 이것으로 협의가 끝난 것으로 생각했다.

그러나 계속 큰아들에게서 전화가 와서는 이래서 대출이 안 되고, 저래서 안 되고, 또 어머니가 연세가 높으셔서 안 되고 자기는 신용불량자라서 등등 끝도 없는 핑계를 대기 시작한다. 그때의 합의 역시 흐지부지되었고 경매는 계속 진행되어 배당요구종기일까지 왔다. 그리고 앞으로 며칠 후면 1차 경매기일이 잡히려는 그 순간에 법원으로부터 '청구이의 소' 법무법인 원고 대리인 ○○○ 변호사가 보낸 소장이 왔다.

내용인즉 지난번에 조정에서 조정 성립한 방 1개에 대한 현관 키를 준 것이 이미 공유물분할 합의한 것이니 내가 판결 선고받은 '공유물분할청구의 소'에서의 대금분할에 의한 경매는 이의가 있다는 골자의 소장이었다. 정말 황당무계하고 은혜를 원수로 갚는 상황이 아닌가? 이래서 법 앞에서는 어떤 인정도 보여서는 안 되는가 보다. 바로 답변서를 쓰고 또 반소원고로서 지난번 조정은 잘못된 판결이라는 내용의 재심의 소를 법원에 제출했다.

그리고 2주 후 또 조정이 잡혔다. 그사이 큰아들에게 전화했으나 내 전화를 안 받는다. 돈도 없고 신용도 없어서 나의 보증으로만 대출을 받아서 해결해야 한다던 사람들이 변호사를 선임해 오다니 정말 어이가 없다. 그리고 이미 판결이 나서 경매를 넣은 물건에 이의가 있다고 청구이의 소를 진행하면서 공탁금까지 법원에 예치시키고 집행정지신청까지 한 사람이 전화도 피하고 어이가 없었다.

이런 상황에서도 이성을 잃지 말라고 비즈니스에서는 '익스트림 쿨' 하라고 했던가. 아무튼, 조정일에 가보니 판사님이 바로 상대방 변호사님에게 그 부당이득금반환소송에 의한 조정에서 방 1칸을 사용하라고 한 것은 점유 문제에 대한 해소지 소유권에 관한 문제를 해결한 것이 아니라는 취지로 설명했다. 부동산등기부등본에서 소유권 문제가 해결되지 않았으므로 계속 경매로 진행되는 것이 맞는다며 나의 손을 들어준다.

조정실에 들어와 5분도 채 되기도 전에 일단락되었다. 그러나 판사님은 경매에 가는 것이 별로 안 좋고 또 큰아들에게 협의할 생각이 있느냐고 물으니 있다는 대답에 그러면 지금부터 금액 합의가 문제이니 이 문제만을 가지고 협의하자고 한다. 또 원점으로 돌아가는 것 같아 힘이 쭉 빠진다. 그 대안으로 은행융자가 얼마나 나오는지 큰아들에게 알아서 오라고 하면서 원고 대리인 ○○○ 변호사에게는 은행 측에 얼마까지 대출할 수 있는지 사실조회촉탁을 하라고 한다. 일을 어렵게 푸는 것 같다는 생각을 하면서 조정실을 나왔다.

 2차 조정기일, 큰아들은 대출이 얼마 안 나온다면서 엄살을 부리고 원고 대리인 ○○○ 변호사는 사실조회를 신청했는데 연락이 안 온다면서 또 조정기일연기신청을 하면서 응수한다. 그래서 나는 이렇게 합의가 빨리 안 되면 원래대로 경매를 진행 시켜달라고 판사님에게 말씀을 드렸다. 그랬더니 분위기 좋게 잘 협의가 되고 있는데 자꾸 판을 깨는 그런 과격한 경매라는 용어를 쓰지 말라면서 핀잔을 준다.

 3차 조정기일이다. 오늘은 어떻게든 결말을 보리라 결심하며 조정실에 들어갔다. 판사님도 오늘 결론을 내자며 시작부터 당부한다. 몇 번의 금액 조정을 가지며 서로 공방을 하다 보니 벌써 시간이 40분 이상 지나서 빨리 결론을 내야 하는데 ○○○ 변호사님이 다른 법원에 재판하러 가야 한다며 다음으로 또 조정기일을 잡자고 초를 친다.
 여기서 물러설 내가 아니기에 판사님께 그러면 이렇게 시간만을 끌 바에는 경매로 그냥 진행하게 해달라고 또 요청했다. 어차피 경매로 진행되면 큰아들이 집행정지 시 공탁해 놓은 돈도 있고 별로 불리한 상황은 아니니 말이다. 큰아들도 이 불리한 상황을 모르는 바 아니니 조금 재촉하자 금액 조정이 드디어 성사되었다. 처음 큰아들과 합의서를 쓰고 인감증명서를 받으러 주민센터로 가던 날 합의한 그 금액보다도 더 높은 금액으로 합의되었다.

양측의 사인과 판사님의 서명을 받고서 조정실을 나오는 데 홀가분하다. 앞으로 3주 정도 있으면 합의금을 받고 등기서류를 넘겨주기로 합의를 보았다. 그러면 합의서 내용대로 가처분, 가압류 및 경매개시기입등기를 해제해줘야 한다. 그래야, 큰아들이 금융권에서 대출해서 3주 후에 조정실로 수표를 가지고 오기로 되어 있다.

며칠 후에 가처분, 가압류 및 경매개시기입등기의 해제를 위해서 법원과 은행을 오가면서 하루에 모든 서류를 접수했고 이 사실을 큰아들에게 알려주었다. "고맙습니다. 집 다시 찾을 수 있게 되었네요. 그동안 수고 많으셨습니다." 역시 사람의 근본은 착한가 보다. 복잡한 여정이었지만 노모가 살고 있는 집이 넘어가지 않아 나 역시 다행이라는 말을 해주고 전화를 끊었다.

3주 후 합의금을 받으러 조정실에 도착했다. 큰아들도 이번엔 당당한 얼굴로 수표 한 장을 판사님 앞에 내어놓는다. 나는 매도용 인감증명서, 등기사항전부증명서(등기권리증), 위임장을 내놓았고 이제 모든 상황은 종료되었다.

물건을 법원에서 낙찰받고 1년 4개월의 시간이 흐른 시점이었다. 힘든 여행을 끝낸 기분이 들었다. 법원 밖으로 나오는데 큰아들이 부르며 명함 한 장 달라며 또 고맙다고 하는데 왠지 머쓱한 기분이다. 그리고는 지분 경매 배우고 싶다고 전화한다고 하며 빠른 걸음으로 전철역 쪽으로 향한다.

아무리 오래 시간을 끌어도 결국에는 서로 타협을 보게 마련이다. 경매 진행까지 가는 일은 많지 않다. 기회를 줘도 또 다른 가능성을 찾아서 시간만을 허비하다 결국 더 큰 비용을 지불하면서 변호사까지 선임해야 끝날 일임을. 이제 지분 경매가 무엇인지 배우고 싶은 생각이 드나 보다.

하나만 알고 둘은 모르는 공유자!

　무더운 여름날, 컴퓨터 앞에서 지분 경매 물건을 검색하다가 지분 경매 물건으로 깔끔한, 기본적인 물건이 나의 레이더에 포착되었다. 타 공유자 전체 점유 물건! '음, 꼭 낙찰을 받아야겠다. 내일 당장 임장을 가야지.' 다음 날 아침, 물건 장소에 도착해 먼저 주민센터로 직행해 세대열람을 해본다. 역시 타 공유자 혼자 실질적으로 등재되어 있는 가장 깔끔한 물건이다. 주변의 부동산 중개업소 전화번호를 메모하고 집 복도를 통해서 현관 출입문과 베란다의 빨래들, 우편함 등을 보니 매일매일 수거하고, 정상적으로 생활을 하고 있는 것이 느껴진다.

　점유 중인 타 공유자는 13분의 3 지분권자인 어머니, 큰아들의 지분 13분의 2가 경매로 나왔고 역시 채무자는 큰아들이다. 나머지 공유자 두 명은 둘째 아들과 셋째 아들이다. 장성한 아들이 세 명인데 더구나 큰아들이 경매를 당해서 연로하신 어머니가 있는 집을 경매로 진행시키는 것을 보면 분명히 사연이 있다는 생각이 들었다.

1주일 후, 입찰하러 법원 경매 법정으로 향했다. 무더운 날씨에도 불구하고 입추의 여지 없이 많은 사람. 이 모두가 지분 경매를 위해서 온 사람들은 아닐 텐데. 오늘은 지분 경매 물건이 하나 있는데 나 말고 또 그 물건에 입찰을 시도하려는 사람은 있는지 궁금한 생각이 든다. 만약 있다면 진짜로 그 해결책을 알고 입찰에 응하는 것인지 한번 물어보고 싶다. 물어본다고 시원스럽게 해결책을 가르쳐줄 사람이 어디 있겠느냐마는 한 번이라도 입찰해본 사람이라면 입찰가를 쓰기 전 이 불안한 마음을 알 것이다.

최저 입찰가에서 꼬리를 달고 조금만 올려 쓰기로 마음먹고 왔는데 막상 법원에 꽉 들어찬 사람들을 보니 내 마음도 왔다 갔다 한다. '그래, 조금만 더 올려 쓰자'고 마음먹고 필기대 커튼 속에서 입찰가를 썼다. 조금 후 내 지분 경매 물건을 호명하는데 2명이다. 휴, 사람들을 보고 걱정했던 마음이 놓인다. 역시 조금 더 올려 쓴 것이 정말 현명한 판단이었다. 30만 원 차이로 최고가 매수인이 되었다.

그런데 이게 웬일인가! 공유자우선매수신고를 하고 있는 둘째 아들과 백발의 어머니가 보인다. '이 물건은 내 것이 아니구나. 보증금이나 빨리 챙겨서 집으로 가야겠다. 오늘은 공치는 날이구나'라고 생각하고 있는데 분위기가 조금 심상치 않다. 둘째 아들이 법대 앞에 왔는데 보증금 10% 내라는 집행관님이 말에 우물우물한다.

양복 뒷주머니만 계속 만지작거리는데 옆에서 지켜보는 내가 봐도

'보증금 없음'이라고 쓰여 있다. 아니나 다를까, 당황한 목소리로 은행에 가서 찾아오겠다고 한다. 안타깝지만 집행관님 일언지하에 'NO!'를 외치고 바로 나를 다시 최고가매수 신고인으로 호명하고 상황이 종료된다.

항상 공부한 사람을 이기지 못하는 것이 경매다 보니 이런 짜릿한 상황도 종종 벌어진다. 영수증 받고 법정 입구로 나가는데 그 둘째 아들이 "잠깐만요" 하면서 말을 붙인다. 그래서 이런저런 이야기를 하러 법원 구내식당으로 갔다. 그때가 정말 더운 여름이라 아이스크림을 나눠 먹으며 심각한 가운데 이야기를 나누었다. 역시나 나보고 낙찰받은 지분을 팔라고 한다.

보증금 영수증을 받을 때 구경하던 아저씨와 이야기를 주고받더니 아마 낙찰금액에 조금 더 붙여 사는 것이 빠르다는 이야기를 해줬나 보다. 그래서 조금 붙여주면 그렇게 하겠다고 쾌히 말했는데 또 며칠 생각하고 전화를 준다고 한다. 그러나 며칠이 지나도 전화가 없다. 아무튼, 전화한다고 하는 공유자치고 시원하게 전화하는 공유자를 본 적이 없다. 그래서 내가 전화를 걸어서 며칠 후에 잔금 넣고 등기할 예정인데 마지막으로 시간을 드릴 테니 식구들과 상의해보라고 꼭 전화 달라고 했더니 또 함흥차사다.

미리 등기하겠다고 이야기했고 나도 상황 봐줄 것 없이 바로 잔금 납부하고 등기까지 마치고는 내용증명을 보냈다. 그래도 답이 없어 2차 내용증명을 발송했더니 전화가 와서는 이런 편지 보내지 말란다.

그래서 며칠 기다리다가 할 수 없이 부당이득금반환청구소송 및 공유물분할청구소송을 제기해 소송이 시작되었다. 그러던 중 아직 소송장이 송달되지도 않은 상태에서 둘째 아들한테서 전화가 왔다. 이번에는 '난 돈 없으니 배 째시오!' 스타일의 상대가 아니라 시간이 그리 오래 걸리지는 않을 것이라는 예감에 반갑게 전화를 받았다.

법무사 사무실에 가서 상의해보았는데 결국은 경매로 집 전체가 넘어갈 것이라고 설명했다면서 적당한 금액으로 나의 지분 13분의 2를 매수하겠다는 내용의 전화였다. 그래서 지난번에 서로 이야기했던 금액을 제시하니 조금 깎아 달라고 한다. 상대방이 상황 파악을 하고 조금 급한 듯하니 이번에는 내가 시간을 끌어본다. "우리가 투자회사이니 직원들과 회의를 거쳐서 조정이 가능합니다. 그러니 회의 결과를 며칠 후 알려드리겠습니다."

그러나 회의 결과 역시 지난번 이하의 금액으로는 합의하지 않는다는 의견이 많았다. 전화로 결과를 이야기하며 1주일 내로 합의하면 약간의 금액을 깎아 준다는 조건을 던지고 나서 1주일 후에 만나기로 합의하고 끊었다.

1주일 후, 약속장소인 법원 식당. 지난번 낙찰받던 날 처음으로 이야기를 나누며 전화번호를 교환했던 장소였다. 벌써 그사이 약 2달 정도 지났다. 잠시 후 둘째 아들이 들어와서는 자기는 지방을 다니며 의류 도매상을 한다고 하면서 그렇게 돈에 궁한 사람이 아니라며, 끝내는 마당에 뭘 숨기겠느냐며 이 얘기 저 얘기를 한다.

그런데 처음 약속과 달리 오늘 약속한 금액 전부가 아닌 10%만 가져왔고, 1주일 후에 둘째 아들이 아는 부동산 중개업소에서 법무사님을 모시고 잔금을 치르고 등기서류를 서로 주고받자고 한다. 역시 장사하는 사람이라 그런지 돈 문제에 관해 손해 보려 하지 않는다. 별도리 없이 그러라 하고 1주일 후 만날 장소의 약도를 받고 10% 계약금을 받고 일어났다. 약간은 약속을 안 지킨 둘째 아들을 생각하면 이 계약을 하지 않을까도 생각했지만, 합의를 안 하면 나도 시간과 노력을 들여야 이 문제를 해결할 수 있기 때문에 그렇게 하겠노라고 했던 것이다.

그리고 1주일 후, 혹시 이번에도 약속을 안 지키는 것이 아닐까 하는 생각을 하며 약속장소인 부동산 중개업소로 향했다. 그러나 길게 얘기할 것 없이 바로 법무사 직원분이 준비해달라고 한 등기서류들을 주고 인감도장 찍어주고는 나머지 돈을 수표로 받고 중개업소를 나왔다.

집이 남의 손에 넘어가는 것은 절대 막으려고 공유자우선매수신청까지 한 경우였지만 하나만 알고 둘은 몰랐기에 나에게 수익을 가져다주게 된 것이다. 입찰 보증금을 내라고 했을 때 낼 수 있었으면 나는 닭 쫓던 개 지붕 쳐다보는 꼴이 될 뻔했지만, 보증금을 미처 준비하지 못했기 때문에 수익을 낼 수 있었다.

어찌 됐든 지분을 넘겨주고 나오는 기분은 항상 같다. 돌려준 집에서 좋은 일들만 있고 행복하게 사시길…….

9분의 2 낙찰로 집 전체 날아간다!

어느 2008년 겨울 금융위기의 한파가 불어 닥쳐 더욱 춥게만 느껴지는 겨울날 큰 도로 근처에 있는 연립주택 단지 내의 빌라 9분의 2 지분이 경매로 나왔다. 일단 임장을 나가기로 마음먹고 현장에 도착했더니 입구 바로 옆에 부동산 중개업소가 있다.

"이 건물 지분 경매로 나온 것 혹시 아세요?" 이렇게 물었더니 "아, 그 집 신경 쓰지 마세요. 큰아들이 며칠 후에 빚 갚고 경매 취하시킬 거예요. 돈 없는 집 아니거든요." 이렇게 말하는데, 신경 쓰지 말아야 할 것은 중개인의 말인 듯하다. 돈 있는 집이 어떻게 지분 경매까지 나오게 했겠는가? 한 부동산이 경매에 나오기까지는 단시일이 걸리는 것이 절대 아니다. 그러니 중개인의 말이 공수표로 들릴 수밖에.

일단 주변 시세를 알아보고, 주민센터에서 세대열람을 해보니 어머니와 경매를 당한 채무자인 큰아들이 살고 있다. 이 건물은 큰 도로변에 있고 초등학교가 길 건너편에 있어 여러 입지 조건이 좋은 우량 물건이다. 노후한 다세대 주택 밀집지역에 자리 잡고 있어 앞으로 재개발 지역으로 지정될 확률도 있다. 공유자가 살고 있기 때문에 이런 물건은 합의가 100% 이뤄진다고 해도 과언이 아니다.

입찰을 마음먹고 다시 한 번 빌라로 가서 우편물 등 이것저것 살펴보니 하자로 보이는 사항이 안 보인다. 입찰일을 달력에 체크하고는 일상으로 돌아간다.

입찰 당일 법원에 혼자 도착해보니 금융위기의 한파 가운데 서 있음을 실감할 정도로 전체적인 입찰 인원이 너무 현저하게 줄었다. 단독입찰일 것 같다는 생각이 들었지만 그래도 혹시 나타날 한 명의 경쟁자를 생각해서 약간은 올려서 입찰가를 적어서 제출했다. 그런데 역시 단독입찰! 오늘도 외롭게 남들이 잘 관심을 갖지 않는 지분 경매를 낙찰받았다. 집행관의 최고가매수 신고인이 되었다는 호명과 함께 보증금영수증을 수령해 법정 입구를 나오는데 누군가 내 팔을 잡는다.

"저기요" 힘없는 남자 목소리. 직감적으로 채무자인 큰아들일 것이라는 생각을 했다. "정일송(가명) 씨인가요?" "네, 그런데요. 이거 어떻게 하시려고 받았어요?"라며 말꼬리를 약간 흐리며 또 힘없이 말한다.

역시 부동산 중개인의 말은 믿을 것이 못 된다. 어쨌든 잠깐 저기 복도 의자에서 얘기를 나누자며 걸어가는데 60대에 갓 접어든 듯한 어머니도 불쾌한 얼굴을 하고 옆에서 따라오신다. 이거 참 난감한 상황이 연출된 것 같다. 앉자마자 어머니의 날카로운 말 한마디가 날아온다.

"이거 지분인지 알고 샀습니까?" 그래서 알고 샀다고 대답하고는 왜 법정에 오셨는데 공유자우선매수신고로 물건을 가져가지 않았냐고 물었다. 대답이 누구나 하는 똑같은 대답이다. 한 번 더 유찰되면 우리가 그때 사려고 했는데 사장님이 먼저 들어와서 가져갔다며 원망 섞인 목소리로 힘없게 말한다.

'그래도 그렇지 법원에 왔으면 보증금을 들고 왔어야지!'라고 생각하지만 차마 말은 못하고 "이미 제가 낙찰받았으니 이제 어쩔 수 없잖습니까?" 하고 되묻는다. 그랬더니 내가 산 지분을 매수하고 싶다고 한다.

이것도 부동산매매계약과 같이 부동산 거래니 계약금을 받고 매매 잔금을 지불하지 않으면 그 배액을 줘야 하는 것처럼 내가 오늘 법원에 제출한 보증금의 배액을 주면 매각대금의 잔금을 법원에 제출하지 않겠다고 했다. 그러면 공유자우선매수권이 생겨서 그때 다시 이 지분을 어머니 명의로 매수할 수 있는 권리가 생김을 알려주었다. 그리고 명함을 주고 며칠 후 다시 연락하기로 하고 헤어졌다.

그러나 며칠이 지나도 전화 한 통 없이 그렇게 시간만 흘러서 잔금납부통지서까지 나왔다. 보통 잔금 날짜가 지정되면 바로 잔금 납부를 하는 것을 원칙으로 지금까지 경매를 해왔는데 이번만큼은 좀 기다려 주기로 하고 큰아들에게 전화했더니 다짜고짜 만나자고만 한다. 보증금 문제를 해결한다는 얘기는 없고 그냥 만나자고만 읍소한다.

음, 물건은 찾아가고 싶고 돈은 해결하기 싫은 마음은 알겠지만, 아이도 아니고 징징댄다고 사정을 봐줄 수 있는가? 일언지하에 거절하고 앞으로 1주일 내로 보증금을 주지 않으면 바로 잔금을 납부할 것을 알려주니 전화를 한다고 했다. 그러나 또 일주일이 지나도 묵묵부답이다.

"왜 연락이 없으십니까? 잔금 바로 집어넣겠습니다."

"죄송합니다. 내일 꼭 해결할 테니 하루만 시간을 주세요. 지금 돈을 마련하고 있습니다."

이왕 속은 것 한 번만 더 속기로 하고 시간을 준다. 그랬더니 다음 날 전화가 와서는 돈을 조금 깎아 달라고 사정한다. 지친다. 기다려주고 사정을 봐주어도 또 원점 아닌가? 참, 힘들게 한다. 하지만 나에게도 시간과 노력을 돈으로 환산하면 합의가 늦어질수록 손해이기에 조금 깎아 주고 다음 날 아침에 통장으로 받기로 하고 전화를 끊었다.

그러나 또! 다음 날 점심때까지도 별다른 연락이 없고 전화를 걸어도 안 받는다. 오늘 해결되지 않으면 내일 잔금을 납부해야겠다고 생각하면서 잔금을 준비하고 법원으로 향하는데 큰아들이 전화해 지금 돈이 준비되었단다. 어제는 돈이 준비가 안 돼서 대책이 없었기에 전화를 안 받았다며 미안하다는 말을 한다.

정신적으로 피곤한 것도 피곤한 것이지만 어디 돈 버는 일이 그리 쉬운가? 그래, 이해하자. 사정이 있었겠지. 기분 좋게 법원 대신 약속장소로 향했다. 돈을 받고 커피를 마시며 이 이야기 저 이야기를 하며 앞으로 어떻게 입찰을 해야 하는지 등 서로 사적인 이야기도 한 후 헤어졌다.

이처럼 잔금 납부 전에 상대방 타 공유자들이 충분히 지분 물건의 법리나 향후 물건의 처리 방안 등을 인식하고 대처하면 좋은 해결책이 나올 수 있다.

나 돈 없는 사람 아니라예!

동두천 쪽으로 가는 1번 국도변에 있는 큰 다세대 주택 단지의 13분의 2 지분이 경매 물건으로 검색되었다. 임장을 마치고 주변 부동산 중개업소에 여러 가지 사항을 전화로 문의하고 하면서 그 물건에 대한 1차 탐문 및 권리조사 등을 마쳤다.

입찰에 참가해도 무방할 것 같은 우량 물건이다. 누군가 1차 100% 때 이미 낙찰받아서 잔금 납부를 포기한 물건이다. 그런데 아무리 살펴봐도 왜 잔금을 납부하지 않았는지 그 이유를 알 수 없었다. 내가 낙찰받으면 경매서류들을 열람, 등사신청할 때 그 미납자의 전화번호가 있을 테니 한번 전화를 걸어서 알아봐야겠다고 생각하며 입찰을 결정했다.

입찰 당일 단독일 것 같은 분위기가 입찰 법정에서 느껴진다. 집행관님이 호명하는데 단독낙찰이다. 보증금영수증을 받고 법원에서 나오면서 평상시 알고 지내던 경매의 고수를 법원 입구에서 만났다. 유치권전문 강사도 하면서 직접 투자활동도 병행하는 전문 경매인인데 유치권도 이제는 많이 알려져서 경쟁률이 너무 높다고 말한다. 나에게 시간이 나면 공유지분 경매에 대해서 가르쳐 달라고 해서 다음번에 개인적으로 강의를 해주겠다는 약속을 하며 맛있는 점심을 먹고 헤어졌다.

잔금납부통지서가 오고 바로 법원에 와서 잔금을 납부하고 등기촉탁 신청하고 바로 경매계에 올라가서 경매서류열람, 등사신청을 해서 타 공유자의 주민등록번호 등 그리고 경매가 나온 이유 등이 적힌 서류를 검토했다. 별문제가 없음을 확인하고는 지난번 입찰 전에 잔금 납부를 하지 않은 잔금미납 낙찰자의 전화번호를 보고 경매계에서 나오면서 전화를 했다.

"안녕하세요. 저, ○○동 낙찰받은 사람인데요. 지난번에 낙찰받고 잔금 안 내셨지요? 그냥 왜 안 내셨는지 궁금하고 무슨 다른 이유가 있나 해서요."

"큰 문제가 있는 것은 아닌데 공유자들을 찾을 수가 없더라고요. 너무 오래전에 받은 지분들이라 다들 멀리서 따로따로 떨어져 살고 연락도 안 되고 해서요. 공유자들 다 찾아서 합의하려면 힘들 것 같더라고요."

보증금을 날리면서까지 잔금 납부를 포기했다는 이유라고 보기에는 너무 초보적인 이유를 말하는데 나로서는 도저히 이해하기 힘든 이유였다. 지분 물건을 어떻게 처리할지를 사전에 숙지하고 들어와야지 낙찰받은 후에 대책 마련이라니? 보증금을 이렇게 아무 생각 없이 날리는 사람도 있나?

아무튼, 내용증명을 상대방들에게 전부 발송했다. 역시 첫 낙찰자의 이야기대로 모두 연락이 안 되는 것이 맞나 보다. 전부 반송되어서 돌아왔다. 오래전에 상속으로 등기한 주소들이라 그동안 주소 변동이 많이 이루어진 것 같다. 할 수 없이 집에 찾아가서 벨을 눌렀지만 아무도 없고, 메모지를 문에 붙이고 와도 연락 한 통이 없다. 무심한 사람들! 집이 경매에 넘어가도 누구 하나 관심조차 없는 것인지 도무지 알 수가 없다.

이제는 바로 다음 단계 공유물청구의 소장을 작성해 법원에 제출하는 수밖에는 다른 도리가 없다. 언제까지 공유자들이 나타나기를 기다려주겠는가? 이것은 내 재산권을 타인 때문에 행사 못 하는 바보 같은 짓이다. 정말 바보들은 자기 재산 경매에 넘어가는지도 모르고 공유물이 낙찰되었는데도 나타나지 않는 공유자들인 것이다. 그러나 역시 소송장을 제출한 후에도 계속 송달은 실패하고 단 1명에게만 송달이 되었다. 나중에서야 안 일이지만 그 송달받은 딸은 배다른 자식이고 그동안 연락을 안 하고 살아서 연락처조차 모르는 남이나 다름없는 사이라 혼자서 통지를 받고도 어떻게 할지를 판단 내리기가 힘든 상황이었다.

이어서 법원에서는 송달이 안 된 나머지 공유자들에 대한 주소보정명령서가 날라 왔다. 바로 주민센터에 가서 등기하면서 알고 있던 상대방들의 주민등록번호를 서면으로 써서 제출하니 바로 주민등록초본을 발급해준다. 이때 2장씩을 발급받아서 1부는 법원에 주소보정서와 함께 보내고, 1부는 자신이 갖고서 보관하는 것이 다음을 대비하는 방법이 될 것이다. 새로 써서 보낸 주소지로 소송장을 송달하니 바로 모두 전달되었다.

며칠 후 나이 든 목소리의 여자분이 경상도 사투리 진한 음성으로 전화했다. 드디어 연락된 것이다. 우리가 그 지분을 살려고 하는데 어떻게 하면 되냐고 물어온다. 그러면 한번 만나자고 하니 지금 부산 근처에서 장사하느라 바쁘니 2주 후에 시간 내서 올라오겠다고 해서 그러시라고 하며 전화를 끊었다. 그런 후 어느 날 저녁에 전화가 와서는 내일 점심때쯤 서울에 도착할 것인데 그때 만나자고 한다. 그래서 내가 서울역에 나가서 기다릴 테니 도착하면 전화하시라며 전화를 끊었다.

혼자인 줄 알았는데 서울에 사는 둘째 며느리와 손자도 함께였다. 만나보니 목소리보다는 훨씬 젊어 보이고 자신감에 찬 모습이었다. 초등학생인 손자도 나오고 해서 갈 만한 곳을 찾다가 유명한 피자집으로 가서 이 얘기 저 얘기를 나누었다. 금액이 잘 타협이 안 돼서 며칠 생각하고 전화하기로 하고는 서로 아무 성과도 없이 헤어졌다.

그러고는 얼마 지나지 않아서 갑자기 법원으로부터 답변서가 날라왔다. 여러 가지로 설명을 하며 공유물분할에 의한 대금분할로 부동산이 경매에 처한 것은 억울하고 그렇게 하지 말아 달라며 판사님께 최대한 정에 호소하는 내용의 답변서였다. 그래서 간단한 준비서면을 법원에 제출했다. 상대방들도 다 받았으나 상대방의 준비서면이 더 이상 법원에 제출되지 않아서인지 바로 1차 변론기일이 잡혔다.

법원에 재판이 시작된 날 도착해 법정 복도에 앉아있는데 지난번 만난 여자분이 먼저 인사를 했다. 그 옆에 아무 말 없이 화난 듯이 서 있는 사람이 경매를 당한 채무자인 큰아들인 듯했다. 상당히 험상궂은 얼굴로 나를 째려보는데 금방이라도 시비를 걸며 싸움을 걸 듯한 얼굴이다. 하지만 법원에서 싸움 벌일 정도로 막 나갈 사람이 어디 있겠는가! 신경 쓰지 않고 법원으로 들어갔더니 답변서와 준비서면을 읽은 판사님이 내용을 정확히 파악하고 있는 듯 말씀하신다.

"바로 오늘 협의가 안 되면 판사인 나도 어쩔 수가 없는 일입니다. 마지막으로 묻는데 이 금액에 합의가 불가능합니까?" 어머니에게 다시 질문한다.

"경매에 넘어가지만 않게 해주세요. 경매는 안 됩니다."

사정은 하지만 어떤 대안의 말을 안 하니 판사님이 바로 사건 종결을 선언한다. 하지만 선고 때까지는 아직 끝난 것이 아니니 법정 밖에 나가서 원고와 다시 한 번 협의해보라며 협의가 안 되면 2주 후에 선고 내용이 우편으로 송달될 것이라는 마지막 경고를 나 대신 해준다.

아쉬울 것 없는 낙찰자 입장에서는 솔직히 협의가 입만 아플 뿐이다. 그래서 돌아서서 바로 밖으로 나가는데 타 공유자이신 어머니께서 "삼촌!" 하고 부르며 지난번보다는 정말이지 부드러운 목소리로 얘기 좀 하자고 한다. 그래서 법원 밖 벤치에서 큰아들과 함께 3명이 협의를 시도하는데 큰아들이 자꾸 엇나간다. 협의하면 무엇하냐고 하면서 경매할 테면 해보라며 큰 소리로 분위기를 험악하게 만들고, 어머니는 그러는 큰아들에게 소리 지르고 아주 상황이 어색하고 복잡해진다.

이건 협의도 아니고 흡사 시장판 싸움 같다는 생각에 그냥 집으로 빨리 가고 싶은 생각뿐이다. 다음에 얘기하자며 주차장 쪽으로 가면서 황급히 인사하고는 가려는데 어머니가 나의 팔을 잡고는 차를 같이 타고 가자고 한다. 그래서 어머니하고만 주차장 쪽으로 같이 가서 아무 말

없이 차에 올라탔다.

　차 안에서 서울역 쪽으로 가면서 이 이야기 저 이야기 집안 사정 얘기를 들어주었다. 그런데 갑자기 삼촌이 말하는 금액으로 그냥 합의할 테니 차에서 내려서 서류에 사인하자고 하신다. 마음 변하기 전에 빨리 사인받아야 한다. 마침 백화점 앞이기에 바로 들어가서는 커피숍에 가서 음료와 빵을 주문했다. 그리고 몇 가지 내용을 볼펜으로 쓰고 한 달 후에 나머지 금액을 서울에서 받고 등기서류를 넘겨주기로 약속하고 헤어졌다.

　그런데 막상 한 달이 지나니 돈이 모자라서 일부만 보내겠다고 하며 서울에 올라올 수 없다고 하신다. 참, 난감하다. 그리고는 돈이 생길 때마다 조금씩 4번에 나눠서 보내왔다. 마지막으로 남은 금액은 보내기로 한 날에 전화해서는 2주일 후에 돈을 가지고 오겠다고 했다. 그러나 차일피일 미루기만 하고 서울에 안 올라오셨다. 여차여차하여 한 달 정도 지난 후에 올라오셨다. 법원 앞 법무사 사무실에서 잔금 받고 등기서류를 받기로 하고 만났다. 오래간만에 뵙는데 굉장히 반가워하면서도 미안해하신다.

　"나도 법 무서운 것 아는 사람인데 소송장까지 넣은 상황에서 아무 말 없이 기다려주어서 미안하고 고마워요"라고 한다. "어찌 됐든 잔금 다 받았으니 저도 마음은 홀가분하네요." 나이 드신 분이 이렇게 미안해하니 왠지 머쓱하다.

법무사 사무실에서 매매계약서 등 서류를 만들고 법무사님이 잔금을 주라고 하니까 통장째로 주신다. 그래서 서류를 마치고 같이 차를 타고 은행에 가서 돈을 찾은 후 서울역까지 모셔다드리기로 했다. 가는 중에 이렇게 말씀하신다.

"다 끝났으니 말인데 사실은 나 유원지 앞에서 큰 식당을 하는데 한 번 꼭 와요. 경매 나가는 것 막을 수도 있었는데 장사하고 여기저기 돈 들어갈 데 많다 보니 이렇게 됐네요. 나 돈 없는 사람 아니라예." 특유의 사투리를 쓰시며 껄껄 웃으신다.

돈을 주고도 기분이 상당히 좋으신가 보다. 하지만 그런 말 듣는 나는 왠지 손해 본 기분이긴 하다. 한 번에 받을 돈을 여러 번에 나누어 받고도 미안한 마음 들게 해놓고는 사실은 큰 식당까지 운영하는 알부자였다니. 차에서 내리시면서 식당 위치까지 자세히 알려주면서 나중에 그쪽으로 올 일이 있으면 꼭 들르라며 다시 한 번 당부한다. 나는 역시 돈 주려는 사람 마음과 받으려는 사람 마음은 같을 수 없다는 것을 다시 한 번 느끼며 씁쓸히 돌아섰다.

사람 마음이 간사한 것이 맞는가 보다. 돈을 받으니 그동안의 수고를 잊은 듯 홀가분한 마음이 드는 것을 보면 말이다. 이처럼 공유물분할청구 소에서는 왠지 사람들이 생돈을 주는 것 같다는 생각을 한다. 그리고 판사 앞에서 사정하면 될 거라고 생각하는 사람들이 의외로 많다. 지분이기 때문에 그렇게 많은 돈이 필요하지 않은데도 말이다. 대부분이 지분 경매의 법리를 확실히 알지 못하기 때문에 그런 것 같다.

공유자 큰아들과 밀고 당기기

 조용히 차 안에서 주변을 살피며 이 정도 위치의 물건이면 입찰해도 무방하다고 생각하며 차 안에서 노트북으로 여러 가지 권리분석 서류를 살펴보고 있다. 13분의 2 지분이 나왔는데 큰딸이 채무자다. 나중에 낙찰받고 식구들을 통해서 들은 얘기지만 그 딸은 식당을 하다가 실패해서 지금은 연락조차 되지 않는 상황이라고 들었다. 단독낙찰이다. 큰아들이 어머니와 함께 살고 있고 타 공유자들이 전체를 점유하고 있는 물건이다.

 잔금통지서도 도착했고 경매 관계 서류들을 검토해볼 겸 경매계에 들러서 서류열람 및 등사신청을 해서 서류를 검토해보았다. 별다른 내용이 없는 평범한 물건으로 크게 문젯거리가 될 것이 없는 물건이라는 판단이 들었다.

바로 잔금을 내고 등기를 하기 위해서 구청 세무과도 들르고 잔금을 내고 직접 등기를 하려면 집에서 좀 일찍 나와서 서둘러야 한다. 제일 먼저 법원에 가서 잔금을 은행에 납부하고 낙찰대금완납증명원을 발급받아서 그 서류를 들고 구청 세무과로 이동해서 취·등록세, 말소등록세영수증 발급받았다. 국민주택채권 매입하기 위해 은행 일을 보고 또다시 법원으로 가서 우표 사고, 증지 등을 사서 경매계 접수하고 담당자에게 등기촉탁 서류 일체를 제출하고 하루 만에 모든 서류처리를 마쳐야 한다.

등기를 신청하고 돌아와서 나는 13분의 2 지분을 경매로 소유하게 된 진정한 소유자임을 알리고 앞으로 이 공유지분의 지분해소 문제를 상의하자고 정중한 어투로 공유자들에게 내용증명을 발송했다. 그러나 며칠이 지나도 연락이 오지 않는다. 이렇게 공유자들이 모르쇠로 나올 때는 보통 2~3회 정도 내용증명을 보내고 이러한 통지서들을 첨부해 소송에 돌입하는 것이다.

이 물건 역시 별 반응이 없으므로 법원에 소송장을 접수하고 이것이 상대방 공유자 모두에게 도달되고 한참 후에야 법무사 사무실의 조언을 받은 듯한 답변서가 날아 왔다. 내용인즉슨 우리는 억울하다. 낙찰 금액이 좀 더 저감되면 우리가 살려고 했는데 상대편이 먼저 들어와서 아무것도 모르는 우리 지분을 사 갔으니 무조건 억울하다는 내용의 답변서였다.

법적으로 달리 도리가 없으니 법무사의 조언을 받아도 이런 내용의 답변밖에 할 수 없는 상황은 이해가 가지만 막무가내로 억울하다고만 한다고 일이 해결될 리는 없다. 나 또한 이처럼 협의에 무심한 상대들이니 그냥 경매에 의한 환가를 해서 배당으로 종결시켜 달라는 요지의 준비서면을 보냈다.

며칠 후 조정기일 날, 낙찰받고 약 두 달 반 정도 시간이 흐른 것 같다. 옛말에 민사소송은 시간이 너무 걸려서 소송하다가 '명 짧은 사람은 결말도 못 보고 죽는다'는 우스갯소리가 있었지만, 요즘은 소송의 진행속도가 훨씬 빠르다. 물론 그래도 아직 느리게만 느껴지는 것은 어쩔 수 없다.

어쨌든 조정실에 들어가니 판사와 조정위원 2명, 피고인 상대방 공유자 큰아들과 내가 자리한 실내에는 팽팽한 긴장감이 맴돈다. 조정위원이 먼저 왜 나머지 공유자는 안 오고 혼자서 왔냐고 하니까 누나는 연락이 안 되고 여동생과 어머니는 자신에게 모든 것을 위임했다며 인감증명서를 주섬주섬 꺼내 든다. 공유물분할소송은 필요적 공동소송인데 혼자서 인감증명서만 들고 온 것이다.

판사님이 "그냥 인정하고 조정을 진행할까요?"라며 나에게 묻는다. 안 오겠다는 사람들 설득하는 게 얼마나 피곤한 일인지 알기 때문에 인감까지 받아온 상황에서 거절할 이유가 없다. 금액 조정을 하는 동안 또 협의가 안 되어 약 40분 넘게 이런저런 사정과 이유들을 이야기하며 공방을 했다. 아직 자기들이 얼마나 나에게 손해를 입히고 있는지 모르는 것 같아서 말했다.

"이 공유물분할소송 말고도 그 집에 살고 있는 만큼 부당이득금반환 청구소송이 진행 중인데 제가 많이 양보하고 있는 것 모르시겠습니까?

저는 더 이상 금액 조정이 어려운 것 같으니 이대로라면 그냥 소송 진행할 수밖에 없습니다."

판사도 역시 큰아들에게 상황이 이렇게 피고에게 불리한데 빨리 결정을 내리는 것이 좋겠다고 한다. 역시 법복의 힘이 큰지 바로 큰아들이 합의하겠다고 하여 근 1시간 정도의 조정 공방이 끝났다. 만나서 가처분 해제하고 등기서류를 주는 것으로 하고 다음에 만나기로 하고 헤어졌다.

등기서류 주고 합의한 금액을 받으러 큰아들 친구의 부동산 중개업소에 갔더니 법무사 사무실 직원이 나와서 앉아 있다. 기계적으로 신속하게 관계 서류 주고 부동산매매계약서 작성하고 여기저기에 인감도장 찍었다. 서류를 만들어서 모든 일을 일사천리 마치고 그동안 수고 많았다며 악수하고 헤어져 돌아왔다. 3달 반 정도의 시간이 걸려서 낙찰받고 협의하고 끝낸 물건이었다.

49%와 51% 엄청난 차이

아주 좋은 입지에 과반수 이상 지분 물건이 경매에 나왔다. 아직은 유찰 한 번 나지 않은 100% 새로운 건이다. 조금 더 금액이 떨어지기를 기다려야 한다. 워낙 좋은 입지의 물건인지라 혹시 모를 선수가 나와 같은 생각으로 입찰을 기다리지 않나 내심 불안했지만 투자 수익률을 위해서는 기다려야 한다.

1차 입찰에서 역시 유찰되었다. 한 달 후 80% 2차 입찰일이 잡혔다. 여러 정황으로 보니 이번에도 역시 유찰시켜야겠다. 게임에서 아무거나 덥석 무는 것은 트레이닝 받지 못한 하수들이나 하는 짓이다. 기다리지 못하고 일을 그르치면 안 된다.

기다리자 64%! 3차 기일에는 내가 가져오리라고 생각하며 기다렸다. 내가 예상한 대로 2차에서도 유찰이다. 이제 정밀분석을 위해서 다시

수원지방법원 본원 5계(031-210-1265)
매각기일 : **2009.11.04(水) (10:30)** / 조회수 : 333회

2009타경○○○○ 경기도 수원시 장안구 ○○○ ○○○ 정자맨션 지하층 103호

물건종별	다세대(빌라)	감정가	15,000,000원	기일입찰		입찰진행내용	
대지권	10.32㎡(3.122평)	최저가	(100%) 15,000,000원	구분	입찰기일	최저매각가격	결과
건물면적	15.68㎡(4.743평)	보증금	(10%) 1,500,000원	1차	2009-11-04	**15,000,000원**	
매각물건	토지및건물 지분 매각	소유자	○○○	낙찰 : 17,190,000원 (114.6%)			
사건접수	2009-06-16	채무자	○○○	(입찰1명,낙찰:예원cnr)			
사건명	강제경매	채권자	(주)예원씨앤알	매각결정기일 : 2009.11.11 - 매각허가결정 대금납부 2009.12.04 / 배당기일 2010.01.07 배당종결 2010.01.07			

  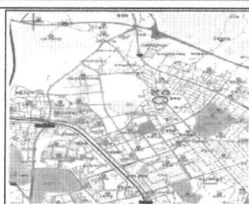

매각물건현황(감정원 : 서광감정평가 / 가격시점 : 2009.07.03)

목록	구분	사용승인	면적	이용상태	감정가격	기타
건1	○○○ ○○○ (4층중지하)		15.68㎡ (4.74평)	방2,거실등	9,000,000원	☞ 전체면적 47.03㎡중 ○○○ 지분 1/3 매각 * 중복식구조 * 도시가스
	토지현황		대지권의 목적인 토지		감정가격	기타
토1	○○○○○○		427㎡ 중 10.32㎡		6,000,000원	☞ 전체면적 30.95㎡중 ○○○ 지분 1/3 매각

현황 위치	* 미도아파트 북측 인근에 위치 * 부근은 아파트, 다세대주택 등이 소재하는 일반주택지대 * 본건 아파트까지 제반차량 출입 및 주정차 가능하며, 대중교통상황은 무난함 * 인접지와 등고평탄한 부정형 토지로 다세대주택 부지로 이용중임 * 다세대주택 출입구는 동측 세로에 연결되며 도로상태는 보통임

임차인현황 (말소기준권리 : 2002.04.04 / 배당요구종기일 : 2009.09.11)

임차인	점유부분	전입/확정/배당	보증금/차임	대항력	배당예상금액	기타
○○○	주거용 미상	전 입 일2003.09.23 확 정 일미상 배당요구일:없음	미상		배당금 없음	
기타참고	☞ 조사외소유자점유 /☞ 현황조사시 폐문부재로 인하여 임대차 관계는 조사하지 못하였고 전입세대 열람 결과 소유자 ○○○세대 이외에 ○○○ 세대가 전입되어있음 /☞ 지층의 문에 103호로 표기되어있으며 전입세대 열람결과 지층으로는 없었고 103호로 소유자 및 ○○○가 전입되어있었음					

등기부현황 (채권액합계 : 24,666,667원)

No	접수	권리종류	권리자	채권금액	비고	소멸여부
1	2002.04.04	○○○지분전부근저당	이귀영	20,000,000원	말소기준등기	소멸
2	2008.02.14	소유권이전(매매)	○○○ 외2인		○○○,○○○,○○○ (각지분1/3)	
3	2008.06.20	○○○지분압류	장안구청			소멸
4	2009.02.09	○○○지분가압류	○○○○○○	4,666,667원		소멸
5	2009.02.19	○○○지분가처분	○○○○○○		공유물분할청구권	소멸
6	2009.06.17	○○○지분강제경매	○○○○○○	청구금액: 4,666,667원	2009타경35841	소멸

등기부 분석 ☞ 전체면적 중 ○○○ 지분 1/3 매각주의

정자1동 주민센터	[440-300] 경기 수원시 장안구 정자동 840-96 / 전화: 031-228-5626 / 팩스: 031-228-5686

낙찰사례분석 (경기도 수원시 장안구 정자동 다세대(빌라))

구분	평균감정가	평균낙찰가	낙찰가율	유찰횟수	입찰인원수	사례분석예상가
최근1년간(8건)	₩91,625,000	₩73,923,750	80.15%	1.5회	2.38명	₩12,022,500
6개월간(7건)	₩101,857,143	₩82,298,571	80.67%	1.43회	1.86명	₩12,100,500
3개월간(3건)	₩109,333,333	₩77,446,333	73.42%	2회	1.33명	₩11,013,000
1개월간(1건)	₩170,000,000	₩100,000,000	58.82%	3회	1명	₩8,823,000

한 번 임장을 가기로 했다. 100% 때 이미 한번 다녀와서 대략 주변 시세, 재개발 진행 여부 등 기초조사가 끝났지만 신중하게 결정하기 위해서 그리고 그동안 다른 변화한 사항은 없는지 등 다시 한 번 조사해보고 싶었다. 도착해서 주변 부동산 중개업소에 들러서 얘기를 나누다 보니 그 집의 상황을 조금 듣게 되었다.

 3형제가 살았는데 두 형의 지분이 경매로 나온 것이고 서로 다툼이 있어서 그렇게 물건에 애착이 없다는 새로운 사실을 접하게 되었다. 역시 임장 한 번 가는 것보다는 2번 아니 가능하다면 3번이라도 가서 알아보는 것이 많은 도움이 된다는 사실을 새삼 깨닫게 되었다.
 내가 지분을 사게 되면 과반수인 3분의 2 지분을 사게 되는 것이다. 그러면 나머지 3분의 1 지분권자가 그 물건의 전부를 점유하고 살고 있으므로 임차료에 상당하는 부당이득금을 청구해서 그 부당이득금을 안 주면 그 나머지 지분인 3분의 1 지분을 사올 수 있음을 세대열람을 통해서도 확인했다.
 일단은 하자 사항을 체크했으나 눈에 띄게 발견되는 것도 없다. 돌아오는 차 안에서 다시 한 번 낙찰받은 후의 과정들을 속으로 시뮬레이션 하면서 이 물건은 꼭 낙찰받아야겠다고 생각했다.

 입찰일, 불황의 늪이 깊어 경매 법정마저도 한산한 가운데 최저가에 1원도 더 안 쓰고 64%로 써야겠는 판단이 든다. 아무리 봐도 다른 입찰자가 없을 것으로 확신되지만 반 이상의 지분은 해결도 쉽고 입지도 좋은 편이라 걱정이다. 괜히 호기를 부려서 그동안 기다려온 수고가 허사가 될까 염려된다.

　입찰통의 노란 입찰봉투를 수거하며 분리해서는 오늘 입찰자가 들어온 사건을 호명하는데 내 사건은 봉투가 달랑 하나다. 역시 단독입찰! 그것도 끝에 꼬리 하나 달지 않고 깔끔하게 단독으로 낙찰받은 것이다. 이제는 공유자우선매수신고만 없으면 내가 낙찰받는다.

　내 사건번호를 부르고 집행관이 "공유자우선매수신고하실 분 나오세요" 하며 2번을 불러도 아무도 안 나온다. 낙찰이다! 보증금영수증을 받아들고 나왔다. 이제부터 지루한 공방의 시간들을 지날 것이다. 나 말고 특수 물건으로 분류된 이런 지분 경매 물건에는 별로 관심이 없음을 확인한 시간이다.

　잔금 날짜가 잡혀서 잔금을 내고 등기촉탁신청하는 일을 보통 하루에 나 혼자 끝낸다. 3~4시간 만에 소유권을 내가 직접 작성해서 제출해 등기부등본에 이름을 올리는 쾌감! 타 공유자에게 내가 낙찰받은 진정한 소유자임을 알리는 통지서를 발송했다. 모르쇠로 일관할 공유자들을 예상하며 내용증명을 두 번 더 보낼 생각을 했다.

　우체국 홈페이지의 등기서류 검색란에서 등기번호를 입력해서 보니 확실히 전달되었는데도 2차, 3차까지 묵묵부답으로 일관하는 공유자들의 태도가 이제는 그리 짜증스럽지만도 않다. 결국, 3분의 2 지분에 대한 부당이득금반환청구소송을 나의 주소지 관할 법원에 청구했다.

　소송장이 상대에게 접수되었는데 역시 연락이 없다. 본인이 통지받은 사실이 대법원 사건검색에서 다 나오니 소송하기도 참 편리해진 세상이다. 앞으로 어떤 일이 닥칠지 알고 있는지 모르는지 그저 될 대로 되라는 공유자가 새삼 괘씸해진다.

이번엔 내가 과반수 지분권자이므로 보존, 관리, 처분 행위가 가능하므로 인도명령을 신청하려 했다. 그러나 부당이득금반환청구소송에서 승소했는데도 불구하고 임차료 상당의 금원을 지급하지 않는다면 경매를 통해서 타 공유자의 지분을 사 가지고 왔을 때를 생각해 차후로 미루었다. 그리고 이어서 부동산 가압류 및 부당이득금반환청구소송만을 제기했다. 물론 공유물분할청구소송을 제기할 수 있지만 이처럼 과반수 이상 많은 지분을 매수했는데 굳이 부당이득금반환청구소송과 같이 공유물분할청구소송을 제기하지 않아도 될 것 같았다.

나중에 부당이득금반환소송에서 승소해 타 공유자가 이 금원을 나에게 지불한다면 더 이상 나머지 지분이 경매로 진행되지 않으니까 그때가서 공유물분할소송을 제기해도 무방하다고 생각했다.

그런 후 바로 부동산 가압류가 상대방 타 공유자의 지분에 올라가고 더 이상 상대방의 이의가 없는 상태로 소액 재판인 부당이득금반한소송의 1차 변론기일이 잡혔다. 법정에 들어서니 많은 사람들이 재판을 받고 있었다. 내 차례가 되어 원고, 피고 이름을 부르는데 피고가 대답도 없고 법정에 불참해서 재판은 내가 요청한 금액 그대로 종결하고 2주 후에 선고되어 어떤 입씨름 없이 그 자리에서 종결되었다.

판결의 결정서가 도착하고 상대에게도 도착한 것이 확인되었으나 14일의 이의 신청기간에도 아무런 이의신청 또한 없어서 선고가 확정되었다. 그다음 바로 법원에 가서 집행문을 부여받아서 경매계를 통해서 강제경매신청서를 접수하고 왔다. 그전에 해당 구청 세무과에 들러서 등록세영수증을 발급받아서 은행에 납부하고 관계 서류 일체를 만들어서 제출했다. 경매신청 서류를 넣고 며칠 후 등기부등본을 확인해보니 경매개시기입등기가 올라가 있었다.

 가만히 생각해보니 이 경매를 신청할 때까지도 왜 아무 연락이나 반응도 없는지 정말 궁금하다. 무슨 말 못 할 사정이 있는 것은 아닌지, 아니면 타 공유자 지분에 근저당이 있는데 이 근저당을 갚아도 3분의 2 지분을 매입하기에는 너무 힘든 상황에 놓여 있지 않나 생각이 든다

 아무튼, 이런저런 배당요구종기일이 지나고 드디어 1차 입찰기일통지서도 도착해 2주 후면 경매 날짜가 잡힌다. 이제 100%부터 법정에 나가자. 혹시 모를 입찰자가 나타나면 공유자우선매수신고로 매수해야 하기에 1차 기일에 가야 한다. 하지만 한편으로는 지분 물건에 100% 최초감정가가 잡힌 물건에 누가 입찰을 들어올까 의문도 들어서 80% 금액으로 내려오면 갈까도 생각했다.

 1차 입찰기일 날 경매법정에 가보니 입추의 여지도 없이 빽빽하게 경매인구가 들어차 있다. 조금은 움츠러든다. 혹시 이 사람 중에 내 물건에 입찰을 들어온 사람은 없는지 이리저리 살펴보았다. 아무튼, 지켜보자! 100%에는 아무도 입찰을 시도하지는 않겠지?

 그러나 집행관이 "오늘 입찰에 들어온 물건을 부릅니다" 하고 내 사건번호를 부를 때 집행관 손에 들린 노란 봉투 1개가 보인다. '아뿔싸! 100% 노리고 들어온 사람이 있다니! 도대체 얼마를 써넣었을까?' 내 물건의 개찰 때까지 오로지 그 생각만이 머릿속에 맴돈다. 하필 내 물

건이 신건이라 제일 마지막에 부르는데 기다리기까지 시간이 두세 배로 느껴질 만큼 초조했다.

드디어 개찰이 되고 문제의 낙찰자가 서서히 모습을 드러내는데 처음 보는 얼굴이다. 왜 이 물건에 들어왔을까? 내가 공유자 입장이 되고 보니 이해가 된다. 그렇게 많은 공유자들이 낙찰자인 나에게 왜 이 물건을 받았냐며 물어왔던 것이.

그 낙찰자의 속셈이 궁금하면서도 지분을 사서 지금까지 소송을 통해서 어렵게 거쳐 여기까지 왔는데 이 낙찰자 때문에 예상보다 수익이 적어질 것을 생각하니 처음 보는 그 낙찰자가 밉기만 하다. 그래서 집행관이 공유자우선매수 신고자를 찾기 무섭게 곧 법대 앞으로 나갔다. 상대방이 나를 한번 보더니 가방에서 종이 뭉치를 꺼내 읽는다.

내용인즉 판례에 채권자는 공유자우선매수신고를 못 한다고 나와 있단다. 무슨 씻나락 까먹는 소리를 하는지 아니면 막걸리 한 사발 마시고 와서 떠드는지 도대체 이해하기가 어렵다. 나는 채권자이기 이전에 공유자인 것이다. 공유자이기에 공유자의 권리로 공유자우선매수신고에 참여한 것이고 그래서 지금 신고를 하는 것이다.

아마 등기부등본을 자세히 안 보고 내가 채권자 지위만 있는 줄 알고 들어왔나 보다. 아무튼 이 답답한 경매 투자자 때문에 엄하게 107%에 그 물건을 매입하게 되었다. 안 그래도 억울한 판에 낙찰자는 법대 앞에서 나에게 다가오더니 전화번호를 달란다. 무슨 이유로 전화번호를 요청했는지는 몰라도 거부했다. 그러더니 점입가경으로 차순위매수신고까지 하려고 한다.

혹시 내가 뭐 잘못한 게 있어 이 사람이 나에게 감정적으로 이러나 하는 생각이 들 정도였다. 사람 미워하지 말아야 하는데 돈 더 주고 살려니 마음이 편치 않다. 보증금을 받고 나오는데도 옆에서 뭐라고 심기 불편한 얼굴로 중얼거린다. 그 물건 못 산 것이 억울하고 또 사고 싶은 생각이 많은가보다. 하지만 어차피 107%에 내 물건이 되었으니 내 머릿속에는 다음 처리 절차를 생각할 뿐 옆에서 뭐라 하든 신경 쓸 겨를이 없었다.

한편으로는 만약 내가 방심해서 1차 100% 때 법정에 공유자우선매수신고를 하러 가지 않았다면 큰일 날 뻔했다는 생각에 안심되기도 했다. 어쨌든 그 사람은 판례까지 준비했지만, 낙찰에 실패했기 때문에 애써 잘됐다 위로하며 운전대를 잡았다.

잔금 날짜가 잡히고 바로 잔금을 냈지만, 겨울인지라 꽃피는 춘삼월로 인도명령집행을 미루고 배당기일에 가압류해 놓은 임차료 상당의 부당이득금을 배당으로 받아왔다.

그 후 내용증명을 상대방 타 공유자에게 발송해서 나머지 지분도 내가 낙찰받았다. 인도명령도 받아 놓은 상태니 봄까지 시간을 드릴 테니 그때까지는 집을 비워 달라고 보냈지만, 이 역시 묵묵부답이다. 앞으로 이 물건은 돌아오는 봄에 인도명령집행으로 집행관에 의해서 명도될 것이다. 그 후에 집안의 내부 인테리어 수리를 해서는 동네 주변의 부동산 중개업소를 통해서 전세를 놓을 계획이다.

대략 계산을 해봐도 주변 시세보다 더 낮은 금액으로 낙찰받아서 전세금만을 회수해도 그 수익률이 나쁘지 않다. 이렇게 자포자기에 모르쇠로 나오는 공유자들을 만나더라도 약 1년 정도의 시간을 투자해 전세금은 회수하고 집 소유권은 나에게 100% 주어지는 지분 경매의 마지막 단계를 실례 위주로 설명했다.

이 물건 왜 낙찰받은 거죠?

좀 먼 곳에 있어 조금은 꺼려졌지만, 우연히 지방의 물건이 마음에 들어와 바로 낙찰하기로 결심하고 임장을 다녀왔다. 요사이 장거리 운전을 하면 그 다음 날까지도 피곤이 연장되니 먼 곳의 입찰은 좀 피하는 편이다. 하지만 물건이 워낙 우량했기 때문에 아파트 소액지분임에도 불구하고 단독으로 약 80% 선에서 낙찰을 받았다. 공유자우선매수신고도 안 들어와 허탕 치지 않고 낙찰받아서 돌아오니 어느 정도 느긋하고 여유가 있어서인지 별로 힘든 줄 모르고 운전이 절로 되었다.

먼 곳에서 낙찰을 받으면 한 번에 일을 보고 와야 효율적이다. 그래서 이 건은 낙찰받자마자 상대 공유자들에게 통지서를 보냈다. 그러자 바로 연락이 온다. 역시 아파트는 시세와 인기가 있는 부동산 물건이라 지키기 위해 노력하는 걸 느낄 수 있다.

"왜 이 물건 낙찰받으신 거죠?" 약간은 호탕하고 신경질적인 목소리의 중년 여인 목소리가 들려왔다. 역시나 우리가 한 번 더 떨어지면 살려고 했는데 왜 가져갔냐며 핀잔을 준다. 그러면 공유자우선매수라도 나오던지 낙찰받은 나를 괜히 죄인 취급하는 것에 억울한 생각이 들지만 사실 이렇게 먼저 연락해오는 것이 어떻게 보면 고맙다. 물건을 지키고 합의할 생각이 있다는 반증이기 때문이다.

이렇게 잔금 납부 전에 연락을 취하는 물건은 어느 정도 채권최고액이 높아야 경매취하의 가능성이 없으므로 한번 연락을 해보는 것이다.

이런저런 얘기를 하고 며칠 후에 전화를 준다며 끊는다. 기다려도 전화는 오지 않고 잔금 날짜는 잡혔다. 그래서 마지막으로 법원에서 잔금납부통지서가 왔는데 나하고 협의가 안 되면 나는 할 수 없이 잔금을 납부하고 등기할 수밖에 없음을 알렸다. 그래도 또 며칠만 기다려달라고 하기만 하고 어떤 딱 부러지는 결말을 내지 못한다. 그래서 잔금을 내고 등기를 하고 바로 그날 저녁에 통지서를 작성해 타 공유자들에게 나는 오늘 진정한 소유자가 되었음을 알렸다. 지난번부터 협의가 안 되는 지분문제를 해소하기 위한 방안을 논의하자는 내용의 통지서를 발송했다.

이틀 후에 전화가 와서 받았더니 이번에는 굵직한 남자의 목소리! "나 ○○○의 오빠 되는 사람인데 나도 경매할 만큼 한 선수이니 선수끼리 바로 끝내는 게 좋을 텐데……" 하며 거의 반말 조로 이야기하는 것이 거슬렸지만, 비즈니스에서 감정을 드러내는 것은 곧 패배의 길이다. 감정을 억지로 누르며 참을 인을 세 번 외치며 대응했다. 참자! 참

자! 참자!

"예, 그럼 어떻게 하길 바라시는 거죠?" 하고 오히려 꼬리를 내려 질문하니 바로 오늘 결정해서 내일 만나서 등기 넘기자고 한다. 아마 내가 등기촉탁신청을 한 것도 등기부에 기재가 안 되었을 것이다. 금액을 놓고 전화상에서 서로 공방을 하다가 결정이 안 나 내일 만나기로 약속했다.

만나서 등기가 아직 안 넘어왔으니 오늘은 계약금만 주고 등기 넘어오면 바로 등기서류 일체와 나머지 잔금을 주고받기로 하고 다음에 전화하자며 헤어졌다. 만나보니 경매를 많이 해본 것은 아니고 경매학원에 좀 다녔다고 한다. 그런데 그때 배운 책들을 보면서 지분 경매에서 자신들의 입장이 지금 어떤지를 파악할 수 있어서 바로 협의하기로 했단다. 현명한 아저씨다. 역시 책을 보고 공부를 좀 한 사람들은 지분 경매에서 공유자들이 얼마나 불리한 입장인지를 빨리 판단한다.

지분 경매를 하다 보면 소송이 진행되면서 지루하게 오래 걸리는 물건도 있고 짧은 시간에 협의에 이르는 물건도 있다. 하여간 일정한 임계 시간이 흐르면 법에 주어진 한도에서 해결은 된다. 이 물건은 낙찰받고 약 3개월여 만에 해결된 물건이다.

PART 04

공유지분 경매에서의 인도명령

1. 낙찰받은 부동산에 채무자 혹은 타 공유자가 살고 있는 세 가지 경우를 살펴 보자!
   ① **채무자가 점유**
   법원에 잔금 납부와 동시에 인도명령신청하게 되면 인용받게 된다.
   ② **매수한 지분이 과반수 이상이면서, 타 공유자가 전부를 점유**(과반수 미만)
   관리행위로 인도명령신청이 인용되지만 임료를 이유로 부당이득금청구소송을 통해서 향후 타 공유자 지분을 100% 공유자우선매수신청을 하여 매수할 가능성이 있으므로 무조건 인도명령신청하는 것보다 상황을 보면서 하는 것이 유리한 경우가 있다.
   ③ **매수한 지분이 과반수 미만이면서, 타 공유자가 전부를 점유**(과반수 미만)
   보존행위로 인도명령신청이 인용된다.

2. 낙찰받은 부동산에 임차인이 살고 있는 다섯 가지 경우를 살펴보자!
   ① **매수지분이 과반수 이상이고 임차인이 대항력이 있는 경우**
   임차인이 배당 요구를 하지 않는다면 낙찰자는 임차인의 점유 권리를 인수한다. 만약 임대차계약을 타 공유자와 체결했다면(과반수 미만) 인수금을 물어주지 않아도 된다. 과반수 미만이므로 임대차계약은 무효다.
   ② **매수지분이 과반수 이상이고 임차인이 배당요구했을 경우**(대항력 有)
   매수인은 임차인의 임차보증금을 불가분채무 원칙에 의해서 모두 물어 주어야 한다. 그러나 낙찰자 지분 비율을 넘어서 지불한 금액은 타 공유자에게 구상권을 청구할 수 있다. 여기서 역발상을 하면 낙찰자는 또 다른 기회가 생기게 된다(부당이득금청구소송).
   ③ **매수지분이 과반수 이상이고 임차인이 대항력이 없는 경우**
   매수인은 지분의 **관리행위**(보관처!)로써 인도명령을 신청해 인용을 받을 수 있다(대법 2010다37905-민법 265조 참조).
   ④ **매수지분이 과반수 미만인 경우**
   임차인이 대항력이 없든지, 있든지(과반수 이상과 계약한 경우만) 인도명령신청이 불가하다.
   ⑤ **매수지분이 과반수 미만이고 임차인이 과반수 미만과 계약한 경우**
   인도명령신청이 가능하다(보존행위).

앞에서 중요한 임차인과 타 공유자의 인도명령에 대한 전체적인 정리를 했으니 여러 번 반복해서 숙지해 낙찰받은 후 현명한 전략을 세우기 바란다. 타 공유자가 점유하는 경우가 임차인만이 점유하는 경우보다는 해결하기 수월하지만, 입찰 경쟁률 및 해결 프로세스를 보면 임차인이 점유하는 경우를 연구해야 수익률을 극대화할 수 있다.

공유자는 자기의 지분을 자유로이 처분할 수 있고 또한 공유물 전부를 지분의 비율로 사용·수익할 수 있으며(협의가 성립되어야), 공유물의 관리에 관한 사항은 공유자 지분의 과반수 이상의 동의가 있어야 가능하고, 보존행위는 각자가 할 수 있다고 했다(기억하는가? 보관처!).

공유자는 공유물 전부를 지분의 비율로 사용·수익할 수 있으며(민법 제263조 후문), 공유물의 처분·변경은 다른 공유자의 동의 없이 할 수 없으나(민법 제264조), 공유물의 관리에 관한 사항은 공유자의 지분의 과반수로써 결정하도록 규정하고 있다(민법 제265조 본문).

그리고 판례는 과반수 공유자의 결의 없이 한 임대차계약은 무효라고 했으나(대법원 1962.04.04. 선고 62다1 판결), 공유자 사이에 공유물을 사용·수익할 구체적인 방법을 정하는 것은 공유물의 관리에 관한 사항으로 공유자 지분의 과반수로써 결정해야 할 것이다.

대법원 1962.04.04. 62다1[가옥명도]

【판시 사항】
가. 2인 공유 가옥에 대하여 그 1인이 상대 공유자와의 결의 없이 한 임대차계약의 효력

【판결 요지】
과반수 공유자의 결의 없이 한 임대차계약은 무효이므로 결의에 참가하지 아니한 공유자의 보존행위로서의 명도청구는 적법하다

대법원 2002.05.14. 선고 2002다9738 판례

과반수 지분의 공유자는 다른 공유자와 사이에 미리 공유물의 관리방법에 관한 협의가 없었다 하더라도 공유물의 관리에 관한 사항을 단독으로 결정할 수 있으므로, 과반수 지분의 공유자가 그 공유물의 특정 부분을 배타적으로 사용·수익하기로 정하는 것은 공유물의 관리방법으로서 적법하다고 할 것이므로, 과반수 지분의 공유자로부터 사용·수익을 허락받은 점유자에 대하여 소수지분의 공유자는 그 점유자가 사용·수익하는 건물의 철거나 퇴거 등 점유배제를 구할 수 없고, 과반수 지분의 공유자는 그 공유물의 관리방법으로서 그 공유 토지의 특정된 한 부분을 배타적으로 사용·수익할 수 있으나, 그로 말미암아 지분은 있으되 그 특정 부분의 사용·수익을 전혀 하지 못하여 손해를 입고 있는 소수 지분권자에 대하여 그 지분에 상응하는 임료 상당의 부당이득을 하고 있다 할 것이므로 이를 반환할 의무가 있다 할 것이나, 그 과반수 지분의 공유자로부터 다시 그 특정 부분의 사용·수익을 허락 받은 제3자의 점유는 다수 지분권자의 공유물관리권에 터 잡은 적법한 점유이므로 그 제3자는 소수 지분권자에 대하여도 그 점유로 인하여 법률상 원인 없이 이득을 얻고 있다고는 볼 수 없다고 하였다.

그러므로 공유자 전체 지분의 과반수의 결의에 의하여 목적물을 임차한 경우 임차권은 유효하다.

> **민법 제266조제1항**
>
> "공유자는 그 지분의 비율로 공유물의 관리비용 기타 의무를 부담한다"라고 규정하고 있지만, 판례를 보면 "공유 토지의 과반수 지분권자는 다른 공유자와 협의 없이 단독으로 관리행위를 할 수가 있으며, 그로 인한 관리비용은 공유자의 지분 비율에 따라 부담할 의무가 있으나, 위와 같은 관리비용의 부담의무는 공유자의 내부관계에 있어서 부담을 정하는 것일 뿐, 제3자와의 관계는 당해 법률관계에 따라 결정된다"라고 하였다.(대법원 1991.04.12. 선고 90다20220 판결)

만약 임차인이 있는 공유물에 입찰했다면 임차인의 보증금은 계약 당시 보증금을 수령하고 계약서에 서명한 지분권자가 책임을 질 것이다. 다음 판례를 보면 전세보증금반환책임에 관하여 판례는 "채권적인 전세계약에 있어 전세물건의 소유자가 공유일 경우에는 그 전세계약과 관련하여 받은 전세금반환채무는 성질상 불가분의 것이다"라고 했으며 판례는 다음과 같다.

> **서울고법 1977.02.03. 선고 76나3032 제7민사부판결 : 상고[보증금반환청구사건]**
>
> 【판시 사항】
> 임대 목적물이 공유인 경우 임차보증금반환채무의 성질
>
> 【판결 요지】
> 임대한 목적물을 공유하고 있을 경우 그 임대계약과 관련하여 받아 두었던 임차보증금반환채무는 성질상 불가분의 것이다.

공유자는 공유물의 분할을 청구할 수 있으며, 분할 협의는 원칙적으로 공유자 당사자 간 협의에 의하나, 분할 협의가 성립되지 아니한 때는 공유자는 법원에 그 분할을 청구할 수 있으며, 법원은 분할을 원칙적으로 하나 분할이 불합리할 경우는 부동산을 매각하여 대금으로 지분에 비례하여 지불하기도 한다.(이상 민법 제262조, 제270조 내용의 요약이다)

소수 지분권자의 다른 소수 지분권자에 대한 인도청구

 소수 지분권자가 다른 소수 지분권자에 대해 그가 일방적으로 점유하는 공동 토지의 인도와 지상건물의 명도를 청구한 사안에서 공유물에 관해 지분을 소유하고 있는 공유자나 그 지분에 관한 소유권이전등기청구권을 가지고 있는 자라고 할지라도 다른 공유자와의 협의 없이는 공유물을 배타적으로 점유해 사용·수익할 수 없다. 그러므로 다른 공유자는 자신이 소유하고 있는 지분이 과반수에 미달되더라도 공유물을 점유하고 있는 자에 대해 공유물의 보존행위로 공유물의 인도나 명도를 청구할 수 있다.

대법원 1994.03.22 선고 93다9392,9408 전원합의체 판결

공유물을 현실적으로 점유하고 있는 자가 종전의 공유자였던 채무자일 경우에는 그의 공유물의 점유사용이 공유자인 지위에 기인한 것인 이상 채무자는 경매에 의하여 그 지위를 상실하고 매수인이 그 지위를 승계하므로, 매수인은 보존행위로서 채무자를 상대로 인도명령을 받을 수 있다 했다.

그러나 종전의 공유자였던 채무자라 하더라도 그의 공유물 사용이 공유자인 지위를 떠나서 그 목적물에 대한 용익권에 기인한 것일 경우는 다른 공유자가 점유하고 있는 경우에 준하여 처리해야 한다. 즉 채무자가 아니었던 다른 공유자가 점유하고 있는 경우에는 매수인이 취득한 공유지분이 과반수에 달하느냐의 여부에 따라 결정해야 한다. 따라서 매수지분이 과반수에 달하게 되면 관리행위로서 점유자를 상대로 인도명령을 청구할 수 있고 과반수에 미달하면 청구할 수 없다.(민법 265조)

제265조(공유물의 관리, 보존) 공유물의 관리에 관한 사항은 공유자의 지분의 과반수로써 결정한다. 그러나 보존행위는 각자가 할 수 있다.

제3자가 경매 목적물을 점유하고 있는 경우에는 그에게 점유의 정당한 권원이 인정되지 아니하는 이상 그로부터 인도받는 것은 매수인 이외의 다른 공유자와의 관계에 있어서도 보존행위에 속한다고 할 수 있으므로 인도명령이 가능하다.

1/2 지분권자의 다른 1/2 지분권자에 대한 인도청구

판례는 2분의 1 지분권자가 공유 토지 전체를 점유한 다른 2분의 1 지분권자에 대하여 토지명도 및 지상건물철거를 청구한 사안에서 공유물의 보존행위로서 배타적 사용을 배제할 수 있다는 이유로 이를 인용하고 있다.

그러나 나머지 2분의 1 지분의 타 공유자는 점유 부분에 대한 강제집행을 하려고 하면 제3자 이의의 소송 및 공탁금을 걸고 강제집행정지 신청을 하여 방어를 하게 될 것이다. 타 공유자도 소수 지분권자의 보존행위로 인도명령을 신청할 수도 있기 때문이다. 그래서 근본적인 해결책은 부당이득금청구소송 및 공유물분할소송을 통해서 해결하는 전략을 세워야 한다.

대법원 2003.11.13. 선고 2002다57935 판결[건물철거 등]

【판시 사항】

[4] 토지의 1/2 지분권자가 나머지 1/2 지분권자와 협의 없이 토지를 배타적으로 독점사용하는 경우 나머지 지분권자가 공유물의 보존행위로서 그 배타적 사용의 배제를 청구할 수 있는지 여부(적극)

【판결 요지】

[4] 물건을 공유자 양인이 각 1/2 지분씩 균분하여 공유하고 있는 경우 1/2 지분권자로서는 다른 1/2 지분권자와의 협의 없이는 이를 배타적으로 독점사용할 수 없고, 나머지 지분권자는 공유물보존행위로서 그 배타적 사용의 배제, 즉 그 지상 건물의 철거와 토지의 인도 등 점유배제를 구할 권리가 있다.

다수 지분권자의 다른 소수 지분권자에 대한 인도청구

대법원 1981.10.13. 선고 81다653 판결[토지인도]

【판시 사항】
나. 공유지분 과반수 소유자의 타 공유자에 대한 공유물인도청구의 가부(적극)

【판결 요지】
나. 공유지분 과반수 소유자의 공유물인도청구는 민법 제265조의 규정에 따라 공유물의 관리를 위하여 구하는 것으로서 그 상대방인 타 공유자는 민법 제263조의 공유물의 사용수익권으로 이를 거부할 수 없다.

부동산에 관하여 과반수 공유지분을 가진 자는 공유자 사이에 공유물의 관리방법에 관해 협의가 미리 없었다 하더라도 공유물의 관리에 관한 사항을 단독으로 결정할 수 있다. 그러므로 공유 토지에 관해 과반수 지분권자가 그 공유 토지의 특정된 한 부분을 배타적으로 사용·수익할 것을 정하는 것은 공유물의 관리방법으로 적법하다.

인도명령신청서

본 인도명령신청서는 과반수 이상의 지분을 낙찰받고 나머지 소수지분 공유자를 상대로 인도명령신청한 신청서 실전사례다.

부동산인도명령신청서

사 건 2000타경1000 강제경매
신청인 ㈜예○○○

- 수입인지 : 1,000원
- 송달료 : 2회분×3,700원×3인=22,200원

☞ **유의사항**

1) 낙찰인은 대금완납 후 6개월 내에 채무자, 소유자 또는 부동산 점유자에 대하여 부동산을 매수인에게 인도할 것을 법원에 신청할 수 있습니다.
2) 신청서에는 1,000원의 인지를 붙이고 1통을 집행법원에 제출하며, 신청인+피신청인의 인도명령정본 송달료를 납부하셔야 합니다(22,200원=3인×2회×3,700원).

- 부동산 목록 3부

○○지방법원본원 경매○계 귀중

부동산인도명령신청서

사 건 2000타경 1○○○○ 강제경매
신청인 ㈜○○○알(110111-3○○○○○○)
　　　　 대표이사 ○○○(3분의 2 지분 낙찰자)
(낙찰인) 서울시 ○○○ ○○○ ○○○○
　　　　 ☎ 010-○○○○-○○○○

피신청인 문○○(6○○○○○○○) (3분의 1 지분 공유자)
　　　　 경기도 수원시 장안구 ○○동 제○○○호
　　　　 ○○대 (6○○○○○○○) (3분의 1 지분 채무자)
　　　　 경기도 수원시 장안구 ○○동 제○○○호

신청취지

1. 피신청인들은 신청인에게 별지 목록 기재 부동산을 인도하라.
라는 취지의 결정을 하여주시기 바랍니다.

신청이유

1. 신청인은 별지 목록 기재 부동산이 귀원 경매계류 중 지분 3분의 2를 매수하였고, 2009.○○.○○. 매각대금을 납부하여 정당한 원시취득자가 되었습니다.

2. 피신청인 문○○은 별지 목록 기재 부동산의 3분의 1 지분 현 소유자(공유자)이고 부동산 점유자이며 공유자입니다. 또한 문○○는 경매의 채무자겸 지분(3분의 1) 전 소유자입니다. 그러나 피신청인들은 정당한 권원 없이 위 주소지 전부를 점유하고 있으며 인도를 거부하고 있습니다.

3. 피신청인에게 편지로 연락하여 점유 문제를 상의하려 했으나 인도를 거부하므로 부득이 본 신청에 이르게 된 것입니다.

4. 판례에 따르면 다수 지분권자의 다른 소수 지분권자에 대한 공유물인도청구에서 다수 공유지분을 가진 자는 공유자 사이에 공유물의 관리방법에 관하여 협의가 미리 없었다 하더라도 공유물의 관리에 관한 사항을 단독으로 결정할 수 있으므로 과반수 지분권을 가진 자가 배타적으로 사용·수익할 것을 정하는 것은 공유물의 관리방법으로 적법한 것이라 할 수 있다고 했습니다.(대법원 1991.09.24. 선고 88다카33855 판결)

5. 그래서 신청인은 정당한 권원 없이 점유하고 있는 피신청인들을 상대로 부득이 인도명령을 신청하오니 피신청인이 귀원 소속 집행관으로 하여금 별지 목록 기재 부동산에서 피신청인의 점유를 풀고 신청인에게 인도하라는 취지의 명령을 해주시기 바랍니다.

※ **첨부서류** : 1. 낙찰대금완납증명원 1통
            2. 등기부등본 1통
            3. 전입세대열람내역 1통
            4. 내용증명 1통
            5. 법인등기부등본 1통

2009.○○.○○.
신청인(낙찰인) ㈜예○○○ 대표이사 ○○○ (인)

○○지방법원본원 경매○계 귀중

목록

1. 1동 건물의 표시

   경기도 수원시 장안구 정자동 제○○○호
   라멘조 슬래브지붕 4층 다세대 주택 1층 129.75㎡
   　　　　　　　　　　　　　　　　2층 129.75㎡
   　　　　　　　　　　　　　　　　3층 129.75㎡
   　　　　　　　　　　　　　　　　4층 129.75㎡
   　　　　　　　　　　　　　　　　지층 136.06㎡

전유부분의 건물의 표시

○○층 제○○○호
라멘조 47.03㎡

대지권의 목적인 토지의 표시

토지의 표시 : 1. 경기도 수원시 장안구 정자동
　　　　　　　　　대 427㎡
대지권의 종류 : 1. 소유권대지권
　　　　　　　　1. 427분의 30.95

※ **대법원 1991.09.24. 선고 88다카33855 판결[부당이득금반환]**

【판시 사항】

나. 과반수 공유지분을 가진 자가 그 공유 토지의 특정된 한 부분을 배타적으로 사용·수익할 것을 정하는 것이 공유물의 관리방법으로서 적법한지 여부(적극)

다. 위 '나' 항의 경우 그 특정된 한 부분이 그 지분 비율에 상당하는 면적의 범위 내라 해도 위 부동산을 전혀 사용·수익하지 아니하고 있는 다른 공유자에 대하여 그 지분에 상응하는 부당이득 반환의무가 있는지 여부(적극)

【판결 요지】

나. 부동산에 관하여 과반수 공유지분을 가진 자는 공유자 사이에 공유물의 관리방법에 관하여 협의가 미리 없었다 하더라도 공유물의 관리에 관한 사항을 단독으로 결정할 수 있으므로 공유 토지에 관하여 과반수 지분권을 가진 자가 그 공유 토지의 특정된 한 부분을 배타적으로 사용·수익할 것을 정하는 것은 공유물의 관리방법으로서 적법하다.

다. 위 '나' 항의 경우 비록 그 특정된 한 부분이 자기의 지분 비율에 상당하는 면적의 범위 내라 할지라도 다른 공유자들 중 지분은 있으나 사용·수익은 전혀 하고 있지 아니함으로써 손해를 입고 있는 자에 대하여는 과반수 지분권자를 포함한 모든 사용·수익을 하고 있는 공유자는 그자의 지분에 상응하는 부당이득을 하고 있다고 보아야 할 것인바 이는 모든 공유자는 공유물 전부를 지분의 비율로 사용·수익할 수 있기 때문이다.

소수 지분권자의 다수 지분권자에 대한 인도청구

　소수 지분권자가 다수 지분권자에 대해 공유물인도청구를 한 경우에 이를 허용할 것인지, 공유 토지에 관해 과반수 지분권을 가진 자가 그 공유 토지의 특정된 한 부분을 배타적으로 사용·수익할 것을 정하는 것은 공유물의 관리방법으로서 적법하다는 판례에 비추어 볼 때 이를 허용하지 않는 것이 타당하다 했다.

　다음 판례는 소수 지분권자의 다수 지분권자에 대한 공유물인도청구에 대해 다수 지분권자의 관리 사항 결정권에 배치되기 때문에 허용될 수 없다는 점을 명백하게 했다.

> 대법원 2001.11.27. 선고 2000다33638,33645 판결[건물철거 등 소유권이전등기]
>
> 【판시 사항】
>
> [1] 과반수 공유지분권자가 그 공유물의 특정 부분을 배타적으로 사용·수익할 것을 정하는 것이 공유물의 관리방법으로서 적법한지 여부(적극)
>
> [2] 공유 토지의 소수 지분권자가 나머지 과반수 지분을 시효 취득하여 소유권이전등기를 경료받을 지위에 있는 점유자에 대하여 점유배제를 청구할 수 있는지 여부(소극)

그리고 제3자가 경매 목적물을 점유하는 경우에는 그에게 점유의 정당한 권원이 인정되지 않는 이상 그로부터 인도받는 것은 매수인 이외의 다른 공유자와의 관계에 있어서도 보존행위에 속한다고 할 수 있으므로 인도명령이 가능하다.

PART **05**

나 홀로 소송

본안소송

민사소송은 개인에 관한 사건이므로 원칙적으로 당사자가 변호사 없이도 재판을 진행할 수 있다. 그러므로 복잡한 법률관계가 아니면 당사자가 직접 소송할 수 있도록 다음과 같이 순서대로 알려준다.

1 소장 접수와 처리 과정

1) 소장 접수

소장이 법원에 접수하면 접수인 날인 후 접수되었다는 기록을 하게 되는데 이때 사건번호와 사건명을 부여한다.

2) 사건번호 부여방법

사건번호 부여는 '2011가합1234' 이러한 식으로 부여된다. 사건번호에 대해 설명하면 다음과 같다.

- '2011'-소송 접수연도
- '가'-민사사건 제1심
- '나'-민사사건 제2심
- '다'-민사사건 제3심
- '합'-합의부 사건임을 나타내는 것
- '가단'-단독 판사사건 때 표시
- '사건명'-소장에 기재된 사건의 명

2 사건의 분배와 재판 진행

1) 사건의 분배는?

법원은 사건을 접수한 후 어느 법관으로 하여금 그 사건을 담당하게 할 것인가를 결정한다.

- 우리나라 법원조직법에 의한 제1심 민사사건은 원칙적으로 단독 판사의 관할로 하고 있다.
- 합의부가 제1심 사건을 담당하는 경우에는 ①인격권에 관한 소송이나 비재산권상의 소 ②주주의 대표소송 등과 같이 재산권상의 소이기는 하나 소가를 산출할 수 없는 경우 ③법률에 의해 지방법원 합의부의 권한에 속하는 사건 ④합의부에서 처리하고 있는 사건과 관련, 관계있는 사건 ⑤사건의 내용이 복잡하고 중요하기 때문에 합의부에서 재판하는 것이 타당하다고 인정되는 사건 등이다.

2) 재판장의 소장심사는?

사건을 분배받은 재판장은 다음 항목에서 보게 되는 소장의 필요적 기재사항과 서정인지를 제대로 첩용했는지 여부를 보며 만약에 두 가지 사유 중 이상이 결여된 때는 원고에게 상당한 기간(실무에서는 통상 5일간)을 정해 그 기간 내에 흠결을 보정할 것을 명하게 된다. 원고가 주어진 기간 내에 이 흠결을 보정하지 않으면 재판장은 소장을 각하하게 된다.

3) 소장송달

재판장이 제출된 소장을 심사해 인정할 때는 원고고소장 제출 시 첩부했던 소장부본을 피고에게 송달하도록 한다. 소장에 기재된 피고의 주소가 잘못되거나 법정 대리인의 표시가 없는 경우에는 송달불능이 되는데 이러한 경우 재판장은 원고에게 상당한 기간을 정해 주소보정을 명하게 되고 원고가 이에 응하지 않으면 소장은 각하된다.

송달의 방법에는 송달을 받을 자에게 서류를 교부하는 교부송달이 원칙이다. 통상은 집배원에 의해 송달이 이루어지고 있고 수령 여부를 확실히 하기 위해 송달보고서가 작성된다.

4) 수령 여부 지정

기일의 지정은? 소장의 심사를 종료한 후 재판장은 10일 내의 변론기일을 정하고 당사자를 소환하게 된다. 통상은 소장부본과 함께 제1회 변론기간 소환장이 피고에게 송달된다.

5) 구두변론 및 증거조사는?

이와 같은 절차를 통해 제1회 변론기일이 열리게 되면 원고는 소장을, 피고는 답변서 등을 진술하게 된다. 만약 피고가 답변서, 준비서 등을 제출하지 않고 제1회 변론기일에 출석하지 않으면 원고의 청구에 대해 다투지 않는 것으로 되어 변론은 종결된다. 그렇지 않고 피고가 원고의 주장을 다투는 경우에는 2주(통상의 경우) 후에 다시 변론기일(재판기일)이 열리게 되는 식으로 절차가 속행된다.

이러한 절차의 진행 중에는 원·피고의 주장을 뒷받침하는 증거가 제시되고 조사를 하게 된다. 인증의 경우에는 증거채택 여부가 상대방이 제출한 서증에 대하여 성립의 진정 여부를 답변하게 되는 것이다.

6) 구두변론의 종결은?

법원은 사건이 재판하기에 성숙되었다고 판단할 때 변론을 종결하고 그때까지의 당사자의 주장과 증거에 의해 판결을 하게 된다. 변론은 종결되었다고 하더라도 필요성이 인정되는 경우 재개될 수 있다.

7) 판결 선고기일은?

변론종결기일에 고지된 선고기일에서는 원고의 청구에 대해 법원이 답변하게 된다. 통상은 주문만 간단히 고지되고 판결문은 후에 당사자에게 송달된다. 당사자는 판결문의 송달을 받은 때로부터 14일 내에 항소 여부를 결정해 항소를 제기해야만 한다.

판결의 선고란?

소송법상 판결을 당사자 또는 피고인에게 알리는 방식을 말한다. 재판의 일종인 결정이나 명령의 고지와 구별되며, 구법에서는 판결의 언도라고도 했다.

3 소장 작성 요령

1) 소장 작성 시 당사자의 표시방법

소를 제기하는 자(원고)와 소를 제기당한 자(피고)를 당사자라 하고 이를 '소장' 표제 하에 기재한다. 통상 성명과 주소를 기재하게 되는 회사의 경우에는 등기부에 기재된 상호와 등기부상의 본점 주소지를 기재해야 한다.

등기부상의 상호에 변경이 있거나 등기부상의 본점 소재지와 현주소가 일치하지 않는 경우에 다음 기재 '예'와 같이 변경된 상호 또는 주소를 등기부상의 상호 또는 주소와 같이 병기한다.

> **예** 원고 ○○주식회사(구 상호 △△주식회사)
> 서울 강남구 역삼동 ○○○ ○○
> 등기부상 본점 소재지 서울 서초구 ○○○○○

2) 법정 대리인의 표시는?

미성년자나 금치산자를 대리하는 친권자나 후견인 등은 대리권의 발생이 법률에 의해 부여되므로 법정 대리인이라 하는데 회사가 당사자로 되는 경우에는 회사의 대표이사가 법정 대리인과 동시되므로(민사소송법 제60조 참조) 대표이사의 성명(주소는 기재 안 함)을 기재할 필요가 있다.

공동대표의 정함이 있는 경우에는 공동대표이사 전원을 기재해야 함에 주의하고 변호사를 소송 대리인으로 선임한 경우에는 당사자와 법정 대리인을 다음과 같이 기재하면 된다.

> 예 원고 홍길동
> 　서울 서초구 반포동
> 　소송 대리인 변호사 ○○○
> 　서울시 서초구 서초동

3) 사건의 표시방법은?

'사건의 표시'는 소장의 필요적 기재사항은 아니지만, 소송에 의한 청구의 성격을 나타내기 위해 통상 표시한다. 청구가 수개인 경우에는 대표적인 사건의 표시 뒤에 '등' 자를 부기한다.

> 예 '계약위반' '수표금' '양수금' '약정금' '건물명도' '소유권이전등기 등' '근저당권설정등기 등' '주권인도 등'으로 기재한다.

4) 청구취지 작성

소장의 결론에 해당하는 부분으로 원고가 법원에 대해 이와 같이 판결을 해달라고 법원에 구하는 결론 외에 소송비용의 부담에 관한 사항과 가집행선고에 관한 사항을 기재하는 것이다.

> 예 청구취지
> 　피고는 원고에게 금 50,000,000원 및 이에 대한 소장송달 익일부터 완제에 이르기까지 연 2할의 비율에 의한 돈을 지급하라. 소송비용을 피고의 부담으로 하고 가집행할 수 있다는 판결을 구한다.

5) 청구원인에 대한 작성

청구의 원인은 해당 소송에 있어서 그 청구를 하게 된 원인을 말하는 것으로 소송물인 권리 또는 법률관계를 일정의 주장으로 구성함에 필요한 사항이다. 소유권이나 저당권 같은 이른바 배타적 권리관계에 있어서는 주체 및 내용을 표시하면 족하지만 채권과 같은 비배타적 권리의 경우에는 주체 및 내용뿐만 아니라 발생원인도 구체적으로 기재해야 한다.

> **예** 매매대금 청구를 구하는 경우
> ① 원고와 피고가 언제, 어떤 물건을 얼마로 정해 언제 지불하기로 하는 등의 계약을 체결한다.
> ② 원고가 계약 내용에 따라 물건을 인도했으나 대금을 받지 못했다.
> ③ 그러므로 대금과 이에 대한 대금지급기일 다음날부터 다 갚는 날까지의 지연손해금으로 기재한다.

> **예** 약속어음을 청구하는 경우
> ① 피고가 언제 액면금, 지급기일, 지급지, 발행지, 발행인, 지급장소, 각각 얼마, 언제, 어디로 기재된 약속어음을 발행했다.
> ② 원고는 피고로부터 이 약속어음을 교부받았다(또는 교부받은 제3자로부터 적법히 배서양도 받았다).
> ③ 지급기일에 지급장소에서 지급을 위해 제시했으나 여하한 사유로 지급이 거절되었다.
> ④ 지급거절증서가 작성을 면제한다는 기재가 있다.
> ⑤ 그리하여 원고는 피고에게 약속어음 금액과 이에 대한 만기일부터 다 갚는 날까지 연 15%의 비율에 의한 법정이자를 구한다.

예 등기말소를 구하는 경우
　① 여하한 부동산의 원고의 소유이다.
　② 이러이러한 등기가 있다.
　③ 그런데 위 등기는 이러이러한 사유로 무효이다.
　④ 따라서 그 등기의 말소를 구한다.

예 매매계약의 해제를 이유로 하는 경우
　① 원·피고 간에 여차여차한 내용의 매매계약이 있었다.
　② 피고는 위 계약을 이행하지 않았다.
　③ 그러므로 원고는 해제권을 취득했고 이를 언제 이러한 방식으로 행사했다.
　④ 따라서 원고는 원상회복을 위해 등기말소를 구한다.

6) 입증방법의 작성

소장에 첨부해 제출하는 증거서류를 기재한다. 원고가 제출하는 서류는 '갑호증'이라 하고, 피고가 제출하는 서류를 '을호증'이라고 한다. 소송은 진행됨에 따라 모습이 바뀔 수 있고 이에 따라 입증의 필요성도 새로이 생길 수 있으므로 '기타 변론 시 수시 제출하겠음'을 나타내는 취지의 문구를 기재하는 것이 좋다.

7) 첨부서류의 표시는?

소장에 첨부하여 제출하는 서류명과 통 수를 기재한다. 회사가 소송을 하는 경우는 대표자의 자격을 증명하는 등기부등본 또는 증명서를 제출해야 하며 피고의 수와 동수의 소장부본을 제출해야 한다. 그 외에 소장송달용과 당사자소환용으로 우표를 예납하고 받은 납부서와 입증서류도 첨부한다.

첨부서류란 소장에 첨부하는 서류들의 명칭과 통 수를 기재하는 것을 말한다. 대리권을 증명하는 서면(가족관계증명서 등, 법인등기부등본 등), 증거방법 등을 열거해 두면 제출누락을 방지하고 법원에서도 확인하기 쉬우며 후일 문제를 일으킬 염려가 없다.

- 소장부본 1통
- 송달료납부서 1통
- 법인등기부등본 1통
- 소송대리허가신청서
- 소송 대리 및 소송위임장

8) 작성 연월일의 표시는?

작성 연월일은 소장을 법원에 접수하는 날로 기재하는 것이 좋다.

9) 작성자 기명날인

실무상 간인도 하고 있다.

소장(매매대금반환청구의 소)

원고 홍길동
주소 서울시 ○○○○ ○○○

피고 이봉룔
주소 서울시 ○○○○ ○○○

매매대금반환청구의 소

청구취지

피고는 원고에 대하여 금 원정 및 이에 대한 소장송달 익일부터 완제에 이르기까지 연 2할의 비율에 의한 돈을 지급하라.
소송비용은 피고의 부담으로 한다.
라는 판결을 구한다.

청구원인

1. 원고는 그 소유의 별지 목록 기재의 부동산을 년 월 일 피고에게 아래와 같은 약정으로 매도하였다.
   가. 대금 원정(₩○○○○○○)
   나. 계약금 원정(₩○○○○○○)
   다. 잔금은 ○○○○년 ○○월 ○○일에 지급한다.
   다만 매도인은 ○○○○년 ○○월 ○○일까지 소유권이전등기에 필요한 서류 일체를 매수인에게 인도한다.

2. 위와 같은 계약에 의하여 잔금을 지급받기 이전에 원고는 소유권이전등기에 필요한 일체의 서류를 교부하였다.

3. 그러나 피고는 위 잔금 지급기일에 그 채무를 이행하지 아니하므로 지급기한의 다음 날인 ○○○○년 ○○월 ○○일부터 완제일까지 법정이자를 잔금과 함께 받기 위하여 본소에 이른 것이다.

입증방법

갑 제1호증 매매계약서 사본 1부
변론 시 수시 제출하겠음.

○○○○년 ○○월 ○○일
위 원고 ○○○ (인)

○○지방법원 귀중

4 변론준비 절차

변론에 있어서 양쪽 당사자의 주장 내용이나 증거관계가 매우 복잡해, 별도의 준비 과정을 통해 주장과 증거를 정리하고 앞으로의 심리계획을 수립하는 것이 필요하다고 판단되는 경우에 행해지는 절차다. 재판장은 변론 없이 하는 판결 이외의 경우에는 바로 변론기일을 정해야 하는데, 이때 변론기일 전에 변론준비 절차에 부쳐야 하는 경우가 있다.(민사소송법 258조)

이때 특별한 사정이 있다면 변론기일을 연 후에도 사건을 변론준비 절차에 부칠 수 있다.(279조 2항) 변론준비 절차에서는 변론이 효율적이고 집중적으로 실시될 수 있도록 당사자의 주장과 증거를 정리해야 한다.(민사소송법 279조 1항)

변론준비 절차 시에는 기간을 정해 당사자에게 준비서면 및 기타 서류를 제출, 교환하게 하고 증거를 신청하게 하는 방법으로 진행한다. 이 준비 절차는 재판장이 담당하지만, 합의사건의 경우 합의부원으로 하여금 절차를 담당하게 할 수 있고, 필요하다고 인정하는 때에는 다른 판사에게 촉탁할 수 있다.(민사소송법 280조)

변론준비 절차를 진행하는 재판장 등은 변론의 준비를 위해 필요한 경우 혹은 필요한 범위 안에서 증거결정 및 증거조사를 할 수 있다.(민사소송법 281조)

재판장 등은 변론준비 절차를 진행하는 동안에 주장 및 증거를 정리하기 위해 필요하다고 인정하는 때 및 변론준비 절차에 부쳐진 뒤 기일이 지정됨이 없이 4개월이 지난 때에는 변론준비기일을 열어 당사자를

출석하게 할 수 있다.(민사소송법 282조)

변론준비 절차에 부친 뒤 6월이 지난 때, 당사자가 준비서면 등을 제출하지 않거나 증거의 신청을 하지 아니한 때, 당사자가 변론준비기일에 출석하지 아니한 때에는 변론준비 절차를 종결해야 한다. 다만, 변론의 준비를 계속하여야 할 상당한 이유가 있는 때에는 그러하지 아니하다.(민사소송법 284조 1항) 변론준비 절차를 종결하는 경우에는 재판장 등은 변론기일을 미리 지정할 수 있다.(민사소송법 284조 2항)

변론준비기일에 제출하지 않은 공격 방어방법은 그 제출이 소송을 현저히 지연시키지 않거나 제출하지 못한 것에 중과실이 없을 때 혹은 직권조사 사항일 경우를 제외하고는 변론에서 제출할 수 없다.(민사소송법 285조)

변론준비 절차에는 변론에 관한 규정이 준용되며(민사소송법 286조), 변론준비 절차를 마친 경우에는 첫 변론기일을 거친 뒤 바로 변론을 종결할 수 있도록 해야되며, 당사자는 이에 협력해야 한다.(민사소송법 287조)

5 변론기일

재판장은 가능한 빠른시간 안에 제1회 변론기일을 지정해 양쪽 당사자가 법관을 조기에 대면할 수 있도록 하려고 한다. 제1회 변론기일은 쌍방 당사자 본인이 법관 면전에서 사건의 쟁점을 확인하고 상호 반박하는 기회를 가짐으로써 구술주의의 정신을 구현하는 절차다.

이를 통해 양쪽 당사자 본인의 주장과 호소를 할 만큼 하게 하고, 재판부도 공개된 법정에서의 구술심리 과정을 통해 투명하게 심증을 형성함으로써, 재판에 대한 신뢰와 만족도를 높이는 방향으로 운영하고자 하는 것이다.

이처럼 제1회 변론기일을 통해 양쪽 당사자가 서로 다투는 점이 무엇인지 미리 분명하게 밝혀지면, 그 이후의 증거신청과 조사는 그와 같이 확인된 쟁점에 한정해 집중적으로 이루어질 수 있게 된다. 그래서 재판장은 사건분류의 단계 또는 제1회 변론기일 이후의 단계에서, 당해 사건을 준비 절차에 회부할 수 있다. 이는 양쪽 당사자의 주장 내용이나 증거관계가 매우 복잡해, 별도의 준비 절차를 통해 주장과 증거를 정리하고 앞으로의 심리계획을 수립하는 것이 필요하다고 판단하는 경우에 이루어진다.

준비 절차는 양쪽 당사자가 서로 준비서면을 주고받거나(서면에 의한 준비 절차), 법원에서 만나 주장과 증거를 정리하는 방법(준비기일에 의한 준비 절차)으로 진행된다. 변론기일날 원고와 피고는 소장, 답변서, 준비서면 등을 진술한다. 그리고 원고와 피고의 진술이 끝나면 서증제출이 진행된다. 소장, 답변서, 준비서면 등에 첨부해 제출되지 않은 서증을 기일에 제출하는 것이다.

그런 후 법원에 도착한 감정·검증, 사실조회의 결과에 대해 원고와 피고의 의견을 진술한다. 증거조사결과가 유용한 경우에는 원용을 하면 되고 그렇지 않은 경우에는 재신청을 요구할 수도 있다.

서증인부를 살펴보면, 서증이 제출되면 법원은 상대방에게 그것이 진정한 것인가의 여부를 물을 수도 있는데 이때 대답하는 방법은 성립인정, 부인, 부지 중 한 가지로 대답해야 한다. 성립인정은 상대방이 주장하는 바와 같이 작성자가 작성한 문서라는 사실을 인정한다는 취지이고, 부인은 작성자로 주장된 사람이 작성하지 않은 것이라는 취지이며, 부지란 작성자라고 주장된 사람이 작성한 것인지, 아니면 가짜인지 알 수 없다는 것이다.

증인신청의 채택 결정과 함께 증인조사방식도 결정한다. 증인조사방식에는 증인진술서방식, 증인신문사항 제출방식, 서면에 의한 증언방식이 있다. 그리고 기일을 마쳤다면 다음과 같은 사항을 미리 준비하여 다음 기일에 대비해야 한다.

기일에 상대방이 제출한 준비서면이나 답변서가 있다면 이를 검토하고 다음 기일에 인부를 어떻게 할 것인지 미리 준비해야 한다. 상대방의 주장에 대해 반박할 서면을 작성해 충분한 시간적 여유를 두어 법원에 제출하는 것이 좋다. 그때 상대방에게 송달되지 않으면 재판 진행이 지연될 수 있다.

원칙적으로 증인신청은 기일 전에 마쳐야 하지만 부득이한 사정으로 기일에 증인신청을 한 경우 최대한 빨리 증인신청서를 작성해 법원에 제출해야 한다. 또한, 증인신문사항도 제출해야 하는데, 증인신문사항은 상대방에게 송달해 상대방이 반대신문을 준비할 수 있는 시간을 주어야 하므로 이른 시일 내에 법원에 제출하지 않으면 재판이 지연될 수도 있다.

기일에 문서송부촉탁과 같은 다른 증거신청을 했다면 그 신청에 따른 신청서를 최대한 빨리 법원에 제출해야 한다.

6 입증

원고의 주장이나 피고의 항변을 증명할 수 있는 증거를 제출하는 것을 입증이라고 한다. 입증의 방법에는 여러 가지가 있으나 서증, 증인, 당사자 본인 신문, 감정, 검증, 문서송부촉탁, 사실조회촉탁, 증거보전, 녹음녹취 등이 많이 사용된다.

원고의 주장에 대한 피고의 대응은 크게 인정, 부인, 항변으로 구분된다.

- 인정

원고의 주장하는 사실을 그대로 인정하는 것이다. 이 경우에는 원고는 더 이상 자기의 주장을 입증할 필요 없이 승소 판결을 받을 수 있다.

- 부인

원고의 주장에 대해 피고는 그런 사실이 없다고 부정하는 것이다. 이 경우에는 원고는 승소하기 위해서 입증해야 한다.

- 항변

원고의 주장하는 사실을 피고가 인정하면서 원고의 주장과 양립할 수 있는 새로운 사실을 주장하는 것을 말한다. 이 경우에는 피고는 자기의 주장을 입증해야 한다.

1) 서증

서증이란 법원에 증거로 제출하는 문서로서 문서의 의미와 내용이 증거자료가 되는 증거방법이다. 서증은 작성자, 기재사항, 작성 목적에 따라 아래와 같이 분류할 수 있다.

• 공문서와 사문서(문서 작성자에 따라)

공문서는 공무원이 직무상 작성한 문서이고 그 외의 문서는 사문서이다. 공문서는 진정성이 추정되지만, 사문서는 진정성립이 추정되지 않고 상대방이 그 진정성립을 인정하지 않는 한 다른 증거방법에 의해 그 성립의 진정을 증명해야 한다.

• 처분문서와 보고문서(내용에 따라)

처분문서란 증명하고자 하는 법률적 행위가 그 문서 자체에 의해 이루어진 문서로 판결서·계약서·유언서·어음·수표·유가증권 등을 말한다. 보고문서란 문서 작성자가 보고 듣고 느끼고 판단한 내용을 기재한 문서로서 영수증·일기·장부·진단서 등이 있다.

처분문서는 진정성립이 인정되면 그 내용이 되는 법률행위가 인정되어 법률행위가 있었던 것으로 증명되나, 보고문서는 진정성립이 인정되더라도 문서의 기재 사실이 진실한지 여부는 여러 사정을 고려해 판단하게 된다.

- 원본, 등본, 정본, 초본(동일 내용의 문서, 상호 간의 관계에 따라)

원본이란 최초에 확정적으로 작성된 문서를 말하며, 등본이란 원본을 완전히 옮겨 쓴 문서로 작성자가 원본과 동일하다는 것을 증명한 것을 말한다. 정본은 등본 중에서 공증권한을 갖는 공무원이 원본과 동일한 효력을 갖는 것을 표시한 문서이고, 초본은 원본의 일부분만이 필요한 때에 원본 내용 중의 일부만을 기재한 문서로 등본의 일종이다.

(1) 서증의 확보방법

상대방 또는 제3자가 서증을 소지하고 있는 경우 아래와 같은 방법으로 서증을 확보할 수 있다.

가) 문서송부촉탁

문서송부촉탁이란 문서의 제출의무가 있든 없든 가리지 않고 그 문서 소지자를 상대로 그 문서를 법원에 송부해 줄 것을 촉탁하는 절차다. 국가기관, 법인, 학교, 병원 등이 보관하고 있는 문서를 서증으로 제출하고자 할 경우에 흔히 이용되고 있다.

나) 문서제출명령

문서제출명령이란 문서제출의무를 부담하는 상대방 또는 제3자가 서증으로 제출할 문서를 소지하고 있기 때문에 직접 제출할 수 없는 경우 당사자의 신청에 따라 법원이 그 문서의 제출을 명하는 절차다.

문서제출명령신청서에는 문서의 표시와 취지, 소지자, 증명할 사실, 제출의무의 원인을 명시해야 한다. 개정된 민사소송법은 문서 소지자에 대한 문서제출 의무를 확대해 원칙적으로 증언의 거절 사유와 일정한 사유(형사소추, 치욕, 직무비밀, 직업비밀 등)가 있는 문서와 공무원이 직무상 보관하는 문서를 제외하고는 모든 문서를 제출하도록 했다.

다) 사실조회촉탁

사실조회촉탁이란 공공기관, 학교, 병원, 그 밖의 단체·개인 또는 외국의 공공기관에 그 업무에 속하는 사항에 관해 필요한 조사 또는 보관 중인 문서의 사실 조회결과를 촉탁해 증거를 수집하는 절차다.

서증은 법원에 제출할 때는 상대방의 수에 1을 더한 수만큼 사본을 제출하도록 하고, 제출시기는 서증신청을 함과 동시에 제출함을 원칙으로 한다. 서증에는 서증의 첫 페이지 왼쪽 또는 오른쪽의 중간 상단 부분에 '갑 제○호증'이라 번호를 붙여야 한다. 피고가 제출하는 서증은 '을 제○호증'이라 번호를 붙여가면 된다. 또한, 같은 종류의 서증이 여러 개인 경우 '갑 제○호증의 1', '갑 제○호증의 2'라는 식으로 '갑 제○호증'이라는 하나의 번호 아래 다시 가지번호를 붙여 나간다.

서증을 등본이나 원본이 아닌 사본으로 제출하는 경우에는 이와 같이 서증번호를 붙이는 것 외에도 그 첫 장과 마지막 장 사이에 일일이 간인을 하고, 마지막 장 하단 여백에 '원본과 상위 없음. 원고 ○○○'이라고 적어 넣은 다음 도장을 찍어야 한다. 피고에게 줄 서증 사본에도 같은 표시를 하는 것이 좋다.

증거로 서증이 제출되면 법원은 상대방에게 그것이 진정한 것인가의 여부를 물을 수도 있는데 이때 대답하는 방법은 성립인정, 부인, 부지 등으로 대답할 수 있다.

성립인정은 상대방이 주장하는 바와 같이 작성자가 작성한 문서라는 사실을 인정한다는 취지고, 부인은 작성자로 주장된 사람이 작성하지 않은 것이라는 취지이며, 부지란 작성자라고 주장된 사람이 작성한 것인지, 아니면 가짜인지 알 수 없다는 것이다.

문서를 서증으로 제출하고자 하는 경우 문서 소지자에게 그 문서를 보내도록 촉탁할 것을 법원에 신청하고자 할 때 작성해 제출한다. 문서 제출명령신청서는 상대방 또는 제3자가 서증으로 사용할 문서를 가지고 있는 경우 그 문서에 대하여 제출명령해 줄 것을 법원에 신청하고자 할 때 작성해 제출한다.

2) 증인

증인이란 사건을 목격하거나 경험한 사실에 대해 법원에 진술할 것을 명령받은 사람으로서 당사자 외에 제3자를 말한다. 증인신문의 종류는 다음과 같이 세 가지로 구분된다. 법원은 증인별 입증취지 및 당사자와의 관계 등을 고려해 하나의 방식을 정하게 된다.

(1) 증인진술서 제출방식

효율적인 증인신문을 위하여 필요하다고 인정하는 때에 증인을 신청한 당사자에게 증인진술서를 제출할 수 있게 하는 방식으로 신청인이 주 신문을 서면으로 작성한 증인진술서를 제출하면 이를 상대방에게 미리 송달해 반대신문사항을 준비할 수 있게 한다. 법정에서는 반대신문을 중심으로 진행하는 효율적이고 실질적인 증인신문방식이다.

(2) 증인신문사항 제출방식

증인진술서방식이 부적당한 경우에, 신청인이 미리 작성한 증인신문사항에 따라 주 신문이 이루어지고 상대방이 주 신문에 대한 반대신문을 하고 이후 재판장의 신문으로 진행되는 증인신문방식이다.

(3) 서면에 의한 증언방식

증인과 증명할 사항의 내용 등을 고려해 상당하다고 인정하는 때는 출석과 증언에 갈음해 증언할 사항을 적은 서면을 제출할 수 있게 하는 방식으로 공시송달사건이나 피고가 형식적인 답변서만을 제출하고 출석하지 않는 사건과 같이 적극적으로 다투지 않는 사건에 흔히 채택되는 방식이다.

(4) 증인 신청방법 및 절차

① 기일 전에 증인신문신청서를 법원에 제출한다.

증인신문신청서에 증인별로 입증취지 및 당사자와의 관계를 명확히 밝히고 증인의 출석 여부 확인 및 연락 가능한 전화번호 등을 함께 기재해야 한다.

② 법원으로부터 증인신문신청이 증거신청으로 채택되면 법원에서 정한 바에 따라 증인진술서를 제출하거나 증인신문사항을 제출해야 한다. 이는 법원에서 정한 기간 안에 제출한다.

③ 신청인은 증거조사비용(일당, 여비, 숙박료 등)을 증거조사기일 전에 법원보관금 취급 담당자에게 예납해야 한다. 증거조사비용을 예납하지 않으면 증인신문을 못 할 수 있다.

(5) 증인에 대한 반대신문방법

① 증인은 신청한 당사자가 먼저 신문하고 그다음 상대방이 신문하는 방식으로 이루어진다. 이를 주 신문과 반대신문이라고 하는데, 반대신문은 주 신문에 의한 증언의 진실성을 알아보려는 것이므로 주 신문에 나타난 사항과 이에 관련되는 사항 및 증언의 신빙성에 관한 사항이 아니면 신문할 수 없다.

② 따라서 신청한 당사자가 먼저 신문할 때 상대방 당사자가 너무 흥분해 증언을 제대로 듣지 못하면 반대신문을 정확히 못 하게 되니 조용히 경청하면서 반대신문 할 때 물어볼 사항을 메모한 후 반대신문 시 차근차근 물어보아야 한다.

(6) 불출석 증인에 대한 과태료와 감치제도

정당한 사유 없이 증인신문기일에 출석하지 않은 증인에 대해 500만 원 이하의 과태료의 제재를 부과할 수 있다. 증인이 1회 과태료 재판을 받고도 다시 출석하지 않을 경우 7일 이내의 감치에 처할 수 있도록 했다.

(7) 증인신청서

증인신청을 하기 위해 법원에 제출하는 신청서다. 증인이 여러 명인 경우 각 1부씩 증인신청서를 작성해 제출한다.

3) 감정

감정은 법원이 특별한 학식이나 지식을 가진 자에게 그 전문적 지식 또는 그 지식을 이용한 판단을 소송상 보고시켜 재판장의 판단능력을 보충하기 위한 증거조사방법이다.

(1) 감정 신청방법 및 절차

① 신청인은 변론기일 전에도 해당 법원에 감정신청서를 제출할 수 있다.(민사소송법 제 289조)
② 법원으로부터 감정신청이 증거신청으로 채택되고, 감정인이 선정된다.
③ 법원이 신청인에게 감정료의 납부 방법을 고지하면 신청인은 감정비용을 법원보관금에 예납해야 한다.
④ 선정된 감정인은 감정이 완료되면 감정서를 법원에 제출한다.
⑤ 신청인은 감정서 등본을 교부받아 감정결과가 유리하다고 판단되는 경우 감정결과를 원용한다.

(2) 감정신청서

전문적 지식과 경험을 가진 자를 소송에 참여시켜 그 지식과 경험을 보충적 증거자료로 활용할 수 있도록 법원에 신청하는 신청서다.

4) 검증

검증은 증거확보의 절차로 많이 사용되고 있는 제도다. 검증이란 재판장이 직접 사물의 성상, 현상을 보거나 듣고, 느낀 내용을 증거자료로 하는 증거조사방법이다.

(1) 검증 신청방법 및 절차

① 검증은 직권 또는 당사자의 신청에 의해 증거결정을 함으로써 시행한다.
② 법원으로부터 검증신청이 증거신청으로 채택되면, 변론(준비)기일에 또는 법원의 청사 내에서 검증을 행하는 경우(예컨대 문서의 인영대조 검증 등)에는 특별한 비용이 필요하지 않을 것이다. 그러나 현장에 나가서 검증을 행하는 경우, 신청인은 담당 재판부에 검증비용을 문의한 후 법원보관금에 예납해야 한다.
③ 현장검증인 경우 검증기일에 현장에 출석해 주장이 입증될 수 있도록 한다.
④ 신청인은 검증결과가 유리하다면 변론기일에 검증조서의 결과를 원용한다.

(2) 검증신청서

재판장이 직접 사물의 성상, 현상을 보거나 듣고, 느낀 내용을 증거자료로 활용할 수 있도록 법원에 신청하는 신청서다.

5) 문서송부촉탁

문서송부촉탁이란 문서의 제출의무가 있든 없든 가리지 않고 그 문서 소지자를 상대로 그 문서를 법원에 송부해 줄 것을 촉탁하는 절차를 말한다. 국가기관, 법인, 학교, 병원 등이 보관하고 있는 문서를 서증으로 제출하고자 할 경우에 흔히 이용되고 있다.

(1) 문서송부촉탁 신청방법 및 절차

① 신청인은 기일 전에 해당 법원에 문서송부촉탁신청서를 제출한다.
② 법원으로부터 문서송부촉탁이 증거신청으로 채택되면 법원은 문서보관기관에 촉탁서를 송달한다.
③ 촉탁한 문서가 법원에 도착하면 담당 재판부는 이 사실을 신청인에게 고지한다.
④ 신청인은 문서의 열람을 신청해 그 문서가 유리한 경우 변론에서 서증으로 제출한다.

※ 유의사항 : 문서가 있는 장소와 그 문서의 번호 등을 확인해 문서의 보관 장소 및 번호가 정확하지 않으면 송부촉탁을 할 수 없는 경우가 발생할 수 있으므로 보관기관과 문서번호 등을 분명하게 확인해야 한다.

(2) 문서송부촉탁신청서

문서를 서증으로 제출하고자 하는 경우 문서 소지자에게 그 문서를 보내도록 촉탁할 것을 법원에 신청하고자 할 때 작성해 제출한다.

6) 사실조회촉탁

사실조회촉탁이란 공공기관, 학교, 병원, 그 밖의 단체·개인 또는 외국의 공공기관에 그 업무에 속하는 사항에 관해 필요한 조사 또는 보관 중인 문서의 사실 조회결과를 촉탁해 증거를 수집하는 절차다.

(1) 사실조회촉탁 신청방법 및 절차

① 신청인은 해당 법원에 사실조회촉탁신청서를 제출한다.
② 법원으로부터 사실조회촉탁이 증거신청으로 채택되면 법원은 사실조회서를 조회기관에 송부한다.
③ 조회결과가 법원에 도착하면 변론기일에 변론에 상정되며, 신청인이 이를 유리하다고 판단하면 변론에서 이를 원용하면 된다.

(2) 사실조회신청서

공공기관, 학교, 병원, 그 밖의 개인 또는 단체에 그 업무에 속하는 사항에 관해 필요한 조사 또는 문서의 사실조회 결과를 촉탁할 것을 법원에 신청하고자 할 때 작성해 제출한다.

7) 증거보전

증거보전이란 소송계속 전 또는 소송계속 중에 특정의 증거를 미리 조사해 두었다가 본안소송에서 사실을 인정하는 데 사용하기 위한 증거조사 방법이다.

(1) 증거보전 신청방법 및 절차

① 소제기 전에도 신청할 수 있다. 소제기 전에는 신문을 받을 증인, 감정인, 당사자의 거소, 증거로 할 문서를 가진 사람의 거소 또는 검증하고자 하는 목적물이 있는 곳을 관할하는 지방법원에 비용을 예납한 후 신청한다. 소제기 후에는 그 증거를 사용할 심급 법원에 신청한다.

② 신청인은 증거조사비용을 예납해야 한다. 증거보전의 비용은 소송비용의 일부가 되므로 그 부담은 소송비용의 재판에서 일괄 정해진다. 증거보전으로 증거조사가 되었지만 본 소송이 계속되지 않은 때는 민사소송법 114조의 규정에 준해 당사자의 신청에 따라 결정으로 소송비용의 액수를 정하게 된다.

③ 법원으로부터 증거보전이 증거신청으로 채택되면 증거조사를 시행하고 이후에 본안소송 변론에서 이를 원용하면 된다.

8) 녹음·녹취

상대방과의 대화 내용을 녹음한 후 녹음한 내용을 다시 문서로 녹취한 녹취서를 서증으로 제출하는 증거조사를 말한다. 녹취서는 발언한 사람, 녹취한 사람, 녹취일시·장소 등의 사항을 명시해야 한다.

7 소의 종결, 상소 및 재심 절차

1) 변론 종결

일반소송 절차가 진행된 결과 집중증거조사기일의 절차가 완결되는 등 사건이 판결을 할 수 있도록 성숙한 때 법원은 변론을 종결하고, 판결 선고기일을 지정한다.

2) 변론 재개

판결 선고 전에 심리의 미진이 발견된 경우, 당사자가 중요한 사실이나 증거를 발견한 경우, 다시 변론을 열어 심리를 계속하는 절차다.

3) 판결 선고

일반 민사사건의 경우에는 변론이 종결된 날로부터 2~3주 후에 판결을 선고하는 것이 보통이지만 소액사건의 경우에는 변론을 종결하면서 즉시 판결을 선고하기도 한다.

4) 판결서 송달

판결은 선고되었지만, 판결정본은 판결이 선고된 날로부터 10일 정도 지난 후에 도착하는 것이 보통이다. 판결서를 송달받으면, 승소한 원고는 통상 붙여지는 가집행선고에 근거해 가집행을 할 수 있으며, 가집행을 하려면, 법원에서 판결송달증명원과 집행문을 발급받아 집행신청을 하면 된다.

5) 판결 경정 절차

판결의 잘못된 계산이나 기재, 그 밖에 이와 비슷한 잘못이 있음이 분명한 때에는 판결의 확정 여부에 관계없이 어느 때나 경정신청을 해 잘못을 바로잡을 수 있다. 경정결정신청서는 원칙으로 판결을 한 법원에 제출해야 한다. 그러나 상소에 의해 사건기록이 상소심에 있는 경우에는 상급심법원에 제출할 수도 있다.

신청서에는 1,000원의 인지와 송달료(당사자 수×3,700×2회분)를 납부해야 한다. 판결과 같은 효력이 있는 화해조서, 인낙조서, 조정조서의 경정 절차도 위의 판결 경정 절차와 같다.

6) 판결 확정

제1심에서 승소하더라도 상대방이 항소한다면 판결이 확정되지는 않는다. 그것은 소송이 최종적으로 종료되지 않았다는 말을 뜻한다. 물론 판결이 확정되기 전이라도 가집행선고가 붙은 판결이 내려지면 강제집행을 시작할 수 있지만, 소송의 최종적인 승패가 결정되려면 결국 판결이 확정되어야 한다.

제1심 판결이 내려졌는데 패소한 당사자가 항소기간 내에 항소하지 않으면 판결이 확정된다. 그리고 패소한 당사자가 항소하고 또 상고까지 한 경우에는 대법원에서 판결을 선고할 때 확정이 되며, 항소나 상고했다가 취하하거나, 항소권이나 상고권을 포기한 때에도 판결이 확정된다.

7) 항소

항소는 지방법원의 제1심 종국 판결에 대한 불복신청이다. 불이익을 받은 당사자에게 불복신청할 수 있는 권리를 제공함으로 재판의 공정함을 유지함에 그 목적이 있다.

항소는 판결문을 송달받기 전에도 할 수 있으며, 송달받은 경우 2주일 이내에 원심 법원(제1심 법원)에 항소장을 제출해야 한다. 2주일의 준수 여부 판단 기간은 항소장이 원심 법원에 접수된 날을 기준으로 말하며, 항소장이 원심 법원이 아닌 항소 법원에 잘못 제출되어 원심 법원으로 송부된 경우에는 원심 법원에 도착 시를 기준으로 항소기간 준수 여부를 가리게 되니 착오가 없도록 해야 한다.

항소장에 첨부할 인지액은 제1심 소장에 첨부할 인지액의 1.5배액이다. 항소장에 붙일 인지액의 산정은 불복신청한 부분을 표준으로 정한다. 일부 패소한 경우 그 패소한 부분에 대해 항소하거나 전부 패소한 경우 그중 일부에 대하여 항소할 경우에는 그 불복을 신청한 부분을 표준으로 인지액을 산정한다. 항소장에는 '당사자 수×3,700(1회분 우편료)×12회분'의 송달료를 납부해야 한다.

(1) 항소장 작성방법

항소장에는 필수적 기재사항인 당사자 등의 표시, 제1심 판결의 표시, 항소의 취지와 임의적 기재사항인 항소이유 등이 있다.

- 항소장에는 항소인과 피항소인의 이름을 기재해야 하며, 법정 대리인이 있는 경우 대리인을 기재해야 한다.
- 제1심 법원명, 사건번호, 사건명, 선고일자, 주문 등을 기재한다.
- 불복하는 주장을 기재한다. 불복의 범위는 변론종결 시까지 변경할 수 있으므로 반드시 명확히 해야 하는 것은 아니며, 항소취지를 인식할 수 있을 정도로 기재하면 된다.

임의적 기재사항 항소의 이유는 소송 중에 준비서면으로 제출해도 무방하며 항소장에 기재해 제출할 수도 있다.

가) 일부 항소

항소는 판결 중 일부 부분에 대해서도 가능하다. 패소한 내용 전부를 항소할 수도 있고, 일부만을 항소할 수도 있다.

나) 추완 항소

천재지변이나 피고 자신도 모르게 판결이 선고되는 것과 같이 항소인이 책임질 수 없는 사유로 인하여 항소기간을 준수할 수 없었을 경우, 사유 종료일로부터 2주일 이내에 항소를 제기할 수 있도록 하는 구제제도를 추완 항소라 한다.

8) 상고

상고는 항소심의 종국 판결에 법령의 위반이 있음을 주장해 그 판결에 관하여 심판을 구하는 상소이다. 원심 판결에 영향을 미친 헌법·법률·명령·규칙의 위반이 있음을 이유로 하는 경우에 한정(민소법 제423조, 제424조)된다.

(1) 상고 제기방법

상고는 판결문을 송달받은 경우 2주일 이내에 원심 법원(항소심 법원)에 상고장을 제출해야 한다. 2주일의 기간 준수 여부 판단은 상고장이 원심 법원에 접수된 날을 기준으로 하며, 상고장이 원심 법원이 아닌 대법원에 잘못 제출되어 원심 법원으로 송부된 경우에는 원심 법원에 도착 시를 기준으로 상고기간 준수 여부를 가리게 되니 착오가 없도록 해야 한다.

상고장에는 상고이유를 기재해도 좋으나 이유를 기재하지 않은 경우에는 소송기록 접수의 통지를 받은 날로부터 20일 이내에 상고이유서를 제출해야 하며 이를 제출하지 않으면 상고를 기각한다. 상고이유서는 상대방 당사자 수에 6을 더한 수의 부본을 첨부해야 한다.

상고장 인지액은 제1심 소장에 첨부할 인지액의 2배액을 첨부해야 한다. 인지액이 10만 원을 초과하는 경우에는 반드시 현금으로 납부하고, 10만 원 이하의 경우에는 현금으로 납부하거나 인지를 첨부해 제출할 수 있다.

상고장에는 '당사자 수×3,700(1회분 우편료)×8회분'의 송달료를 납부해야 한다.

(2) 상고심의 소송 절차

상고장에는 현금 납부 또는 인지를 첨부하고 송달료납부서를 첨부해 제출한다. 접수된 상고장을 심사하여 흠이 있는 경우 보정이 이루어진다. 보정에 따르지 않으면 각하될 수 있으니 주의해야 한다.

상고인이 상고이유서 등을 작성해 법원에 제출하면 법원은 상대방에게 상고이유서를 송달하고, 상대방은 답변서를 작성해 법원에 제출한다. 답변서가 제출되면 상고법원은 그 부본을 상고인에게 송달한다. 상고심은 특별한 경우를 제외하고는 서면심리만으로 이루어진다. 판결내용이 확정되면 판결 선고기일이 지정되고 기일소환장이 발송된다.

(3) 상고장 작성방법

상고장에는 필수적 기재사항인 당사자 등의 표시, 제2심 판결의 표시, 상고의 취지와 임의적 기재사항인 상고이유 등이 있다.

- 상고장에는 상고인과 피상고인의 이름을 기재해야 한다.
- 제2심 법원명, 사건번호, 사건명, 선고일자, 주문 등을 기재한다.
- 상고의 취지는 불복하는 주장을 기재한다.

임의적 기재사항인 상고의 이유는 기재하지 않을 수 있으며, 상고이유서 제출기간 내에 별도로 작성해 제출할 수도 있다.

9) 재심

재심이란 확정된 종국 판결에 대해 판결 절차 또는 소송자료에 중대한 흠이 있음을 이유로 당사자가 소의 형식으로 그 판결의 취소를 구함과 아울러 소송을 흠 있는 판결 전의 상태로 복구시켜 다시 변론과 재판을 해줄 것을 구하는 불복 신청방법이다.

종결된 사건을 다시 심리하기 때문에 재심사유가 법정(민소법 제451조) 되어 있고 재심의 기간(민소법 제456조)도 제한되어 있다.

(1) 재심 절차

재심은 취소 대상인 판결을 한 법원에 재심의 소를 제기함으로 시작된다. 법원은 재심 소의 적법 요건을 심사한다. 법원은 재심사유가 존재하는지 심사한다. 재심의 소가 적법하고 재심청구사유가 있다고 심판하면 종전 소송의 부활과 속행으로 변론이 진행된다.

원판결이 부당하다고 인정되면 이에 갈음하는 판결을 받게 되고, 원판결이 인정되면 재심청구가 기각된다.

(2) 재심의 신청방법

재심의 소는 당사자가 판결이 확정된 뒤 재심의 사유를 안 날부터 30일 이내에 재심을 제기할 판결을 한 법원에 제기해야 한다. 판결이 확정된 뒤 5년이 지난 때에는 재심의 소를 제기하지 못하며, 재심사유가 판결 확정 후에 생긴 때에는 그 사유가 발생한 때부터 계산한다. 다만, 대리권에 흠이 있다거나 재심의 대상이 될 판결이 전에 선고한 확정 판결과 어긋남을 이유로 하는 재심의 소는 언제라도 제기할 수 있다.

재심소장에는 재심원고와 재심피고, 재심할 판결의 표시와 그 판결에 대해 재심을 구하는 취지를 기재해야 한다. 재심소장을 제출할 경우에는 반드시 재심의 대상이 되는 판결의 사본을 첨부해야 한다.

참고로 집행권원은 다음 열 가지로 정리할 수 있고, 민사소송법과 민사집행법에서는 집행권원을 판결과 결정, 명령으로 분류하고 있다.

※ **한눈으로 외울 수 있는 집행권원 5종류**(10가지)
① 판결 : 확정된 종국 판결, 가집행선고 있는 종국 판결
② 명령 : 지급명령
③ 결정 : 조정에 갈음하는 결정, 이행권고, 화해권고.
④ 조서 : 조정, 인낙, 화해(조인화!)-기억하세요!
⑤ 집행증서

집행권원 중 '판결'은 민사소송 절차에 의해서 다음과 같은 판결의 절차를 거치게 된다.

소제기(원고) → 답변서 제출(피고) → 준비서면 제출(원, 피고) → 변론 → 판결

이 민사소송 절차는 3심제이고 1심은 소액(3,000만 원 이하), 단독(2억 원 이하), 합의(2억 원 초과) 사건으로 분류된다. 2심을 항소라 하고, 3심을 상고라 부른다.

강제집행

1 제도의 취지

빌려준 돈이나 상품대금 등 돈을 받을 권리가 있으나 채무자가 임의로 변제하지 않는다고 해서 함부로 채무자의 금품을 훔치거나 빼앗는 것은 허용될 수 없다. 국가가 정해진 법 절차에 따라 채권자를 대신해 강제로 돈을 받아 주는 것이 강제집행 절차이다.

2 집행권원 확보

강제집행을 할 수 있는 권리를 인정해주는 공적인 문서가 집행권원이다. 대표적인 것이 '피고는 원고에게 돈 천만 원을 지급하라'는 식의 이행명령이 기재된 확정된 승소 판결이다. 그 외에 가집행선고가 붙은 미확정 판결, 인낙조서, 화해조서, 조정조서, 지급명령, 공정증서 등이 있다.

3 집행문 부여

집행권원에 '위 정본은 피고 ○○○에 대한 강제집행을 실시하기 위하여 원고 ○○○에게 부여한다'는 취지를 기재하고, 법원 직원이나 공증인이 기명날인하는 것이 집행문 부여이다. 다만 공증인은 공정증서에 대하여만 집행문을 부여할 수 있다. 집행문은 집행권원을 가지고 제1심 법원이나 공증인 사무소에 가서 신청하면 간단히 처리해준다. 이때 법원의 경우는 500원 상당의 인지를 붙여야 하고 공증인의 경우는 1만 원의 수수료를 납부해야 한다.

본래의 원고나 피고가 사망해 그 상속인이 집행을 하거나 상속인에 대해 집행하려면 판결문에 표시된 원·피고와 실제 집행하려는 사람이 다르기 때문에 상속인임을 알 수 있는 제적등본과 주민등록등본(주민등록번호가 없는 사람은 여권번호 또는 등록번호, 법인 아닌 사단이나 재단은 사업자등록번호·납세번호 또는 고유번호를 알 수 있는 자료)을 첨부해 신청함으로써 승계집행문을 부여받아야 한다.

1) 금전집행의 3단계

금전채권을 기초로 한 강제집행은 채권자가 강제집행신청을 하면 다음의 3단계를 거치게 된다.

① 압류
② 현금화
③ 배당

4 유체동산에 대해 강제집행할 때

1) 집행관에의 위임(강제경매신청)

관계 서류를 갖추어 관할 법원에 속하는 집행관 사무실에 찾아가서 집행을 위임해야 한다. 위임장은 인쇄된 용지를 쓰는데 보통 그곳에서 대서까지 해준다. 집행비용은 예납해야 한다.

2) 압류

동산이 있는 현장에 가서 압류해야 하므로 사전에 집행관과 협의해 시간을 정해 현장까지 안내한다. 채무자가 일부러 피한다든지 해서 현장에 없는 경우도 많으므로 참여인이 될 성인 2명을 미리 확보하는 것이 좋다.

3) 경매(현금화)

압류물이 현금이면 직접 채권에 충당할 수 있으나 다른 것이면 경매해 현금화해야 한다. 압류 후 보통 1개월쯤 지나 매각기일이 지정되는데 채무자가 자진변제하면 강제집행의 위임을 취하할 수 있고 따로 타협되면 매각기일을 연기할 수도 있다. 매각기일에는 채권자가 나가지 않아도 되지만 채권자도 매수인이 될 수 있으므로 매각기일에 나가보는 것도 좋은 방법이다.

4) 배당

채권자가 여러 명이고 매각대금으로 모든 채권을 충족시키지 못하면 먼저 채권자들 사이에 협의를 해서 협의가 성립되면 집행관이 이에 따라 분배·지급한다. 협의가 안 되면 법원이 법에 의해 우선변제를 받을 수 있는 채권자에게 우선적으로 지급하고, 그 후 일반 채권자들은 채권액에 비례해 분배·지급하게 된다. 강제집행을 한 채권자라도 우선변제권이 있는 것이 아니므로 뒤에 배당신청을 해온 채권자와 동등하게 취급된다.

5 채권에 대해 강제집행할 때

1) 압류명령신청

채무자가 은행에 예금이 있다든지 제3자에게 돈을 받을 것이 있다든지(대여금 채권) 하는 경우에는 관할 법원에 압류명령을 신청한다.

2) 압류명령

법원은 압류명령을 발하여 '제3채무자인 은행 등은 채무자에게 지급해서는 아니 된다'는 지급금지명령을 내리게 된다. 압류명령은 제3채무자와 채무자에게 송달해야 한다. 압류의 효력은 압류명령이 제3채무자에게 송달된 때 생긴다.

3) 추심명령 또는 전부명령(현금화)

채권자는 추심명령을 신청해 채무자 대신 은행 또는 제3자로부터 돈을 받을 수 있거나(이때는 다른 채권자가 배당요구 가능) 또는 전부명령을 받아 채권 자체를 이전받을 수 있다. 압류명령과 추심명령, 압류명령과 전부명령을 같이 신청하는 것이 보통이다.

6 부동산에 대해 강제집행할 때

1) 강제(임의)경매신청

부동산 소재지 관할 법원에 경매신청서를 제출한다.

2) 강제경매와 임의경매

채무자에 대한 집행권원(판결문, 화해, 조정조서 등)에 의해 경매를 신청하는 경우가 강제경매이고, 피담보채권의 변제를 받기 위해 신청하는 경우가 임의경매에 해당한다. 강제경매의 경우에는 집행권원을 증명하는 서류를 신청서에 첨부해야 하고, 임의경매의 경우에는 담보권의 존재를 증명하는 서류(등기부등본)를 첨부해야 한다.

3) 경매개시결정(압류)

법원은 경매개시결정을 하고 이 사실을 부동산등기부에 기재된 때 또는 채무자에게 송달된 때에 부동산을 압류한 효과가 생긴다.

4) 입찰방법 구분(현금화)

(1) 기일입찰

입찰기일공고를 거쳐 입찰기일이 지정되면 입찰기일에 매수 신청인이 입찰표에 매수신청가격을 기재한 후 매수신청보증에 해당하는 현금·자기앞수표 또는 경매보증보험증권을 기일입찰표와 함께 기일입찰봉투에 넣어 제출하고, 집행관이 그중 최고가격을 기재한 사람을 매수인으로 정하는 방법이다.

(2) 기간입찰

기일입찰과 달리 입찰기간(약 7~8일 정도)을 정해 경매보증보험증권 또는 법원보관금 계좌에 매수신청보증금을 납입한 입금증명서를 기간입찰표와 기간입찰봉투에 함께 넣어 관할 법원의 집행관 사무실에 제출한다. 또는 등기우편으로 제출하고, 집행관이 매각(개찰)기일에 입찰함을 열어 그중 최고가 매수인을 매수인으로 정하는 방법이다.

5) 매수신청 보증인의 방법 변경

매수신청의 보증인으로서 그동안 현금·자기앞수표로만 제출할 수 있었던 것을 2004년 9월 1일부터 경매보증보험증권으로도 제출할 수 있도록 매수신청 보증방법을 추가했다.

6) 배당

동산의 경우와 같으나, 채권자들 사이에 협의하는 절차가 없고, 바로 법원이 배당한다.

(1) 배당순위

가) 채권자의 배당순위

배당순위	채권의 종류
제1순위	소액임차보증금, 최종 3개월분 임금채권, 퇴직금 및 재해보상금, 상가소액임차보증금
제2순위	국세와 지방세, 즉 당해세
제3순위	근저당권, 전세권, 확정일자부임차보증금채권, 당해세를 제외한 국세와 지방세 – 설정일자, 법정기일, 확정일자 등의 선후에 따른다.

제4순위	1순위 임금채권을 제외한 임금, 기타 근로관계로 인한 채권
제5순위	법정기일이 3순위 설정일자, 확정일자보다 늦은 국세, 지방세, 지방자치단체 징수금
제6순위	산업재해보상보험료, 의료보험료
제7순위	일반 채권자 채권

※ 국세인 당해세 : 상속세, 증여세, 재평가세
※ 지방세인 당해세 : 취득세, 등록세, 농지세, 자동차세, 도시계획세, 공동시설세 등

나) 경매배당 순위

① 1순위 : 집행비용

경매신청자가 채권의 만족을 위해 부득이하게 지출한 경매신청비, 인지세 등의 경매비용의 경우, 다른 어느 것보다 우선해 충당되는 것이 공평의 원리상 합당하기 때문이다.

② 2순위 : 필요비 및 유익비

- 지상권자, 전세권자, 대항력 있는 임차인 등이 경매가 이루어지기 전에 경매 목적물을 보존, 개량을 위해 지출한 필요비 또는 유익비는 경매비용 다음으로 충당되게 된다.

- 필요비란 부동산이 비가 새거나 쓰러지지 않도록 유지, 보존하기 위해 소요된 비용을 말한다. 유익비란 부동산의 가치를 더욱 증가시키기 위한 자본투입이 이루어졌을 때의 비용을 의미한다.

③ 3순위 : 최종 3개월분의 임금 및 최종 3년분 퇴직금(근로기준법 제37조제2항), 재해보상금, 임차인의 소액보증금(주택임대차보호법 제8조제1항, 상가건물임대차보호법 제14조)

④ 4순위 : 당해 부동산에 부과된 국세 및 지연이자(당해세)

상속세가 당해세에 해당하는지 논란이 되고 있으나, '상속세는 국세기본법 제35조제1항제3호에 의하여 저당권에 의하여 담보되는 채권보다 우선하는 당해세에 해당하지 않는다'는 것이 대법원의 입장이다.(96다21058)

⑤ 5순위 : 국세 및 지방세의 법정기일 전에 설정된 저당권 또는 전세권으로 담보되는 채권, 법정기일 전에 주택임차권의 대항 요건과 임대차계약증서상에 확정일자를 갖춘 임차보증금채권

- 저당권과 국세 및 지방세, 임차보증금 채권 간의 우선순위는 등기일자의 선후, 등기일자와 대항력의 선후에 의해 우열이 정해진다. 과거 국세기본법에서는 저당권이 설정되기 전 1년분의 채무자에게 부과된 국세는 물권인 저당권에 우선한다고 규정하고 있었으나 위헌결정(헌법재판소 93헌바46)을 받게 되었고, 따라서 현재의 국세기본법에서는 저당권설정등기와 조세채권의 법정기일의 선후에 의해 우열이 결정되도록 하고 있다.
- 법정기일의 의미 : 신고납부방식의 조세는 신고일을 기준으로 하고, 징수납부방식의 조세는 고지서 발송일을 기준으로 한다.
- 전세권과 대항력 있는 임차권이 저당권 또는 압류채권에 대항이 가능한 경우에는 전세권과 임차권이 소멸되지 아니하고 경락인이 이를 인수하게 된다. 따라서, 이 경우에는 전세권자가 배당요구를 하는 경우에만 전세권이나 임차권이 소멸하게 되는 것이다(민사집행법 제91조제4항, 주택임대차보호법 제3조의5).

⑥ 6순위 : 근로기준법 제37조제2항의 임금 등을 제외한 임금(근로기준법 제37조제1항)

⑦ 7순위 : 질권 또는 저당권에 우선하지 않는 국세와 지방세(국세기본법 제35조, 지방세법 제31조, 근로기준법 제37조제1항 단서)

⑧ 8순위 : 공과금(의료보험료, 연금보험료)(국민건강보험법 제73조, 국민연금법 제81조)

⑨ 9순위 : 일반 채권자의 채권

※ 배당받을 채권자의 범위

- 배당요구종기일까지 경매신청을 한 압류 채권자
- 배당요구종기까지 배당요구를 한 채권자
- 첫 경매개시결정등기 전에 등기된 가압류 채권자
- 근저당권, 전세권, 그 밖의 우선변제청구권으로서 첫 경매개시결정등기 전에 등기되었고 매각으로 소멸하는 것을 가진 채권자

7 재산명시제도

집행의 보조 절차에는 다음의 세 가지가 있다.

> 가) 재산명시제도
> 나) 재산조회제도
> 다) 채무불이행자명부제도

채무자가 확정 판결, 화해·조정조서, 확정된 지급명령 등에 의한 금전채무를 임의로 이행하지 않는 때는 채권자는 집행력 있는 정본과 강

제집행을 개시함에 필요한 서류를 첨부해 법원에 채무자의 재산명시를 요구하는 신청을 할 수 있다.

채무자는 법원의 명령이 있는 경우 법원이 정한 기일에 현재의 재산과 1년 이내에 한 일정한 거래행위와 2년 이내에 한 재산상의 무상처분을 명시한 재산목록을 제출해야 하고, 동시에 그 재산목록이 진실함을 법관 앞에서 선서해야 한다. 다만, 채무자가 3개월 이내에 채무를 갚을 수 있음을 소명한 때는 그 제출을 3개월 범위 내에서 연기받을 수 있고 연기된 기일까지 채무액의 3분의 2 이상을 갚을 때는 다시 1개월 범위 내에서 연기받을 수 있다.

채무자가 정당한 사유 없이 명시기일에 불출석하거나 재산목록 제출을 거부하거나 선서를 거부한 때는 20일 이내의 감치에 처할 수 있고, 거짓의 재산목록을 낸 때는 3년 이하의 징역 또는 500만 원 이하의 벌금에 처할 수 있다.

채무자가 회사나 단체인 때는 그 행위자인 대표자나 관리인이 이와 같은 처벌을 받는 이외에 그 회사나 단체도 벌금형을 받게 된다.

진행 절차는 3단계로 진행된다.

- 1단계 : 채권자의 재산명시신청
- 2단계 : 법원의 재산명시명령(재산목록 제출)
- 3단계 : 재산명시기일지정, 출석통지, 실시(채무자의 출석, 재산목록 제출, 선서)

8 재산조회제도

　채무자가 정당한 사유 없이 재산명시기일에 불출석하거나 재산명시기일에 출석하더라도 재산목록 제출 또는 명시 선서를 거부한 경우, 채무자가 거짓의 재산목록을 낸 경우, 또는 채무자가 제출한 재산목록의 재산만으로는 집행채권의 만족을 얻기에 부족하면 재산명시 절차를 실시한 법원은 그 재산명시를 신청한 채권자의 신청에 따라 개인의 재산 및 신용에 관한 전산망을 관리하는 공공기관이나 금융기관 등에 채무자 명의의 재산에 관해 조회를 신청할 수 있다.

9 채무불이행자명부제도

　채무자가 금전의 지급을 명한 판결 또는 지급명령이 확정되거나 화해·조정조서 등이 작성된 후 6개월 이내에 채무를 이행하지 않거나 법원의 명령에도 불구하고 재산목록의 제출을 거부 또는 허위의 목록을 제출하는 등의 사유가 있는 때, 채권자는 채무자를 채무불이행자명부에 등재하도록 법원에 신청할 수 있다.

　그 신청에 따라 법원이 채무불이행자명부에 등재하는 결정을 한 때에는 등재 후 그 명부를 법원에 비치함은 물론 그 부본을 채무자의 주소지(법인인 경우에는 주된 사무소의 소재지) 시·구·읍·면의 장에게 보내야 한다.

　법원은 채무불이행자명부의 부본을 일정한 금융기관의 장이나 금융기관 관련 단체의 장에게 보내 채무자에 대한 신용정보로 활용하게 할 수 있다. 채무불이행자명부는 인쇄물로 공표하지 않는 한 누구든지 열람·등사가 가능하며 채무가 모두 소멸된 것이 증명되어 법원의 말소결정이 있기까지 비치·공개되게 된다.

※ 강제집행 서류

강제집행을 하려면 우선 집행력을 갖춘 집행권원이 있어야 하는데 민사소송법에 규정된 집행권원 중 중요한 것 몇 가지를 보면 판결, 화해조서, 인낙조서, 조정조서, 확정된 지급명령, 공정증서 등이 이에 해당한다.

다음은 집행권원에 집행문을 부여받고 송달증명, 확정증명 등을 부여받아야 한다.

- 집행문이란 그 채무 명의에 기하여 강제집행을 할 수 있다는 증명서이다.
- 집행문을 부여받으려면, 판결은 소송기록이 있는 법원(항소심에 계류 중이면 항소심법원)에, 화해·조정·인낙조서는 해당 법원, 공정증서는 공정증서를 작성한 공증인 사무소에 집행권원을 첨부해 집행문부여신청을 해야 한다.
- 법원에 제출할 집행문부여신청서 및 송달증명원, 확정증명원에는 각 500원의 인지를 첨부해야 하며, 공증인에 대하여 신청하는 때에는 2,000원의 수수료를 납부해야 한다.
- 집행문부여신청, 송달증명, 확정증명원의 신청서는 각 법원 민원실에 비치되어 있다. 이 증명은 우편으로도 신청할 수 있다.

이와 같은 서류 등이 구비되면 강제집행의 대상을 선택해 강제집행 신청을 해야 하는데, 그 대상이 부동산이나 채권, 기타재산권인 때에는 법원에, 유체동산인 경우에는 집행관에게 신청해야 한다.

신청서

(*해당 사항을 기재하고 해당 번호란에 'O'표)

사건번호 : 가(차) (단독 . . . 선고 기타)
원고(채권자) :
피고(채무자) :

1. **집행문부여신청**
   위 당사자 간 사건의 (판결, 결정, 명령, 화해조서, 인낙조서, 조정조서) 정본에 집행문을 부여하여 주시기 바랍니다.

2. **송달증명원**
   위 사건의 (판결, 결정, 명령, 화해조서, 인낙조서, 조정조서) 정본이   . . .
   자로 상대방에 송달되었음을 증명하여 주시기 바랍니다.

3. **확정증명원**
   위 사건의 (판결, 결정, 명령)이   . . .자로 확정되었음을 증명하여 주시기 바랍니다.

200 . . .

위 (1항, 2항, 3항) 신청인 원고(채권자) (인)

법원 귀중

위 (송달, 확정) 사실을 증명합니다.

200 . . .

법원 법원사무관(주사) (인)

송달

우리가 실제적으로 행하는 소송에 대해 조금 더 살펴보면서, 나 홀로 소송을 마무리하겠다. 먼저 소송할 때 중요한 송달에 대해 알아보겠다.

송달이란 법원이 재판에 관한 서류를 송달불능사유에 따라 법정의 방식에 의하여 당사자 기타 소송관계인에게 교부해 그 내용을 알리거나 알 수 있는 기회를 부여하고, 이를 공증하는 행위를 말한다. 송달은 법원이 그 재판권에 기하여 행하는 공권적 행위이므로 적법하게 송달이 행해진 이상, 송달받을 자가 현실적으로 서류의 내용을 알았는가 몰랐는가의 여부에 상관없이 법적으로 정해진 효과가 발생한다. 소송법은 재판사무처리에 있어서 그 규정하는 일정한 중요 사항에 관하여는 법정된 방식이 요구되는 송달의 방법에 의해 통지하도록 하여 절차의 확실성을 담보하고 있다. 송달의 종류에는 교부송달, 우편송달, 공시송달, 발송송달이 있는데 교부송달이 원칙이다.

1 교부송달

교부송달이란 말 그대로 법원사무관이 송달물을 직접 교부(주는 것)하는 것이다. 우편송달이 송달 불능되어 법원으로 반송되어 돌아온 우편물을 당사자가 법원을 방문할 때 직접 주는 것이다. 이것을 교부송달이라 한다.

교부송달은 우편집배원, 집행관, 법정 경위를 송달실시기관으로 하는 경우 가장 보편적으로 행하여지는 방법이며, 조우송달은 송달실시기관이 송달장소 이외의 곳에서 송달받을 자를 만난 때에 송달서류를 교부하여 행하는 송달방법이고, 보충송달은 송달할 장소에서 송달받을 자를 만나지 못한 때에 그 사무원, 고용인 또는 동거자로서 사리를 인식할 지능이 있는 자에게 서류를 교부하는 방법이며, 유치송달은 서류의 송달을 받을 자, 즉 수송달자 및 그 수령 대리인이 송달받기를 거부하는 때에 송달할 장소에 서류를 두어 송달의 효력을 발생시키는 방법이다.

2 공시송달

우편송달이 이사, 수취인불명으로 송달불능 되었을 때, 당사자의 신청이나 법원의 직권으로 하는 송달방법이다. 일반적인 통상의 조사를 다했으나 당사자의 주소, 거소 기타 송달할 장소를 알 수 없는 경우 직권 또는 당사자의 신청이 있을 때 재판장의 명에 의해 하는 송달을 말한다.

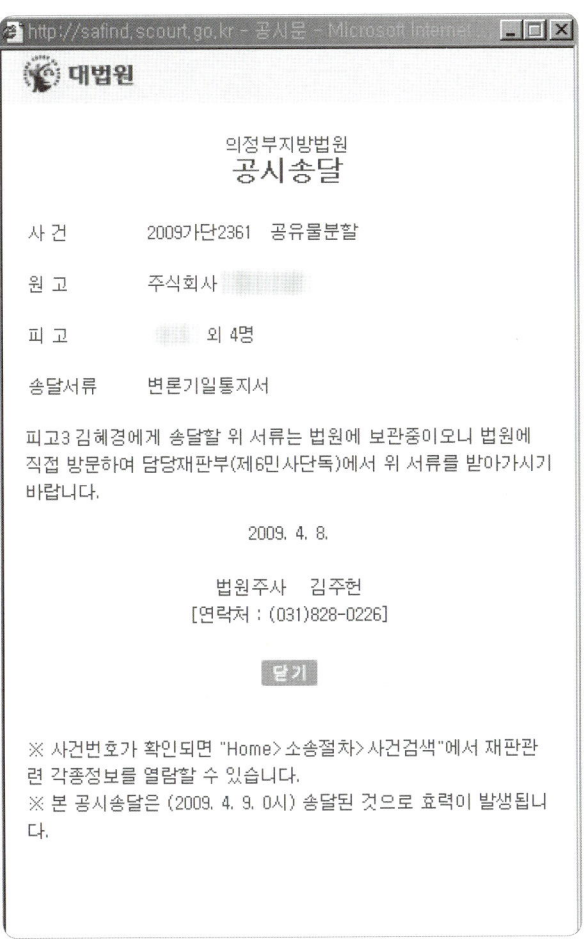

대법원 게시판에 공고된 공시송달

　　공시송달신청의 소명 자료로 송달받을 자의 최후 주소지를 관할하는 구청장, 읍·면·동장 또는 출장소장이 발행한 주민등록등·초본(주민등록지를 알 수 없는 경우 호적등·초본)과 최후 주소지의 통·반장이 작성한 불거주확인서 등이 갖추어져야 한다. 공시송달은 법원사무관 등이 송달할 서류를 보관하고 그 사유를 법원 게시판에 게시하는 방법에 의하고, 최초의 공시송달은 게시한 날로부터 14일이 경과하면 송달의 효력이 생기나, 동일 당사자에 대한 이후의 송달은 게시한 익일부터 그 효력이 생긴다.

그러므로, 피고에 대한 소장의 송달 불능의 경우 재판장으로부터 '5일(혹은 7일) 내에 피고의 송달 가능한 주소를 보정하라'는 명령을 받은 원고로서는 반드시 그 기한 내에 피고의 주민등록등본 등을 첨부해 주소를 보정해야 한다(그 보정을 하면서 피고가 현재 그 주민등록지에 거주하고 있는지 여부를 반드시 확인해야 하고, 거주하지만 야간에만 집에 있는 경우에는 야간집행관 송달신청이나, 주간에 근무하는 확실한 직장이 있을 경우에는 송달장소로서 그 직장의 정확한 주소를 기재하여 그곳으로의 송달신청을 하고, 거주하지 않을 경우에는 앞에서 설명한 요건을 갖추어 공시송달신청을 하는 것이 좋을 것이다). 만일 그 보정을 하지 않을 경우에는 재판장으로부터 소장각하명령을 받게 되며, 이때는 소장을 다시 접수해야 하는 불이익이 따르게 된다.

3 발송송달

발송송달이란 당사자에게 가장 치명적인 송달방법으로, 법원사무관이 송달물을 우편으로 발송하는 것만으로도 송달된 것으로 보는 것이다. 상대방이 송달물을 수령하든 안 하든 전혀 관계없다. 실무상으로는 우체국접수인이 찍힌 날짜를 송달된 날짜로 본다. 발송송달로 진행되면 법률적 상황은 끝이다. 주소가 맞는지는 별개 문제다.

내용증명을 2~3차례 보냈으나 수취인 부재 및 폐문부재인 경우가 있다. 이러한 송달문제부터 해결하려면 입찰하기 전 해당 물건의 대법원 경매정보 사이트에 들어가서 경매사건 검색에서 '문서/송달내역'을 보면 타 공유자들의 특성들을 어느 정도 파악할 수 있다.

송달일	송달내역	송달결과
2008.10.15	채권자 주식회사솔로몬상호저축은행 대표이사 한병락 보정명령등본 발송	2008.10.20 도달
2008.10.31	채무자겸소유자 정인주 개시결정정본 발송	2008.11.03 도달
2008.10.31	채권자 주식회사솔로몬상호저축은행 대표이사 한병락 개시결정정본 발송	2008.11.04 도달
2008.11.04	가압류권자 농업협동조합중앙회 최고서 발송	2008.11.05 도달
2008.11.04	근저당권자 엘지카드주식회사 최고서 발송	2008.11.05 도달
2008.11.04	최고관서 오산시장 최고서 발송	2008.11.05 도달
2008.11.04	최고관서 수원세무서 최고서 발송	2008.11.05 도달
2008.11.04	가압류권자 삼성카드주식회사 최고서 발송	2008.11.05 도달
2008.11.04	공유자 김우중 통지서 발송	2008.11.05 도달
2008.11.04	공유자 김영중 통지서 발송	2008.11.05 도달
2009.03.05	채권자 주식회사솔로몬상호저축은행 대표이사 한병락 매각및 매각결정기일통지서 발송	2009.03.06 도달
2009.03.05	채무자겸소유자 정인주 매각및 매각결정기일통지서 발송	2009.03.06 도달
2009.03.05	근저당권자 엘지카드주식회사 매각및 매각결정기일통지서 발송	2009.03.06 도달
2009.03.05	공유자 김우중 매각및 매각결정기일통지서 발송	2009.03.06 도달
2009.03.05	공유자 김영중 매각및 매각결정기일통지서 발송	2009.03.06 도달
2009.03.05	교부권자 오산시장 매각및 매각결정기일통지서 발송	2009.03.06 도달

대법원 경매정보 사이트의 송달내역

앞의 송달결과를 보면 마치 모두 잘 도달된 듯하나 2008.11.04의 공유자 김영○, 김우○ 씨의 송달일과 송달결과가 하루 만에 도달한 경우이므로 꼭 송달이 잘 되었다고 생각하면 안 된다.

법원에서 신속하게 처리하기 위해 발송송달을 한 것이다. 그러므로 송달 내역과 등기부등본상의 주소지와 등기한 날짜 등을 종합해 판단해야 한다. 왜냐하면, 주소지가 바뀌었어도 소송장을 제출해야 그다음에 이사 간 주소를 알 수 있고 송달이 정확히 발송되는 데 시간이 오래 걸리는 경우가 있으니 참고하기 바란다.

1) 등기우편에 의한 발송송달
① 보충송달이나 유치송달이 불가능한 때
② 송달영수인의 신고의무 있는 자가 이를 해태한 때
③ 당사자, 법정 대리인 또는 소송 대리인이 송달장소를 변경하고서도 그 취지를 신고하지 아니하고 법원으로서도 달리 송달할 장소를 알 수 없는 때에 법원사무관 등이 송달서류를 등기우편으로 발송하고, 발송한 때에 송달의 효력을 발생시키는 송달방법을 말하는데, 이 방법에 의한 송달은 민법상 의사표시의 효력 발생시기에 대한 도달주의나 소송법상 교부송달의 원칙에 대한 예외를 나타내며, 이 요건이 충족되는 한 송달받은 자는 송달서류의 도달 또는 송달의 일시를 다툴 수 없다.

참고로 전화에 의한 송달은 변호사가 소송 대리인으로 선임되어 있는 경우에 법원사무관 등이 전화를 이용하여 하는 송달방법이다.

PART 06

공유 토지와 법정지상권

공유지분 경매와 관련된 법정지상권에 대해 살펴보도록 하겠다. 지금까지 설명을 통해 '어떤 부동산이 수인의 공유물일 경우, 그 공유자의 지분이 경매로 나오는 것이 공유지분 경매'임을 충분히 알았을 것이다. 이제는 동시에 법정지상권까지 포함된 물건을 검토해보겠다.

예컨대 ①어느 토지가 'A, B, C' 3인의 공유물이고 그 지분이 동일하게 3분의 1씩이라고 하자. A가 B와 C의 동의하에 그 지상에 건물을 지었다면 그 건물은 A의 소유가 된다. 이때 A의 토지지분(3분의 1 지분)에 권리를 설정한 근저당권자의 경매신청에 의해 A의 토지지분 3분의 1이 경매에 나온다면 A의 건물을 위한 법정지상권이 성립하겠는가? 판례를 보면 다른 공유자의 이익을 침해한다는 이유로 법정지상권의 성립을 부정하고 있다. 이것은 단순히 지분 문제만이 아닌 법정지상권까지도 생각해야 할 것이다. 여기에서 우리는 한 단계 수익을 실현시킬 수 있는 물건을 찾아낼 수 있을 것이다. 그러면 이 문제를 연구하기 전에 법정지상권에 대해 살펴보겠다.

민법 366조를 보면 "저당물의 경매로 인하여 토지와 그 지상건물이 다른 소유자에 속한 경우에는, 토지 소유자는 건물 소유자에 대하여 지상권을 설정한 것으로 본다. 그러나 지료는 당사자의 청구에 의하여 법원이 이를 정한다"라고 했다.

■ **법정지상권의 성질**
- 관습법상 법정지상권이 포기를 인정(87다카279)하는 임의규정인 것과는 달리 강행규정이다. 따라서 당사자가 미리 포기하거나 양해하더라도 법정지상권 성립에 영향이 없다(87다카1564). 단 법정지상권이 성립한 후 사후 포기는 가능하다(임대차계약).
- 토지와 건물이 별개의 부동산인 우리 법제상 특유의 제도다.

법정지상권 성립 요건

민법의 법정지상권 성립 요건에 대해 살펴보자.

- 저당권설정 당시, 토지에 **건물이 존재했을 것**(미등기, 무허가재축, 개축, 신축 OK)
- 저당권설정 당시에 토지와 건물의 **소유자가 동일인일 것**
- 토지 혹은 건물 어느 쪽에 **저당권이 설정되어 있을 것**
- 임의경매로 토지나 건물의 **소유자가 달라졌을 것**

법정지상권 물건 해결 프로세스

① 법정지상권 성립 여부 확인 필수

② 건물주, 임차인, 건물에 설정된 근저당권(가등기, 가압류 등) 등 이해관계인에게 내용증명 우편 발송

③ 보전처분인 부동산 가압류(건물 소유자), 부동산처분금지가처분(건물 소유자), 점유이전금지가처분(임차인)

④ 본안소송(토지인도 및 건물철거소송, 지료청구소송, 명도소송 등)

⑤ 감정, 검증신청(지료청구 : 경매잔금 납부일부터 계산)

⑥ 승소 시 : 건물철거요청 및 협상
　패소 시 : 지료청구하면서 2년 지료연체로 인해서 건물철거 요청

※ 민법 287조 : 지상권소멸청구권, 지상권자가 2년 이상의 지료를 지급하지 아니한 때에는 지상권 설정자는 지상권의 소멸을 청구할 수 있다.

1 저당권설정 당시 토지에 건물이 존재할 것

- 건물 없는 토지에 저당권설정 후 저당권자의 양해를 얻어 건물을 지어도 법정지상권은 인정되지 않는다.
- 건물 없는 토지에 1번 저당권설정 후 건물은 신축하고 후에 2번 저당권설정했는데 2번 저당권이 실행된 경우에도 법정지상권은 성립하지 않는다(항상 최선순위저당권이 기준이므로).
- 건물은 존재하고 있기만 하면 족하고 무허가, 미등기건물이어도 법정지상권은 성립한다.

❷ 저당권설정 당시 토지와 건물이 동일인의 소유여야 한다

- 설정 당시 건물 소유자가 다르다는 것은 이미 토지에 대해 저당권보다 선순위의 대지사용 용익권이 있다는 것이므로 법정지상권 성립 안 해도 되기 때문이다.
- 저당권설정 후 토지, 건물의 한쪽이 제3자에게 양도된 경우에도 법정지상권은 성립한다. 즉, 설정 당시에만 동일인 소유이면 족하고 그 후 저당권 실행 경매 전에 소유자가 변동하더라도 법정지상권은 성립한다(양도 시 대지용익권 설정하겠지만, 이는 저당권보다 후순위 용익권이므로 저당권 실행으로 소멸하므로 건물을 위해 대지 용익권을 보장해줄 필요가 있으므로).
- 미등기건물을 대지와 함께 매수했으나 대지에 관해서만 소유권이전등기를 넘겨받고 대지에 대해 설정된 저당권이 실행된 경우, 민법 제366조 소정의 법정지상권이 성립하는가? 종래 판례는 이를 긍정한 적도 있었으나(72다1515), 현재는 일관되게 이를 부정한다. 저당권의 설정 당시에 이미 대지와 건물이 각각 다른 사람의 소유에 속하고 있어(즉 대지의 소유권은 매수인에게 이전되었지만, 건물의 소유권은 저당권설정 당시 아직 이전되지 않음) 소유자의 동일성 요건이 탈락되기 때문이다(이를 경매로 인한 매각 시까지 소유자 동일성을 유지해야 한다는 논리로 이해해서는 안 됨).

❸ 저당권의 설정

토지와 건물 어느 한쪽, 또는 양자 위에 저당권이 설정되어야 한다.

4 경매로 소유자가 달라질 것

토지 공유와 법정지상권의 판례를 보면 다른 공유자의 이익을 침해한다는 이유로 법정지상권의 성립을 부정하고 있다. 그러나 예외적으로 토지가 공유지분이 아니고 건물이 공유물인 경우는 어떻게 되겠는가?

이번에는 ②A의 단독소유 토지에 A와 B의 공유 건물이 있고, A의 토지에 설정된 저당권이 실행된 경우 또는 A의 건물 지분에 설정된 저당권이 실행된 경우에는 법정지상권이 성립할 수 있다는 점을 주의해야 한다. 이 경우에는 이익을 해할 다른 토지 공유자가 없기 때문이다.

> **이렇게 기억하자!**
> ① A+B/A(O) : 건물이 공유일 때는 법정지상권 성립
> ② A/A+B(×) : 토지가 공유일 때는 법정지상권 불성립

A/A+B(②)인 경우의 판례이니 잘 숙지하기 바란다.

<u>1987.06.23. 선고 86다카2188 판결</u>을 보면, 토지 공유자 중의 1인이 공유 토지 위에 건물을 소유하고 있다가 토지지분만을 전매함으로써 단순히 토지 공유자의 1인에 대해 관습상의 법정지상권이 성립된 것으로 볼 사유가 발생했다고 하더라도, 당해 토지 자체에 관해 건물의 소유를 위한 관습상의 법정지상권이 성립된 것으로 보게 된다면 이는 마치 토지 공유자의 1인으로 하여금 다른 공유자의 지분에 대하여서까지 지상권설정의 처분행위를 허용하는 셈이 되어 부당하다. 이와 같은 경우, 당해 토지에 관해 건물의 소유를 위한 관습상의 법정지상권이 성

립될 수 없다고 하지만, 토지 공유자들 간의 관계가 구분소유적 공유관계일 경우에는, 달리 판단하고 있다.

또한, 토지 공유지분이 경매에 나올 경우 지분에 대한 낙찰을 생각하는 우리 투자자들은 토지 공유자들 간의 관계가 단순한 공유가 아닌 구분소유적 공유인지 생각해봐야 한다(구분소유적 공유관계의 토지뿐 아니라 공동주택도 있다). 토지지분이 구분소유적 공유관계일 경우에는 단순한 공유관계일 경우와 법리가 달라지기 때문이다.

대법원 2008.02.15. 선고 2006다68810,68827 판결에 보면,
(1) 1필지의 토지 위치와 면적을 특정하여 2인 이상이 구분소유하기로 하는 약정을 하고 그 구분소유자의 공유로 등기하는 이른바 구분소유적 공유관계에 있어서, 각 구분소유적 공유자가 자신의 권리를 타인에게 처분하는 경우 중에는 구분소유의 목적인 특정 부분을 처분하면서 등기부상의 공유지분을 그 특정 부분에 대한 표상으로서 이전하는 경우와 등기부의 기재대로 1필지 전체에 대한 진정한 공유지분으로서 처분하는 경우가 있을 수 있다. 이 중 전자의 경우에는 그 제3자에 대하여 구분소유적 공유관계가 승계되나, 후자의 경우에는 제3자가 그 부동산 전체에 대한 공유지분을 취득하고 구분소유적 공유관계는 소멸한다.
이는 경매에서도 마찬가지이므로, 전자에 해당하기 위하여는 집행법원이 공유지분이 아닌 특정 구분소유 목적물에 대한 평가를 하게 하고 그에 따라 최저경매가격을 정한 후 경매를 실시해야 하며, 그러한 사정

이 없는 경우에는 1필지에 관한 공유자의 지분에 대한 경매 목적물은 원칙적으로 1필지 전체에 대한 공유지분이라고 봄이 상당하다.

(2) 구분소유적 공유관계에 있는 토지지분에 대한 강제경매 절차에서 이를 매수한 사람이 1필지 전체에 대한 공유지분을 취득했다고 주장하는 사안에서, 그 공유지분이 토지의 특정 부분에 대한 구분소유적 공유관계를 표상하는 것으로 취급되어 감정평가와 최저경매가격 결정이 이루어지고 경매가 실시되었다는 점이 입증되지 않은 이상, 위 매수인은 1필지 전체에 대한 공유지분을 적법하게 취득하고 기존의 상호명의신탁관계는 소멸한다고 보아야 한다. 이는 매수인의 구분소유적 공유관계에 대한 인식 유무에 따라 달라지지 않는다고 판단하고 있다. 그래서 경매로 나온 지분 토지 위에 건물이 존재하는 경우, 법정지상권 성립과 관련해서도 토지 공유자들 간의 구분소유적 공유관계 여부를 유의해야 한다.

공유로 등기된 토지의 소유관계가 구분소유적 공유관계에 있는 경우에는 공유자 중 1인이 소유하고 있는 건물과 그 대지는 다른 공유자와의 내부관계에 있어서는 그 공유자의 단독소유로 되었다 할 것이므로 건물을 소유하고 있는 공유자가 그 건물 또는 토지지분에 대해 저당권을 설정했다가 그 후 저당권의 실행으로 소유자가 달라지면 건물 소유자는 그 건물의 소유를 위한 법정지상권을 취득하게 된다고 판단하고 있다.

따라서, 토지지분을 경매 취득할 경우에는 공유자들 간의 관계가 구분소유적 공유관계에 있는지를 경매기록이나 현황조사 등을 통해 면밀하게 확인할 필요가 있다. 그러므로 만일 토지와 건물이 동일인의 소유에 속했다가 토지만 양도한 경우 관습법상 지상권이 성립되는데, 과반수 지분권자 동의를 얻어 건물을 신축했으므로 타 지분권자(을)의 동의는 건축주(갑)의 건물에 유효하므로, 즉 을은 갑 건물을 인정해야 하므로 법정지상권이 소멸될 이유가 없을 것으로 생각된다. 그러나, 구체적인 사실관계에 따라 결과가 다를 수 있다.

또한, 대법원은 "과반수 지분의 공유자로부터 사용·수익을 허락받은 점유자에 대해 소수 지분의 공유자는 그 점유자가 사용·수익하는 건물의 철거나 퇴기 등 점유배제를 구할 수 없다 할 것이다"라고 판시한 바 있다. 따라서 소수 지분권자인 을이 병에게 지분을 양도한 경우 건물 철거는 어렵다고 생각된다.

보존행위와 관리행위 중 어느 것을 우선적으로 볼 것인가 하는 문제도 있지만, 건물 철거로 인한 사회적 비용이 예상되는 점을 고려한다면 재판부는 건물을 철거하지 않는 쪽으로 판단하지 않을까 조심스럽게 생각해본다.

이 경우의 판례는 다음과 같다.

대법원 2002.05.14. 선고 2002다9738 판결[건물 등 철거 등]

【판시 사항】

[1] 과반수 지분의 공유자로부터 사용·수익을 허락받은 점유자에 대하여 소수 지분의 공유자가 점유배제를 구할 수 있는지 여부(소극)

[2] 과반수 지분의 공유자로부터 공유물의 특정 부분의 사용·수익을 허락받은 점유자는 소수 지분권자에 대하여 그 점유로 인하여 법률상 원인 없이 이득을 얻고 있다고 볼 수 있는지 여부(소극)

【판결 요지】

[1] 공유자 사이에 공유물을 사용·수익할 구체적인 방법을 정하는 것은 공유물의 관리에 관한 사항으로서 공유자의 지분의 과반수로써 결정하여야 할 것이고, 과반수 지분의 공유자는 다른 공유자와 사이에 미리 공유물의 관리방법에 관한 협의가 없었다 하더라도 공유물의 관리에 관한 사항을 단독으로 결정할 수 있으므로, 과반수 지분의 공유자가 그 공유물의 특정 부분을 배타적으로 사용·수익하기로 정하는 것은 공유물의 관리방법으로서 적법하다고 할 것이므로, 과반수 지분의 공유자로부터 사용·수익을 허락받은 점유자에 대하여 소수 지분의 공유자는 그 점유자가 사용·수익하는 건물의 철거나 퇴거 등 점유배제를 구할 수 없다.

[2] 과반수 지분의 공유자는 공유자와 사이에 미리 공유물의 관리방법에 관하여 협의가 없었다 하더라도 공유물의 관리에 관한 사항을 단독으로 결정할 수 있으므로 과반수 지분의 공유자는 그 공유물의 관리방법으로서 그 공유 토지의 특정된 한 부분을 배타적으로 사용·수익할 수 있으나, 그로 말미암아 지분은 있으되 그 특정 부분의 사용·수익을 전혀 하지 못하여 손해를 입고 있는 소수 지분권자에 대하여 그 지분에 상응하는 임료 상당의 부당이득을 하고 있다 할 것이므로 이를 반환할 의무가 있다 할 것이나, 그 과반수 지분의 공유자로부터 다시 그 특정 부분의 사용·수익을 허락받은 제3자의 점유는 다수 지분권자의 공유물관리권에 터 잡은 적법한 점유이므로 그 제3자는 소수 지분권자에 대하여도 그 점유로 인하여 법률상 원인 없이 이득을 얻고 있다고는 볼 수 없다.

법정지상권의 소멸을 살펴보면 법정지상권자가 2년 이상 지료 지급을 연체했을 경우에는 토지 소유자는 법정지상권의 소멸을 청구할 수 있다. 여기에서 2년 이상이란 연체된 지료액이 2년분 이상인 것을 말하는 것이지, 계속해서 2년 동안 연체해야 한다는 의미가 아니다.

그러나 지료가 정해지지 않은 경우, 즉 당사자 사이에 지료에 관한 협의가 없었다거나 또는 법원에 의해 지료가 결정된 바가 없었다면 법정지상권자가 2년간 지료를 지급하지 않았다고 하더라도 지료 지급을 지체한 것으로 볼 수 없어 결국 토지 소유자는 법정지상권의 소멸을 청구할 수 없다.

지료 연체로 인해 법정지상권이 소멸한 경우 법정지상권자는 토지 소유자에게 그 지상물의 매수를 청구할 수 없다. 다시 법정지상권(민법 366조)의 조문을 살펴보고 검토해보자.

법정지상권 법리

1 저당권설정 당시 건물의 존재 유의사항

① 건물이 없는 토지에 저당권을 설정한 후에 설정자가 저당권자로부터 법정지상권의 성립을 인정한다는 양해를 얻어서 건물을 지어도 법정지상권은 성립하지 않는다.

② 건물이 없는 토지에 1번 저당권을 설정한 후에 건물을 짓고 이어서 그 토지에 2번 저당권을 설정해 그의 신청(2번)으로 경매가 있게 되더라도 법정지상권은 인정되지 않는다.

③ 건물은 저당권설정 당시에 실제로 있으면 되고 보존등기까지 있어야 하는 것은 아니다.

④ 저당권설정 당시에 건물이 존재하면 후에 건물이 멸실되어 재건축되더라도 법정지상권의 성립을 방해하지 않는다. 다만 경매 절

차가 개시되기 전에 그 건물이 재건축되어야 하는 것으로 해석한다. 그러나 2003년 12월 18일 선고 98다43601판례가 대법원 전원합의체로 공동저당권에서의 경우 법정지상권을 인정하지 않는 판결이 나와서 2000다48517,48524,48531과 2000다19007,92다20330,92다9388,80다카6399판례는 폐기됨(98다43601 법정지상권 인정 안 함).

대법원 2003.12.18. 선고 98다43601 전원합의체판결[건물철거 등]

【판시 사항】

[1] 동일인 소유의 토지와 그 지상건물에 관하여 공동저당권이 설정된 후 그 건물이 철거되고 다른 건물이 신축된 경우, 저당물의 경매로 인하여 토지와 신축건물이 서로 다른 소유자에게 속하게 되면 민법 제366조 소정의 법정지상권이 성립하는지 여부(소극)

【판결 요지】

[1] [다수의견] 동일인의 소유에 속하는 토지 및 그 지상건물에 관하여 공동저당권이 설정된 후 그 지상건물이 철거되고 새로 건물이 신축된 경우에는 그 신축건물의 소유자가 토지의 소유자와 동일하고 토지의 저당권자에게 신축건물에 관하여 토지의 저당권과 동일한 순위의 공동저당권을 설정해주는 등 특별한 사정이 없는 한 저당물의 경매로 인하여 토지와 그 신축건물이 다른 소유자에 속하게 되더라도 그 신축건물을 위한 법정지상권은 성립하지 않는다고 해석하여야 하는바, 그 이유는 동일인의 소유에 속하는 토지 및 그 지상건물에 관하여 공동저당권이 실행된 경우에는, 저음부터 지상건물로 인하여 토지의 이용이 제한받는 것을 용인하고 토지에 대하여만 저당권을 설정하여 법정지상권의 가치만큼 감소된 토지의 교환가치를 담보로 취득한 경우와는 달리, 공동저당권자는 토지 및 건물 각각의 교환가치 전부를 담보로 취득한 것으로서, 저당권의 목적이 된 건물이 그대로 존속하는 이상은 건물을 위한 법정지상권이 성립해도 그로 인하여 토지의 교환가치에서 제외된 법정지상권의 가액 상당 가치는 법정지상권이 성립하는 건물의 교환가치에서 되찾을 수 있어 궁극적으로

토지에 관하여 아무런 제한이 없는 나대지로서의 교환가치 전체를 실현시킬 수 있다고 기대하지만, 건물이 철거된 후 신축된 건물에 토지와 동 순위의 공동저당권이 설정되지 아니하였는데도 그 신축건물을 위한 법정지상권이 성립한다고 해석하게 되면, 공동저당권자가 법정지상권이 성립하는 신축건물의 교환가치를 취득할 수 없게 되는 결과 법정지상권의 가액 상당 가치를 되찾을 길이 막혀 위와 같이 당초 나대지로서의 토지의 교환가치 전체를 기대하여 담보를 취득한 공동저당권자에게 불측의 손해를 입게 하기 때문이다.

[반대의견] 민법 제366조가 법정지상권제도를 규정하는 근본적 취지는 저당물의 경매로 인하여 토지와 그 지상건물이 다른 사람의 소유에 속하게 된 경우에 건물이 철거됨으로써 생길 수 있는 사회경제적 손실을 방지하려는 공익상 이유에 있는 것이지 당사자 어느 한편의 이익을 보호하려는 데 있는 것이 아니고, 법정지상권은 저당권설정 당사자의 의사와 관계없이 객관적 요건만으로써 그 성립이 인정되는 법정물권인바, 저당권자가 그 설정 당시 가졌던 '기대'가 어떤 것이었느냐에 의하여 법정지상권의 성립 여부를 달리 판단하는 다수의견은 법정지상권 성립 요건의 객관성 및 강제성과 조화되기 어렵고, 토지와 건물 양자에 대하여 공동으로 저당권이 설정된 경우, 원칙적으로 그 공동저당권자가 토지에 관하여 파악하는 담보가치는 법정지상권의 가치가 제외된 토지의 가치일 뿐이고, 건물에 관하여 파악하는 담보가치는 건물 자체의 가치 외에 건물의 존속에 필요한 법정지상권의 가치가 포함된 것이며, 법정지상권은 그 성질상 건물에 부수하는 권리에 불과하므로 구건물이 멸실되거나 철거됨으로써 건물저당권 자체가 소멸하면, 공동저당권자는 건물 자체의 담보가치는 물론 건물저당권을 통하여 파악하였던 법정지상권의 담보가치도 잃게 되고, 이에 따라 토지소유자는 건물저당권의 영향에서 벗어나게 된다고 보는 것이 논리적으로 합당하다. 그러므로 토지 소유자는 그 소유권에 기하여 토지 위에 신건물을 재축할 수 있고, 그 후 토지저당권이 실행되면 신건물을 위한 법정지상권이 성립하며, 다만 그 내용이 구건물을 기준으로 그 이용에 일반적으로 필요한 범위로 제한됨으로써 공동저당권자가 원래 토지에 관하여 파악하였던 담보가치, 즉 구건물을 위한 법정지상권 가치를 제외한 토지의 담보가치가 그대로 유지된다고 보아야 하고, 이것이 바로 가치권과 이용권의 적절한 조절의 모습이다.

[다수의견 쪽 보충의견] 민법 제366조가 '저당물의 경매로 인하여 토지와 그 지상건물이 다른 소유자에게 속한 경우'라고 규정하여, 마치 경매 당시에 건물이 존재하기만 하면 법정지상권이 성립할 수 있는 것처럼 규정하고 있지만 위

조문의 해석상 법정지상권이 성립하기 위하여 저당권설정 당시 토지 상에 건물이 존재하여야 하고, 따라서 나대지에 저당권설정 후 설정자가 그 지상에 건물을 신축 후 경매로 토지와 건물의 소유자가 달라진 경우에는 그 신축건물을 위한 법정지상권의 성립을 부정하는 것이 판례·통설인바, 이는 이러한 경우에도 건물보호라는 공익적 요청을 고려하여 법정지상권의 성립을 허용하면 당초 건물 없는 토지의 교환가치를 기대한 저당권자의 기대 내지 의사에 반하기 때문에 이러한 당사자의 의사를 고려한 것으로 볼 수 있고, 이를 미루어 보아 법정지상권제도가 당사자의 의사를 전혀 도외시한 채 건물보호라는 공익적 요청에 의한 것이라고만 할 수는 없으며, 단독저당, 공동저당 어느 경우나 원칙적으로 저당권설정 당시 존재하던 건물이 헐린 후 재축된 신건물에 대하여는 물권법정주의의 원칙상 법정지상권이 성립될 수 없지만 예외적으로 그 성립을 인정하여도 저당권자의 의사 내지 기대에 반하지 아니하는 경우(단독저당이 여기에 해당한다)에 국한하여 건물보호를 위하여 법정지상권의 성립범위를 확장 해석하는 것은 법정지상권의 성립 요건의 객관성이나 강제성과는 관련이 없다.

2 토지와 건물이 동일한 소유자에 속할 것

- 저당권설정 당시에 토지와 건물이 각각 다른 사람의 소유에 속하고 있던 때는 그 건물에 관해 이미 토지 소유자에 대항할 수 있는 용익권이 설정되어 있을 것이므로, 이를 무시하고 법정지상권을 새롭게 인정할 필요가 없다.
- 저당권설정 당시에 동일한 소유자에 속한 이상 후에 소유자가 다르게 되더라도 무방하다.

3 그 밖의 요건

- 토지와 건물의 어느 한쪽이나 양자 위에 저당권이 설정되어야 한다.
- 경매로 토지와 건물의 소유자가 달라져야 한다.

4 존속기간

민법은 법정지상권의 존속기간에 관하여 아무런 규정을 두고 있지 않다. 통설은 민법 281조(존속기간을 약정하지 않는 지상권) 규정을 준용해야 하는 것으로 해석한다. 따라서 건물의 종류와 그 존속기간은 30년 또는 15년이 된다.

민법 제280조(존속기간을 약정한 지상권)에 의하면, 다음과 같이 규정하고 있다.

1. 계약으로 지상권 존속기간을 정하는 경우에는 그 기간은 다음 연한보다 단축하지 못한다. 석조, 석회조, 연와조 또는 이와 유사한 건물이나 수목의 소유를 목적으로 하는 때에는 30년. 전호 이외의 건물을 소유를 목적으로 하는 때에는 15년. 전호 이외의 공작물의 소유를 목적으로 하는 때에는 5년.
2. 전항의 기간보다 단축한 기간을 정한 때에는 전항의 기간까지 연장한다.

대법원 1992.6.9. 선고 92다4857판결

관련 판례에서도 "법정지상권의 존속기간은 성립 후 그 지상 목적물의 종류에 따라 규정하고 있는 민법 제280조제1항 소정의 각 기간으로 봄이 상당하고, 분묘기지권과 같이 그 지상에 건립된 건물이 존속하는 한 법정지상권도 존속하는 것이라고는 할 수 없다"라고 했다.

대법원 2001.03.13. 선고 2000다48517, 48524, 48531 선고

또한 민법 제366조(법정지상권) "소정의 법정지상권이 성립하려면 저당권설정 당시 저당권의 목적이 되는 토지 위에 건물이 존재해야 하는데, 저당권설정 당시의

> 건물은 그 후 개축, 증축한 경우는 물론이고, 그 건물이 멸실되거나 철거된 후 재건축, 신축한 경우에도 법정지상권이 성립하며, 이 경우 신건물과 구건물 사이에 동일성이 있거나 소유자가 동일할 것을 요하는 것은 아니라 할 것이지만 그 법정지상권의 내용인 존속기간, 범위 등은 구건물을 기준으로 해야 할 것이다"라고 했다.

따라서 법정지상권의 존속기간은 그 지상 목적물의 종류에 따라 규정하고 있는 민법 제280조(존속기간을 약정한 지상권) 제1항 소정의 각 기간으로 볼 수 있을 것이다. 동일 소유자의 소유에 속하는 토지와 건물 중의 어느 하나가 매매 또는 기타 원인으로 인해 양자의 소유자가 다르게 되더라도 그 건물을 철거한다는 약정이 없는 경우, 당연히 건물 소유자에게 인정되는 지상권을 말한다.

5 인정이유 및 근거

토지와 건물을 별개의 물건으로 취급하는 우리 법제에서 양자의 소유자가 달라진 경우에, 건물이 그 자체의 가치를 유지할 수 있도록 하려는 것이 그 인정이유라 하겠다(68다1029).

판례는 "관습상의 지상권은, 그 경우 당사자 사이에 건물을 철거하기로 하는 등의 특별조건이 없다면 토지 소유자는 지상건물 소유자에게 그 건물소유를 위한 지상권을 설정하여 주기로 한 의사가 있었던 것이라고 해석하여 인정되는 권리"(86다카62)라고 보아 그 인정 근거를 당사자의 추단된 의사에서 찾는다.

1) 요건

(1) 처분 당시에 토지와 건물이 동일인의 소유

'처분될 당시에' 동일인의 소유에 속하였으면 족하고 원시적으로 동일인의 소유였을 필요는 없다(95다9075).

① 동일인의 소유에 속하는 한 미등기건물이거나 무허가건물인 경우에도 그 적용이 있다(87다카2404). 그 건물을 원시 취득한 경우에 한하며, 미등기건물이 대지와 함께 양도되었는데 대지에 대해서만 소유권이전등기가 경료된 후 토지가 경매되어 소유자가 달라진 경우에는 그렇지 않다(98다4798).

② 관습상의 법정지상권은 동일인의 소유이던 토지와 그 지상건물이 매매 기타 원인으로 인하여 각각 소유자를 달리하게 되었으나 그 건물을 철거한다는 등의 특약이 없으면 건물 소유자로 하여금 토지를 계속 사용하게 하려는 것이 당사자의 의사라고 보아 인정되는 것이므로 토지의 점유 사용에 관하여 당사자 사이에 약정이 있는 것으로 볼 수 있거나 토지 소유자가 건물의 처분권까지 함께 취득한 경우에는 관습상의 법정지상권을 인정할 까닭이 없다 할 것이어서, 미등기건물을 그 대지와 함께 매도하였다면 비록 매수인에게 그 대지에 관하여만 소유권이전등기가 경료되고 건물에 관하여는 등기가 경료되지 아니하여 형식적으로 대지와 건물이 그 소유 명의자를 달리하게 되었다 하더라도 매도인에게 관습상의 법정지상권을 인정할 이유가 없다(전합 2002다9660).

③ 관습상의 법정지상권의 성립 요건인 해당 토지와 건물의 소유권의 동일인에의 귀속과 그 후의 각기 다른 사람에의 귀속은 법의

보호를 받을 수 있는 권리변동으로 인한 것이어야 하므로, 원래 동일인에게의 소유권 귀속이 원인무효로 이루어졌다가 그 뒤 그 원인무효임이 밝혀져 그 등기가 말소됨으로써 그 건물과 토지의 소유자가 달라지게 된 경우에는 관습상의 법정지상권을 허용할 수 없다(98다64189).

④ 토지의 소유자가 건물을 건축할 당시에 이미 토지를 타인에게 매도하여 소유권을 이전하여 줄 의무를 부담하고 있었다면, 토지의 매수인이 그 건축행위를 승낙하지 않는 이상 그 건물은 장차 철거되어야 할 것이고, 토지 소유자가 이를 예상하면서도 건물을 신축하였다면 그 건물을 위한 관습법상의 법정지상권은 발생하지 않는다(94다41072).

(2) 토지 공유의 경우

① 토지 공유자 간에 그중 1인 또는 수인 소유의 건물이 있는 공유 대지를 분할하여 각기 단독소유로 귀속케 한 결과 그 대지와 건물의 소유자가 다르게 된 경우에도 법정지상권을 취득한다(73다353).

② 그러나 토지 공유자 중의 1인이 공유 토지 위에 건물을 소유하고 있다가 토지지분만을 전매한 경우에는, 법정지상권을 인정한다면 토지 공유자 1인이 다른 공유자의 지분에까지 지상권을 설정하는 처분행위를 할 수 있음을 인정하는 셈이므로 법정지상권은 성립하지 않는다(87다카140).

> **대법원 1988.09.27. 선고 87다카140 판결[토지인도 등]**
>
> 【판시 사항】
>
> 공유 토지 위에 건물을 소유하고 있는 토지 공유자 중 1인이 그 토지지분만을 전매한 경우 관습상의 법정지상권의 성립 여부(소극)
>
> 【판결 요지】
>
> 토지 공유자 중의 1인이 공유 토지 위에 건물을 소유하고 있다가 토지지분만을 전매함으로써 단순히 토지 공유자의 1인에 대하여 관습상의 법정지상권이 성립된 것으로 볼 사유가 발생한 경우에 있어서는 당해 토지에 관하여 건물의 소유를 위한 관습상의 법정지상권이 성립될 수 없다.

공유지분 경매에서의 법정지상권을 다시 한 번 정리하면 다음과 같다.

지상권이란 건물이나 수목 등을 소유하기 위해서 타인의 토지를 사용할 수 있는 권리로서 등기부 을구에 지상권이라는 이름으로 등기난 것이고, 법에 규정되었다는 이유 때문에 등기 없이도 인정되는 지상권이 바로 이 법정지상권이다.

법정지상권이라는 제도는 우리나라가 건물의 소유권을 토지의 소유자와 달리 정할 수 있게 하는 법 제도를 채택하고 있기 때문에 인정되는 제도이다. 즉 법정지상권은 토지의 소유자와 건물의 소유자가 어떤 이유로 분리되어 있을 때 일정한 경우만큼은 건물을 철거하지 않고 그대로 유지시켜주는 것이 국가사회 경제적으로 바람직하지 않겠느냐 하는 차원에서 인정된 제도이다.

토지만이 아니고 건물 경매의 경우를 보면 건물에 입찰했는데, 만일 법정지상권이 성립하지 않는다면 소유권을 취득한다고 하더라도 토지 소유자가 건물의 철거를 요구하면 자기 비용으로 그 건물을 철거해야 한다. 결국, 건물이 경매로 나온다면 절대적으로 법정지상권이 성립될 때에 한해서 입찰해야 하지만 토지 소유자 이외에는 거의 입찰을 피하는 것이 좋겠다(특수 경우 제외).

또한, 토지만 경매일 경우에는 반대로 토지에 입찰하여 그 토지를 이용·개발하려고 했는데 그 지상의 건물에 대해서 법정지상권이 성립된다면 토지 낙찰자는 석회조 건물의 경우에는 30년이라는 장기간 건물 소유자에 대하여 건물철거를 요구할 수가 없게 되고, 기간이 만료되어도 지상권자는 다시 지상권설정계약을 요구할 수도 있다. 만일 이를 토지 소유자가 받아들이지 않으면 토지 소유자는 지상건물을 매수해야만 하는 등 불편이 따른다.

토지가 경매로 나오는 경우에는 건물의 경우와는 반대로 법정지상권이 성립하지 않는 경우에 입찰하는 것이 우리들의 기회이다. 만일 법정지상권이 성립되면 결국 토지 낙찰자는 비록 토지의 소유권자라고 하여도 지상권의 존속기간 동안은 토지를 사용할 수 없기 때문이다.

토지의 낙찰자가 그 지상의 건물이 필요한 경우라도 그 건물을 위한 법정지상권이 성립되는 경우와 성립되지 않는 경우와는 그 매입협상의 가능성이나 방법에 커다란 차이가 날 것이다.

건물이 존재하는 공유 토지 낙찰사례(A/A+B)

A/A+B 물건(10-142**)으로 대지 위의 1종근린시설 전부는 경매에서 제외되고, 토지의 B지분권자의 지분만이 경매로 나온 물건을 낙찰받아 A에게 매도한 물건이다. 이 물건은 '공유물분할소송'의 청구를 통해 A지분권자와의 조정으로 매각한 경우다. 이처럼 지분 경매에서는 공유물분할소송이 해결의 실마리를 풀어가는 단초가 되는 경우가 무척 많다.

용도	대지	감정가		202,917,000원
토지면적	157.30㎡ (47.58평)	최저가	(64%)	129,867,000원
건물면적		보증금	(10%)	12,986,700원
매각물건	건물제외 및 토지지분매각	청구액		250,129,560원
채무자	(주)위드원개발	소유자		(주)위드원개발
경매구분	부동산강제경매	채권자		정문상
사건접수일	2010-03-31	경매개시일		2010-04-02

입찰진행내용 — 기일입찰

구분	입찰기일	최저입찰금액	결과
1차	2010/08/10	202,917,000원	유찰
2차	2010/09/07	162,334,000원	유찰
3차	2010/10/15	129,867,000원	매각

낙찰금 134,000,000원 (66%)

감정평가 현황 [최선순위 설정일자 2008.10.29.가압류]

구분	주소	구조/용도/대지권	면적	비고
토지	염덕동 130-17	대	157.3㎡ (47.58평)	주식회사위드원개발 지분전부

경기도 용인시 기흥구 염덕동에 소재하는 천주교 염통영덕성당 서측 인근에 위치/자연녹지지역/토지거래허가구역/보전산지/철근콘크리트구조

참고사항: 공유자우선매수신고 제한있음.(공유자 우선매수신청을 한 공유자는 매각기일 종결전까지 보증금을 제공하여야 유효하며 매수신청권리를 행사하지 않는 경우에 차회기일부터는 우선권이 없음). 본건 토지상에 제시외건물 철근콘크리트조 철근콘크리트지붕 3층 제1종근린생활시설건물 1동이 소재하나 매각대상에서 제외하고, 2010.3.25.자 건축물대장에 (주)위드원개발 및 경기도의시회 각 1/2소유권지분으로 등재되어있음, 법정지상권 성립여지 있음.

목적물 지상에 미완성된 건물(지상4층) 1동이 있음. 인테리어 업자 전남선에게 문의한 바 위건물이 지번과 일치한다고 함.

임차인 현황 [말소기준권리: 2008.10.29.가압류, 배당요구종기: 2010/07/05]

조사된 임차내역이 없습니다.

등기부 현황

구분	성립일자	권리소유	권리자	권리금액	인수/소멸	비고
1		소유권	(주)위드원개발		소멸	
2	2008년10월29일	가압류	정문상	250,000,000원	소멸기준	
3	2009년3월13일	가압류	천성기	244,438,355원	소멸	
4	2010년4월2일	강제경매	정문상	[청구금액] 250,129,560원	소멸	

주의사항 [최선순위 설정일자 2008.10.29.가압류]

주의사항: 공유자우선매수신고 제한있음.(공유자 우선매수신청을 한 공유자는 매각기일 종결전까지 보증금을 제공하여야 유효하며 매수신청권리를 행사하지 않는 경우에 차회기일부터는 우선권이 없음). 본건 토지상에 제시외건물 철근콘크리트조 철근콘크리트지붕 3층 제1종근린생활시설건물 1동이 소재하나 매각대상에서 제외하고, 2010.3.25.자 건축물대장에 (주)위드원개발 및 경기도의시회 각 1/2소유권지분으로 등재되어있음, 법정지상권 성립여지 있음.

매각으로 소멸되지 않는 등기부권리	해당사항 없음
매각으로 설정된 것으로 보는 지상권	해당사항 없음

인근매각통계

사례기간	낙찰물건수	평균감정가	평균낙찰가	낙찰가율	유찰횟수
3개월	1건	3,266,400,000원	1,695,100,000원	52%	3회
6개월	1건	3,266,400,000원	1,695,100,000원	52%	3회
12개월	3건	1,332,850,000원	741,555,567원	69%	2.3회

토지만 낙찰받은 낙찰자의 부당이득금반환소송

　토지 소유자가 은행에서 근저당권을 설정하고 대출을 받았고 구분건물의 건물만을 신축하여 분양받은 경우(피고)의 판례다. 토지만을 낙찰받은 경매인이 원고인데 원고가 구분건물의 철거소송 및 부당이득금반환소송을 제기해 승소한 경우다.(대판 2011다23125호)

대법원 2011.09.08. 선고 2011다23125 판결[건물철거 등]

【판시 사항】

[1] 구분소유자가 대지사용권을 보유하고 있지 않거나 대지사용권 보유의 원인이 된 신탁계약 종료에 따라 대지사용권이 소멸한 경우, 구집합건물의 소유 및 관리에 관한 법률 제20조에서 정한 전유부분과 대지사용권의 일체적 취급이 적용되는지 여부(소극)

[2] 집합건물부지의 소유자가 대지사용권을 갖지 아니한 구분소유자에 대하여 철거를 구하는 경우, 구 집합건물의 소유 및 관리에 관한 법률 제7조에 따른 매

도청구권 행사가 반드시 철거청구에 선행하여야 하는지 여부(소극) 및 전유부분만을 철거하는 것이 사실상 불가능하더라도 철거청구를 구할 소의 이익이 있는지 여부(적극)

【이유】

1. 상고이유 제1, 2점에 대하여

구 「집합건물의 소유 및 관리에 관한 법률」(2010. 3. 31. 법률 제10204호로 개정되기 전의 것, 이하 '집합건물법'이라 한다) 제20조 제1항 및 제2항에 의하면 구분소유자의 대지사용권은 그가 가지는 전유부분의 처분에 따르고, 구분소유자는 그가 가지는 전유부분과 분리하여 대지사용권을 처분할 수 없다. 그러나 구분소유자가 애초부터 대지사용권을 보유하고 있지 아니하거나, 대지사용권 보유의 원인이 된 신탁계약 종료에 따라 대지사용권이 소멸한 경우에는 특별한 사정이 없는 한 집합건물법 제20조가 정하는 전유부분과 대지사용권의 일체적 취급이 적용될 여지가 없다.

2. 상고이유 제3점에 대하여

집합건물부지의 소유자가 대지사용권을 갖지 아니한 구분소유자에 대하여 철거를 구하는 외에 집합건물법 제7조에 따라 전유부분에 관한 매도청구권을 행사할 수 있다고 하더라도 위 조항에 따른 매도청구권의 행사가 반드시 철거청구에 선행하여야 하는 것은 아니다. 또한 피고들이 구분소유한 전유부분만을 철거하는 것이 사실상 불가능하다고 하더라도 이는 집행개시의 장애 요건에 불과할 뿐이어서 원고의 철거청구를 기각할 사유에 해당하지 아니하므로, 이를 구할 소의 이익이 없다고 볼 수 없다.

원심 판결에는 상고이유에서 주장하는 바와 같이 소의 이익에 관한 법리를 오해하거나 석명권 행사를 게을리하는 등의 위법이 없다.

소장

원고 ○○서(○○○111-○○○0910) ☎ 010-○○○○-○○○○
서울시 ○○구 ○○동 ○○-○○ ○○○

피고 ○○민(○○○525-○○○7412)
서울시 ○○시 ○○동 ○○○-1 0동 ○층 ○○○호

부당이득반환청구의 소

청구취지

1. 피고는 원고에게 금 7,500,000원 및 2010.10.01.부터 원고가 경기도 ○○○ ○○○ 대 245㎡ 중 245분의 45 토지의 지분소유권을 상실하거나 피고가 위 지상건물 4층 철근콘크리트구조 다세대 주택 중 제2층 제202호 70.13㎡의 소유권을 상실할 때까지 월 625,000원의 비율로 계산한 돈을 지급하라.
2. 소송비용은 피고의 부담으로 한다.
3. 제1항은 가집행할 수 있다.
라는 판결을 구합니다.

청구원인

1. 당사자의 지위
원고는 이 사건 대지 지분인 경기도 ○○시 ○○동 002-1 대지 245㎡ 중 245분의 45 토지의 지분을 수원지방법원 2009타경○○○호 부동산

임의경매로 낙찰받은 토지 소유자입니다.
피고는 위 지상건물 4층 철근콘크리트구조 다세대 주택 중 제2층 제202호 70.13㎡의 소유권자입니다.

이 사건 건물인 제2층 제202호는 경매가 진행된 대지에 대한 근저당권이 설정된 후에 건축이 진행되어 대지사용권이 성립하였으나 그 이후 근저당권에 의한 임의경매가 진행되어 대지사용권이 없어지게 되었습니다. 그래서 낙찰자가 경매잔금을 지급한 이후 촉탁에 의해 건물에 대한 대지권등기도 말소되기에 이른 것입니다.

2. 당사자들의 권리 및 의무
피고는 건물에 대해서 어떠한 권리도 없이 이 사건 대지지분을 점유를 하고 있습니다. 그에 따라 대지지분의 소유자인 원고는 건물 소유자인 피고에게 언제든지 건물의 철거를 구할 수 있습니다.
그리고 집합건물의 소유 및 관리에 관한 법률 제7조에 의하면 원고는 피고에게 이 사건 건물의 매도를 청구할 수가 있습니다. 그런데 피고는 아무런 권원 없이 이 사건의 대지를 부당하게 점유 하고 있으므로 원고는 피고에게 지료 상당의 부당이득금을 청구할 수가 있습니다.

이 사건 건물에 대한 집합건물의 소유 및 관리에 관한 법률 제7조의 매도청구권은 향후 재판 상황을 보고 피고에게 청구할 예정입니다.

3. 부당이득금 금액
피고의 부당이득금에 대한 금액은 이 사건 대지 지분인 경기도 ○○시 ○○동 002-1 대지 245㎡ 중 245분의 45 토지의 지분에 대한 이 사건 건물 4층 철근콘크리트구조 다세대 주택 중 제2층 제202호 70.13㎡의 불법점유 시점은 경매 사건 잔금 납입일부터 원고가 이 사건 대지의 지분에 대한 소유권을 상실하거나 피고가 이 사건 건물에 대한 소유권을 상실할 때까지입니다.

그 금액은 이 사건 대지에 대한 경매의 감정평가액인 1억 5,000만 원을 기준으로 하고 그 금액에 대해서 5% 상당의 금액을 월로 환산한 금액인 금 625,000원으로 합니다.

4. 결론

원고는 피고에 대하여 지료상당의 부당이득금을 반환할 의무가 있으므로 이를 구하기 위하여 이 사건 소를 제기합니다.

입증방법

1. 갑 제1호증 부동산등기부등본(토지, 건물) 2통
1. 갑 제2호증 감정평가서(2009타경○○○호) 1통

2000. 01. ○○.

위 원고 ○○서 (인)

○○지방법원 귀중

PART 07

혼자서 낙찰받은 후 등기하는 법

낙찰에 의한 소유권이전등기촉탁신청

사 건 2000타경○○○○호 부동산 강제경매
채권자 ○○카드㈜
채무자 ○○○, ○○○
소유자 ○○○, ○○○
낙찰인 ㈜○○○

○○지방법원 본원 경매○계 귀중

낙찰에 의한 소유권이전등기촉탁신청

사 건 2000타경 0000호 부동산 강제경매
채권자 ○○카드㈜
채무자 ○○○대, ○○술
소유자 ○○○대, ○○술
낙찰인 ㈜○○○○(○○○11-○○○4910) 전화 : 010-○○○○-○○○○
　　　　 서울 ○○구 ○○동 ○○○-1 ○○○

위 당사자 간 귀원 2000타경 ○○○호 부동산 강제경매신청 사건에 관하여 낙찰인은 2009.01.○○. 낙찰대금 금 32,000,000원을 완납하였으므로 별지 목록 기재 부동산에 대하여 소유권이전등기 및 부담등기 말소를 촉탁하여 주시기 바라며 이에 신청합니다.

첨부서류
1. 부동산등기부등본 1통
1. 토지대장 1통
1. 건축물관리대장 1통
1. 법인등기부등본 1통

2009.01.○○.
낙찰인 ㈜○○○○(○○○11-○○○4910) (인)
전화 : 010-○○○○-○○○○

○○지방법원 본원 경매○계 귀중

부동산의 표시

1. 1동 건물의 표시

경기도 ○○시 ○○구 ○○동 000 제○○층 제003호
라멘조 슬래브지붕 4층 다세대 주택 1층 129.75㎡
2층 129.75㎡
3층 129.75㎡
4층 129.75㎡
지층 136.06㎡

전유부분의 건물의 표시

제○○층 제003호
라멘조, 47.03㎡

대지권의 목적인 토지의 표시

토지의 표시 : 1. 경기도 ○○시 ○○구 ○○동 ○○○
　　　　　　　　대 427㎡
대지권의 종류 : 1. 소유권대지권
　　　　　　　　1. 427분의 30.95

등기할 지분

3분의 1 ○○대
3분의 1 ○○술 지분 전부 끝.

말소할 등기 내역

갑구
1. 2003년 12월 19일 접수 제72445호로서 등기된 가압류
2. 2008년 3월 26일 접수 제8491호로서 등기된 ○○대 지분, ○○술 지분 강제경매 개시 결정
3. 2008년 5월 20일 접수 제15167호로서 등기된 압류
4. 2008년 5월 20일 접수 제15168호로서 등기된 압류
5. 2008년 8월 18일 접수 제26197호로서 등기된 압류

을구
1. 2002년 4월 4일 접수 제7400호로서 등기된 근저당

말소할 등기 6건

낙찰대금 완납증명원

사 건 2000타경 ○○○○부동산 강제경매
채권자 ○○카드㈜
채무자 ○○대, ○○술
소유자 ○○대, ○○술
경락인 ㈜○○○○

위 당사자 간 위 사건에 관하여 경락인(낙찰인)은 별지 목록 기재 부동산을 금 32,000,000원에 낙찰받아 그 대금 전부를 2000년 ○○월 ○○일 납부하였음을 증명하여 주시기 바랍니다.

2009년 1월 ○○일
위 낙찰인㈜ ○○○(인)

○○지방법원 본원 경매○계 귀중

앞장의 서류들을 작성해서 법원 제출용, 등기소송부용, 등기필증용 3부분으로 호치키스를 찍어야 한다. 그리고 다음 순서에 따른다.

① 법원 경매계에 가서 낙찰 때 받은 입찰보증금영수증과 대금지급 기한통지서를 제출한다.
② 법원 경매계에서 대금납부고지서(잔대금고지서)를 발급받는다.
③ 법원 구내 은행에 가서 대금납부고지서로 잔금 납부 후 법원보관 금영수증을 발급받는다.
④ 법원 경매계에 다시 가서 법원보관금영수증을 제출하고 낙찰대금 완납증명원(2부, 1부는 법원용, 1부는 자신이 발급받는 용)을 받는다 (인지 500원).
⑤ 그리고 해당 시, 군, 구청 세무과로 가서 '등록세 및 취득세액 자진신고서'를 작성한다. 낙찰대금완납증명원(등록세 소명자료)을 보여주면 복사하고 서류는 반드시 돌려받아야 한다.
  ※ 부동산 말소 건수를 담당 공무원에게 알려준다(등록세 3,600원/건).
  등록세, 취득세, 말소등기등록세 고지서(OCR)를 발급받고, 국민주택채권 매입하기 위해서 주택의 경우 시가표준액 2,000만 원 이상은 매입해야 하므로 직원에게 물어봐서 구청 구내 은행에서 매입한다. 매입 후 할인하여 국민주택채권매입영수증을 발급받는다.
  법원에 다시 갈 때 법원 구내 우체국에서 우표를 구입한나(경매계 접수 담당자에게 물어본다. 우편 1회분 3,700원일 때도 있고 2회분일 때도 있음).

⑥ 그리고 해당 시, 군, 구청 구내 은행으로 간다. 등록세, 취득세, 말소등기등록세를 납부하고(취득세는 한 달 이내 납부해도 된다), 수입증지(소유권 이전 1건당 15,000원, 말소등기 1건당 3,000원)를 구입한다.
⑦ 법원 경매계에 아래에 첨부된 서류를 법원 경매계에 제출한다.

ㄱ. 소유권이전등기촉탁신청서 작성

ㄴ. 등록세 및 국민주택채권 과표산출 내역서(=세금 내역서)에 등록세영수증과 말소등기영수증과 수입증지를 풀칠해 붙임. 채권계산서의 채권발행번호와 채권금액을 기재하여 작성하고 (주의) 꼭 잔대금 납부 전 최종적으로 부동산등기부등본을 발급받는다.

그리고 주민등록초본도 준비한다. 등기필증은 등기신청한 후 2주 정도 지나서 법원 경매계에 방문하여 수령한다.

그 전에 컴퓨터 인터넷등기소에서 새로 등기부등본을 받아보고 내 이름으로 등기가 올라 있는지 확인해서 등기되었으면 모든 것이 완료된 것이다.

PART 08

토지 개발업자 되기 프로젝트

농지세분화 방지를 위한 토지분할제한(농지법 제22조 및 동법시행령 제23조)이라는 규정에서 현재의 농지법은 농지세분화를 방지하기 위해서 다음 경우를 제외하고는 농지를 분할할 수가 없다.

농지의 개량, 농지의 교환·분합 등 **대통령령으로 정하는 사유**로 분할하는 경우인데 여기서 대통령령으로 정하는 사유는 다음의 경우를 말한다.

① 농지를 개량하는 경우
② 인접 농지와 분합(分合)하는 경우
③ 농지의 효율적인 이용을 저해하는 인접 토지와의 불합리한 경계를 시정하는 경우
④ 「농어촌정비법」에 따른 농업생산기반 정비사업을 시행하는 경우
⑤ 「농어촌정비법」 제43조에 따른 농지의 교환·분합을 시행하는 경우
⑥ 법 제15조에 따른 농지이용증진사업을 시행하는 경우

그런데 예외로 농지의 '공유물분할'을 하는 경우에도 분할이 가능하다. 그래서 '**지분 경매+농지 경매**'를 이용하는 전략을 구사하면 여기서 투자자에게 새로운 기회가 생긴다.

지분 농지를 낙찰받아 현물분할의 방법으로 농지를 현물분할 받거나 이 방법이 협의가 되지 않아 매각에 의한 공유물분할에 의한 경매에 처해도 물건을 처리하는 방법에 따라서는 투자자에게 큰 기회가 되기도 한다. 농지 경매는 자체만으로도 많은 규제사항 때문에 소위 경매시장에서 말하는 '특수 경매'의 한 분야다.

농지 관련 법률과 규제 등을 먼저 숙지해야 농지의 취득과 소유, 이용 등에 관한 전문가가 되어 앞으로 100세 시대를 대비한 귀농, 귀촌을 위한 농지거래 및 농지 경매를 자연스럽게 풀어나갈 수가 있다.

농지

우리나라 농지는 '경자유전'의 원칙으로 농사를 직접 짓는 사람만이 농지를 소유하고 경작하며, 농지를 아무나 소유하지 못한다. 또한 '현황주의' 원칙으로 토지의 현황이 농지인지를 따져서 현황이 농지이면 지목에 관계없이 농지로 본다. 그래서 농지 경매로 농지를 취득하려면 농지취득자격증명원(농취증)을 발급받아 법원에 제출해야 한다. 이때 농지 위에 불법건축물이 존재한다면 원상복구인 건물철거를 조건으로 하여 농취증을 발급받기도 한다.

농지법은 1996년도에 시행되어 2016년부터 현재의 농지법으로 개정되어 사용하고 있다. 여기서 농지란? 농업을 경영하기 위해 사용하는 토지를 말한다. 즉 경작의 목적에 이바지하고 있는 토지를 말하며, 토지대장 지목에 따르지 않고 토지현상에 따라 결정한다. 다른 지목으로 농지의 현상을 유지하고 농작물을 3년 이상 재배한다면 농지로 보고 있다.

농지는 다음의 어느 하나에 해당하는 토지이다.
① 측량·수로조사 및 지적에 관한 법률에 따른 지목이 전·답·과수원
② 지목을 불문하고 실제로 농작물 경작지 또는 다년생식물 재배지로 이용되는 토지
③ 농지의 개량시설로 유지, 양·배수시설, 수로, 농로, 제방의 부지
④ 농축산물 생산시설의 부지로 고정식 온실, 버섯재배사 및 비닐하우스와 그 부속시설, 축사와 그 부속시설, 농막, 간이저장고, 간이퇴비장 또는 간이액비저장소의 부지. 지방세법에서 농지란 등기 당시 공부상 지목이 전·답·과수원 또는 목장용지인 토지로서 실제의 토지현상이 농작물의 경작 또는 다년생 식물재배지로 이용되는 토지를 말한다.

조세특례제한법상 양도할 때까지 8년 이상 계속하여 경작한 토지로서 농업소득세의 과세 대상이 되는 토지 중 토지의 양도로 인해 발생하는 소득에 대하여는 양도소득세의 100%를 감면한다.

농업인

 농업인이 되는 이유는 혜택이 다양하고 많으며, 100세 시대를 맞는 우리들에게 새로운 진로를 만들어 주기 때문이다.

농업인의 혜택

- 건강보험료 감면(50%)
- 국민연금 보조(월 최대 40,950원)
- 다른 농지취득 시 등록세 50% 경감(2년 이상 보유 및 자경 후)
- 대출 시 근저당설정의 등록세 및 채권 면제
- 8년 이상 자경 후 양도 시 1억 원까지 양도소득세 감면
- 농지보전분담금 면제(공시지가 30%) : 농가주택 660㎡ 미만
- 교육비지원(영유아, 고등학생, 대학생)
- 농협의 조합원 가입 가능
- 농업용 유류 구매 시 면세유 혜택
- 농업 차량 및 농자재 구입 시 감세 혜택

1 농지법시행령 제3조에 나와 있는 농업인?

① 1,000㎡ 이상의 농지에서 농작물 또는 다년생식물을 경작 또는 재배하거나, 1년 중 90일 이상 농업에 종사하는 자

> **다년생식물이란?**
>
> 다년생식물 재배지는 아래 각 호의 어느 하나에 해당하는 식물의 재배지를 말한다.
> - 목초·종묘·인삼·약초·잔디 및 조림용 묘목
> - 과수·뽕나무·유실수 그 밖의 생육 기간이 2년 이상인 식물
> - 조경 또는 관상용 수목과 그 묘목(조경목적으로 식재한 것을 제외)

② 농지에 330㎡ 이상의 고정식 온실·버섯재배사·비닐하우스, 그 밖의 농림축산식품부령으로 정하는 농업 생산에 필요한 시설을 설치하여 농작물 또는 다년생식물을 경작 또는 재배하는 자

③ 대가축 2두, 중가축 10두, 소가축 100두, 가금 1,000수 또는 꿀벌 10군 이상을 사육하거나 1년 중 120일 이상 축산업에 종사하는 자

④ 농업경영을 통한 농산물의 연간 판매액이 120만 원 이상인 자

2 농업인확인서 발급규정 제4조에서의 농업인?

1) 법 시행령 제3조제1항제1호의 농업인 기준은 다음 각 목의 어느 하나를 충족한 경우

　가) 농지법 제50조에 따라 1,000㎡ 이상의 농지(별표1을 충족해야 한다. 이하 같다)에 대한 농지원부등본을 교부받아 제출한 사람

　나) 농지법 제20조에 따라 1,000㎡ 이상의 농지에 대한 대리경작

자지정통지서를 제출한 사람

다) 농지법 제23조 및 제24조에 따라 1,000㎡ 이상의 농지에 대한 임대차계약 또는 사용대차계약을 체결하고 서면 계약서를 제출한 사람

라) 가목과 나목, 가목과 다목, 가목·나목·다목 및 나목과 다목에 따른 각 농지의 합계가 1,000㎡ 이상인 사람

2) 법 시행령 제3조제1항제2호의 농업인 기준은 다음 각 목의 어느 하나를 충족한 경우

가) 다음의 자와 연간 120만 원 이상의 농산물(법 시행령 제5조의 농산물을 말한다. 이하 같다) 판매계약을 체결하고 서면 계약서를 제출한 사람

① 「농수산물유통 및 가격안정에 관한 법률」 제2조에 규정된 도매시장법인·시장도매인·중도매인·매매참가인·산지유통인 및 농수산물종합유통센터

② 「축산물가공처리법」 제22조·제24조 및 제26조에 따라 영업을 허가받거나 신고·승계한 자

③ 「축산법」 제34조에 따라 개설된 가축시장을 통하여 가축을 구매하는 자

④ 「농업·농촌 및 식품산업 기본법(이하 '법'이라 한다)」 제3조제4호의 생산자단체(이 고시에서 생산자단체는 이를 말한다)

⑤ 「유통산업발전법」 제8조 및 같은 법 시행규칙 제5조에 따라 등록하여 영업을 개시한 대규모점포 개설 법인

나) 「산지관리법」 제4조제1항제1호의 보전산지에서 육림업(자연휴양림·자연수목원의 조성·관리·운영업을 포함한다), 임산물 생산·채취업 및 임업용 종자·묘목 재배업을 다음의 기준 중 어느 하나에 따라 경영하는 사람

① 대추나무·호두나무 : 1,000㎡ 이상

② 밤나무 : 5,000㎡ 이상

③ 잣나무 : 1만㎡ 이상

④ 연간 표고자목 : 20㎥ 이상

⑤ 산림용 종자, 묘목생산업자 : 「산림자원의 조성 및 관리에 관한 법률」제16조제1항 및 같은 법 시행령 제12조제1항제1호에 따라 등록된 자

⑥ 조경수 또는 분재소재를 생산하거나 산나물, 야생버섯 등 산림부산물을 재배하는 자 : 300㎡ 이상의 포지를 확보

⑦ ①에서 ⑥까지 이외 목본 및 초본식물 : 3만㎡ 이상

다) 기타 다음의 요건 중 어느 하나를 충족한 사람

① 330㎡ 이상의 농지에 고정식 온실·버섯재배사·비닐하우스의 시설을 설치하여 식량, 채소, 과실, 화훼, 특용, 약용작물, 버섯, 양잠 및 종자·묘목(임업용은 제외한다)을 재배하는 사람

② 660㎡ 이상의 농지에 채소, 과실, 화훼작물(임업용은 제외한다)을 재배하는 사람

③ 330㎡ 이상의 농지에 「농지법 시행규칙」제3조에 규정된 축

사 관련 부속시설을 설치하여 별표2 기준 이상의 가축규모나 별표 3 기준 이상의 가축사육 시설면적에 별표2 기준 이상의 가축을 사육하는 사람

④ 기타 신청인의 주소지(주민등록표상 주소를 말한다) 또는 토지의 소재지를 관할하는 읍·면, 동장이 법 시행령 제3조제1항제2호의 농업인임을 별지 제2호서식으로 확인한 경우

3) 법 시행령 제3조제1항제3호의 농업인 기준은 다음 각 목의 어느 하나를 충족한 경우

가) 가족원인 농업종사자로서 다음의 요건을 모두 충족한 사람

① 제1호에서 제2호까지의 농업인 충족기준 중 어느 하나에 해당되는 농업인(이하 '농업경영주'라 한다)의 가족원으로서 주민등록표에 함께 등록된 사람

② ①의 농업경영주의 주소가 법 제3조제5호의 농촌이나 법 제62조의 준농촌에 위치하고 농업경영주와 가족원인 농업종사자가 실제 함께 거주하는 사람

③ 「국민연금법」 제9조의 지역가입자이거나 제10조의 임의가입자(「국민연금법」제13조제1항의 임의계속가입자 중 지역임의계속가입자를 포함한다) 또는 「국민건강보험법」 제6조제3항의 지역가입자

나) 가족원이 아닌 농업종사자의 경우에는 농업경영주와 1년 중 90일 이상 농업경영이나 농지경작활동의 고용인으로 종사한다는 고용계약을 체결하고 서면 계약서를 제출한 사람

다) 기타 다음의 요건을 충족한 사람

① 법 제28조제1항에 따라 설립된 **영농조합법인**의 농업 생산 및 농산물 출하·가공·수출활동에 고용된 사람이 1년 이상(계속 종사를 말한다)의 고용계약을 체결하고 서면 계약서를 제출한 사람

② 법 제29조제1항에 따라 **농업회사법인**의 농업 생산 및 농산물의 유통·가공·판매활동에 고용된 사람이 1년 이상(계속 종사를 말한다)의 고용계약을 체결하고 서면 계약서를 제출한 사람

※ 위 두 법인에서 1년 이상 근무를 한 사람은 직위에 관계없이 농업인의 자격을 받을 수가 있으니 꼭 농사를 직접 짓는 사람만이 농업인이 되는 것은 아니다. 유통. 가공, 판매하는 사람도 농업인이 될 수가 있으니 이 부분에서 많은 기회가 생긴다.

농업인이 되어 혜택을 받으려면 '농업인확인서'를 발급받아야 한다. 이 농업인확인서는 '국립농산물품질관리원'에서 신청서를 접수받으면 심사 후 발급해준다. 가축 및 농산물을 판매하는 사람도 농업인의 혜택을 받을 수가 있다.

농지원부, 농업경영체

농업인임을 입증하거나 인정하는 서류들이 있다. 그것이 바로 '농지원부'이고, 2009년부터 '국립농산물품질관리원'에 등록하는 '농업경영체'라는 것이 있다. 농지원부는 농지를 효율성 있게 관리하기 위해서 작성하는 장부로 반드시 농업인의 신청에 의해서 만들어진다. 농지원부는 농지 소유자 주소지의 주민센터 및 면사무소에서 신청할 수 있다. 자신 소유의 농지가 아닌 농지를 임대차계약(토지)에 의해 빌려 경작한 경우에도 신청이 가능하다. 자경 유무를 실제 실사한다.

농업인이라면 농업경영체 등록을 해야 한다. 농영경영체를 등록하면 정식으로 농업인이라고 부른다. 정부에서 전반적인 농업에 대한 통계 자료를 만들기 위해서 시작한 제도다. 농지 소재지를 관할하는 '국산농산물품질관리원' 해당 지소에서 등록한다.

농지취득자격증명원(농취증)

농취증은 '농지취득자격증명원'의 준말로, 농지를 취득할 때 필요한 자격증이다. 과거에는 도시민이 농취증을 발급받기가 꽤 까다로웠는데 시대가 변해 정부에서 지방 활성화 정책을 펴면서 이제 도시민들도 지방의 농지를 쉽게 살 수 있게 되었다.

농지는 경자유전으로 농사를 직접 짓는 사람만이 소유할 수가 있다. '경자유전'의 원칙으로 농지를 매수하려고 하는 사람이 농사를 지을 수가 있는지 그리고 매수농지가 '현황주의'로 실제 농사를 지을 수 있는 농지인지를 확인하고 심사한다.

농지를 매입하기 위하여는 농지취득자격증명원(농취증)을 발급받아야 한다. 농취증 발급을 반려받은 경우에는 농지등기를 할 수 없다. 농지의 매매는 가능하지만, 이 농취증이 없으면 등기가 되지 않으므로 소유권 이전을 할 수가 없다. 그래서 농지취득 시에는 반드시 농취증을 발급받아야 한다.

그러나 농취증을 신청했지만, 간혹 발급되지 않고 농취증 대신에 반려증을 주는 경우가 있는데 반드시 그 사유를 적어서 반려해야 한다. 그 반려 사유는 다음의 네 가지 경우로 반려통지서를 발급한다.

농취증 반려 사유

1. **신청 대상 토지가 법 제2조제1호에 따른 농지에 해당하지 아니하는 경우 :** 『신청 대상 토지가 「농지법」에 의한 농지에 해당되지 아니함』
지목이 농지로 되어 있으나 농지전용허가를 받지 않고 주택을 지을 수 있었던 시절인 1973년 이전부터 이 농지가 주택 등 다른 용도로 사용된 것이 확인되는 경우 등과 같이 농지법 제2조제1호에 따른 농지법에서 정하고 있는 농지가 아닌 경우에 해당하면 이렇게 하여 반려증을 준다. 이 경우에는 등기가 가능하다.

2. **신청 대상 농지가 자격증명을 발급받지 않고 취득할 수 있는 농지인 경우 :** 『신청 대상 농지는 농지취득자격증명을 발급받지 아니하고 취득할 수 있는 농지임』('도시계획구역안 주거지역으로 결정된 농지' 등 해당 사유를 기재)』
농지가 도시지역인 주거, 상업, 공업지역에 있거나 도시지역에서 도시, 군 계획시설로 결정된 농지이거나 계획관리지역에서 농지전용협의를 거쳐 지구단위계획구역으로 지정된 농지를 신청하는 경우이다. 이 경우에는 등기가 가능하다.

3. **신청인의 농지취득 원인이 자격증명을 발급받지 아니하고 농지를 취득할 수 있는 것인 경우 :** 『취득원인이 농지취득자격증명을 발급받지 아니하고 농지를 취득할 수 있는 경우에 해당함』
상속 등의 원인으로 농취증을 신청하는 경우이다. 이 경우에는 등기가 가능하다.

4. **신청 대상 농지가 「농지법」을 위반하여 불법으로 형질을 변경한 농지인 경우 :** 『신청 대상 농지는 취득 시 농지취득자격증명을 발급받아야 하는 농지이나 불법으로 형질 변경한 부분에 대한 복구가 필요하며 현 상태에서는 농지취득자격증명을 발급할 수 없음』
농지의 현 상태가 불법농지인 상태이면 이렇게 반려증을 준다. 이 경우에는 등기가 불가능하다.

농취증 발급은 통상 읍·면사무소 산업계가 담당한다. 반려통지서에 관해서 '등기예규'라는 곳에 자료가 많으니 이곳에서 참고자료를 찾아 숙지하기 바란다.

농지취득자격증명신청서

농업회사법인 만들기

농지지분 경매 물건을 반복적으로 투자하게 되면 바로 양도세 등 세금 문제 때문에 고민하게 된다. 보통 타 공유자가 나의 매수 지분을 사가게 되는 경우가 많아 단기간에 처분할 때가 있는데 이런 경우 주택은 1년 이상만 보유해도 일반과세가 되지만 농지는 2년 이상을 보유해야 일반과세가 된다.

1년 이내는 55%, 1년에서 2년 사이는 44%의 세금을 납부해야 한다. 그래서 이런 세금 문제 등을 해결하기 위한 대안으로 농업회사법인을 설립하기도 한다. 농업회사법인이 취득한 농지는 사업용 토지로 인정되어 보유기간에 상관없이 2억 원까지는 11%의 법인세만 납부하면 된다. 특히 정부지원금도 받아서 운영하려면 자본금을 1억 원 이상을 해야 한다.

농업회사법인제도의 특징은 다음과 같다.

1 근거법령
- '농어업경영체 육성 및 지원에 관한 법률'
- '영농조합법인'과 '농업회사법인'으로 구분
- 법인의 설립목적, 설립자 또는 조합원의 자격, 사업, 설립·등기·해산 등에 관한 사항을 규정하고 있음.

2 법인 성격
- 농업회사법인 = 기업적 경영체(영농조합법인 = 협업적 농업경영체)
- 농업회사법인 = 상법상 회사(영농조합법인 = 민법상 조합)
- 농업회사법인은 합명, 합자, 유한, 주식회사 중 하나의 형태로 설립이 가능하다.

3 설립 주체
- 기본적으로 농업인을 주축으로 설립할 수 있다.
- 회사법인은 농업인 1명 이상으로 상법상의 발기인 규정에 의함(영농조합법인은 농업인 5인 이상).
- 비농업인 출자는 출자를 허용하되 총출자액의 9/10를 초과할 수 없음(영농조합법인은 의결권이 없는 준조합원의 자격으로 출자가 가능하며 출자 한도는 없음).

4 사업 범위

- 농업경영, 농산물의 유통, 가공, 판매, 농작업 대행
- 영농자재 생산, 공급, 종묘생산 및 종균배양사업
- 농산물의 구매, 비축사업
- 농기계 장비의 임대, 수리, 보관
- 소규모 관개시설의 수탁, 관리사업

5 의결권

- 회사 형태이기 때문에 출자 지분에 의해 의결권이 달라지며, 비농업인도출자 지분에 따른 의결권을 인정(영농조합법인은 조합원 출자액에 따라 의결권의 수에 차이가 없이 모두 1인 1표로 동일)

토지 개발행위허가
(토지 개발업자 되기)

　개발행위허가는 한마디로 농지, 임야를 건물 지을 토지로 만들기 위해서 시군구에 허가를 신청하는 행위다. 농지전용, 산지전용이라고 부르기도 했다. 개발행위허가는 토목허가를 말하는 것으로 토목허가 후 토목공사를 하는 것으로 건축하기 위해서 부지를 조성하는 것을 말한다. 건축허가를 통해서 건축공사 후 토목공사준공인 개발행위허가 준공을 받으면 된다(이후에 건축준공을 받는다).

　우리가 지분 투자해 100% 매수전략으로 온전한 농지나 임야 등을 만들었다면 이 토지들을 가지고 부가가치가 높은 토지로 개발행위허가 받아 새로운 가치창조 할 수 있는 사업을 할 수가 있다.

건축법에서 정해놓은 용도별 29개의 건축물

1. 단독주택, 2. 공동주택, 3. 제1종 근린생활시설, 4. 제2종 근린생활시설, 5. 문화 및 집회시설, 6. 종교시설, 7. 판매시설, 8. 운수시설, 9. 의료시설, 10. 교육연구시설, 11. 노유자시설, 12. 수련시설, 13. 운동시설, 14. 업무시설, 15. 숙박시설, 16. 위락시설, 17. 공장, 18. 창고시설, 19. 위험물 저장 및 처리시설, 20. 자동차 관련 시설, 21. 동물 및 식물 관련 시설, 22. 분뇨 및 쓰레기 처리시설, 23. 교정 및 군사시설, 24. 방송통신시설, 25. 발전시설, 26. 묘지 관련 시설, 27. 관광 휴게시설, 28. 장례식장, 29. 야영장시설

[제1종 근린생활시설]

가. 슈퍼마켓과 일용품(식품, 잡화, 의료, 완구, 서적, 건축자재, 의약품류 등) 등의 소매점으로서 동일한 건축물(하나의 대지 안에 2동 이상의 건축물이 있는 경우에는 이를 동일한 건축물로 본다. 이와 같다) 안에서 당해 용도에 쓰이는 바닥면적의 합계가 1,000㎡ 미만인 것

나. 휴게음식점으로서 동일한 건축물 안에서 당해 용도에 쓰이는 바닥면적의 합계가 300㎡ 미만인 것

다. 이용원, 미용원, 일반 목욕장 및 세탁소(공장이 부설된 것을 제외한다)

라. 의원, 치과의원, 한의원, 침술원, 접골원 및 조산소

마. 탁구장 및 체육도장으로서 동일한 건축물 안에서 당해 용도에 쓰이는 바닥면적의 합계가 500㎡ 미만인 것

바. 동사무소, 경찰관파출소, 소방서, 우체국, 전신전화국, 방송국, 보건소, 공공도서관, 지역의료보험조합, 기타 이와 유사한 것으로서 동일한 건축물 안에서 당해 용도에 쓰이는 바닥면적의 합계가 1,000㎡ 미만일 것

사. 마을 공회당, 마을 공동작업소, 마을 공동구판장 기타 이와 유사한 것

아. 변전소, 양수장, 정수장, 대피소, 공중화장실 기타 이와 유사한 것

[제2종 근린생활시설]

가. 일반 음식점, 기원

나. 휴게음식점으로서 제1종 근린생활에 해당하지 아니하는 것

다. 서점으로서 제1종 근린생활시설에 해당하지 아니하는 것

라. 테니스장, 체력단련장, 에어로빅장, 볼링장, 당구장, 실내낚시터, 골프연습장, 기타 이와 유사한 것으로서 동일한 건축물 안에서 당해 용도에 쓰이는 바닥면적의 합계가 500㎡ 미만인 것

마. 종교집회장 및 공연장으로서 동일한 건축물 안에서 당해 용도에 쓰이는 바닥면적의 합계가 300㎡ 미만인 것

바. 금융업소, 사무소, 부동산 중개업소, 결혼상담소 등 소개업소, 출판사 기타 이와 유사한 것으로서 동일한 건축물 안에서 당해 용도에 쓰이는 바닥면적의 합계가 500㎡ 미만인 것

사. 제조업소, 수리점, 세탁소 기타 이와 유사한 것으로서 동일한 건축물 안에서 당해 용도에 쓰이는 바닥면적의 합계가 500㎡ 미만이고, 대기환경보전법, 수질환경보전법 또는 소음·진동규제법에 의한 배출시설의 설치허가 또는 신고를 요하지 아니하는 것

아. 게임 제공업소(음반, 비디오물 및 게임물에 관한 법률 제2조제5호 다목의 규정에 의한 게임제공업에 사용되는 시설을 말한다. 이하 같다)로서 동일한 건축물 안에서 당해 용도에 쓰이는 바닥면적의 합계가 500㎡ 미만인 것

자. 사진관, 표구점, 학원(동일한 건축물 안에서 당해 용도에 쓰이는 바닥면적의 합계가 500㎡ 미만인 것에 한하며, 자동차 학원 및 무도 학원을 제외한다), 장의사, 동물병원, 총포판매소 기타 이와 유사한 것

차. 단란주점으로서 동일한 건축물 안에서 당해 용도에 쓰이는 바닥면적의 합계가 150㎡ 미만인 것

카. 의약품도매점 및 자동차영업소로서 동일한 건축물 안에서 당해 용도에 쓰이는 바닥면적의 합계가 1,000㎡ 미만인 것

타. 안마시술소 및 노래연습장

※ 소형건물 가능 업종 예 : 고물상, 차고지, 야적장 등

1 토지이용계획확인서 분석법

1. 지목?_농지/임야
2. 면적?_개발부담금, 도시계획심의, 개발업 등록 여부 판단
3. 개별공시지가?_전답과 : 농지보전부담금 : 공시지가의 30%
4. 용도 지역?_건폐율, 용적률, 건축할 수 있는 건축물
5. 도로?_항공사진 등
6. 배수로?_항공사진, 로드뷰 등
7. 인·허가비?_임야 약 1.5만 : 대체산림자원조성비 : 준보전산지 4,250원/㎡
8. 토목설계비?_간이로 포털사이트 지도의 면적, 거리 이용
9. 토목공사비?

루리스(http://luris.molit.go.kr) 토지이용규제정보서비스에서 무료로 발급받는다. 토지이용계획확인서를 해석하고 읽을 줄 아는 것이 부동산을 매수하기 전에 최우선적으로 공부해야 할 사항이다.

앞의 아홉 가지 체크 포인트 위주로 실전 투자를 할 수 있는 능력을 반복적으로 스터디해야 토지 개발업자 되기 프로젝트에 성공할 수 있는 기초를 다질 수가 있다.

'권리분석'보다는 우선 '가치분석'을 하는 공부다.

이 부분을 마스터하기 위해서는 '부동산공법'을 체계적으로 스터디해야 한다. 그래야 인·허가비, 토목공사비 및 세금 등의 비용을 산출해서 개발 후 기대수익을 사전에 산출하는 과학적인 투자법을 완성할 수가 있다.

1) 지목

공간 정보의 구축 및 관리 등에 관한 법률에 의한 28가지 토지의 종류

2) 용도 지역(건폐율, 용적률)──건대!, 연대!

도시지역, 관리지역, 농업지역, 자연환경보전지역(도관농자)

건축물의 용도 및 규모에 관한 허가 기준

도시지역 : 주거, 상업, 공업, 녹지(주상공녹) *녹지(자, 생, 보)

비도시지역 : 관리지역(계, 생, 보), 농업지역, 자연환경보전지역

3) 용도 지구

경관지구(경관보호), 미관지구(미관유지), 고도지구, 방화지구 등 10개 지구

4) 용도 구역

개발제한구역, 수자원보호구역 등

2 토지 매입(개발 면적 및 업종에 따른 판단) 시 체크 사항

1) 개발부담금 대상(개발이익에 대하여 25%를 건축물을 지었을 때 건축주가 부담)

개발부담금이란 지목변경을 하는 토지에 대해 부과되는 세금이다. 전, 답, 과수원이나 임야를 개발해 대지로 조성한다면 지목이 변경되기 때문에 1,650m^2(500평), 자연녹지지역에서는 990m^2(300평) 면적이면

부과 대상이었다. 그러나 2017년 1월 1일부터 2019년 12월 31일까지 인가받는 사업의 경우 1,000㎡, 1,500㎡, 2,500㎡까지 개발하는 경우 개발부담금 부과 대상에서 제외되었다(**배우자 및 직계존비속 5년간 합산**).

  2017년 1월 1일부터 소규모 개발부지의 개발부담금의 적용 대상 면적이 확대되어 시행되고 있다. 이는 소규모 개발부지의 면적 규정을 완화함으로 개발의 활성화와 소규모 개발에 대한 부담을 줄여주는 효과를 줄 것이다.

개발이익 환수에 관한 법률 시행령(신설)

제4조의 2(개발부담금 부과 대상 사업의 토지 면적에 관한 임시특례) 별표1에 따른 개발사업으로서 **2017년 1월 1일부터 2019년 12월 31일까지** 인가 등을 받은 사업의 개발부담금 부과 대상 토지 면적에 대해서는 제4조제1항제1호부터 제4호까지의 규정에도 불구하고 다음 각 호의 구분에 따른다. 이 경우 토지 면적의 산정에 관하여는 제4조제2항부터 제4항까지의 규정에 따른다.

1. 제4조제1항제1호에 따른 사업 : **1,000㎡ 이상**
2. 제4조제1항제2호에 따른 사업 : **1,500㎡ 이상**
3. 제4조제1항제3호 또는 제4호에 따른 사업 : **2,500㎡ 이상**

2016년 12월 31일까지의 개발부담금 면적

1. 특별시·광역시 또는 특별 자치시의 지역 중 도시지역인 지역에서 시행하는 사업(제3호의 사업은 제외한다)의 경우 660㎡ 이상
2. 제1호 외의 도시지역인 지역에서 시행하는 사업(제3호의 사업은 제외한다)의 경우 990㎡ 이상
3. 도시지역 중 개발제한구역에서 그 구역의 지정 당시부터 토지를 소유한 자가 그 토지에 대하여 시행하는 사업의 경우 1,650㎡ 이상
4. 도시지역 외의 지역에서 시행하는 사업의 경우 1,650㎡ 이상

개발부담금은 도시지역과 비도시지역을 구분해 면적과 대상업종에 따라 개발부담금이 정해진다. 개발부담금의 경우 지가변동률 또는 개발 면적이 큰 지역이나 사업부지에서는 수천만 원, 경우에 따라서는 억 단위의 세금이 부과될 수 있으므로 사전에 검토가 이루어져야 한다.

▷ 개발부담금이 높게 부과되는 사업지 : 지가변동률이 큰 지역, 개발 면적이 큰 사업지

※ 개발부담금 계산식은 아래와 같다.
▷ 개발부담금＝종료시점 지가 – 개시시점 지가 – 개발비용(토목공사, 전용 부담금 등)＝개발이익×25%

예 면적 500평, 지목 전에서 대지로 전환, 개발비용(토목공사, 전용부담금 등) 1,000만 원이라 가정하고, 공시지가가 전(밭) 10,000원, 대지 100,000원 이라 가정하면,
▷ 개발부담금＝50,000,000원－5,000,000원－10,000,000원
＝ 35,000,000원×25%＝8,750,000원
계산식에 의해 8,750,000원의 세금을 납부해야 한다.

2) 도시계획 심의 대상

도시계획 심의 대상이 되면 인허가 기간이 길어지고 비용이 발생하기 때문에 심의 대상에서 제외되는 토지를 매입해서 개발을 진행하는 것이 유리하다.

• 면적에 의한 심의 대상
용도 지역별로 건축할 수 있는 건축물 연면적이 3,000㎡ 이상

• 건축물 용도에 의한 심의 제외 대상

단독주택, 공동주택, 제1종 근린생활시설, 제2종 근린생활시설, 창고, 동물 및 식물 관련 시설

3) 부동산 개발업 등록 대상(부동산 전문인력 2인 이상)

'부동산 개발업의 관리 및 육성에 관한 법률'(이하 '부동산개발업법'이라 함)에서 규정한 부동산 개발'을 수행하는 업을 '부동산 개발업'이라 하고, 부동산 개발업을 영위하는 자를 '부동산 개발업자'라고 한다.

'부동산 개발'에 대해 동 법률에서 다음과 같이 정의하고 있다.

부동산개발업법(정의) 제2조제①항

'부동산 개발'이란 다음 각 목의 어느 하나에 해당하는 행위를 하여 그 행위로 조성·건축·대수선·리모델링·용도변경 또는 설치되거나 될 예정인 부동산, 그 부동산의 이용권으로서 대통령령으로 정하는 권리(이하 '부동산 등'이라 한다)의 전부 또는 일부를 공급하는 것을 한다. 다만, 시공을 담당하는 행위를 제외한다.

가. 타인에게 공급할 목적으로 토지를 건설공사의 수행 또는 형질 변경의 방법으로 조성하는 행위

나. 타인에게 공급할 목적으로 건축물을 건축·대수선·리모델링 또는 용도변경 하거나 공작물을 설치하는 행위

이 경우 '건축', '대수선', '리모델링'은 「건축법」 제2조제1항제8호부터 제10호까지의 규정에 따른 '건축', '대수선' 및 '리모델링'을 말하고, '용도변경'은 같은 법 제19조에 따른 '용도변경'을 말한다

<u>소규모 부동산 개발은 등록이 필요치 않으며</u> 부동산 개발업의 등록 대상과 기준은 다음과 같다.

(1) 등록 대상

건축물(연면적)	주상복합 (비거주용 연면적)	토지
3,000㎡(연간 5,000㎡) 이상	3,000㎡(연간 5,000㎡) 이상이고, 비거주용 비율이 30% 이상	5,000㎡(연간 1만㎡) 이상

(2) 등록 기준

구분		등록 요건
자본금	법인	자본금 3억 원 이상
	개인	영업용 자산평가액 6억 원 이상
부동산 전문인력		상근 2명 이상(사전교육 이수해야 함)
시설		사무실의 면적 제한 규정 삭제됨

3 인허가(개발행위허가증)-형질 변경

토지 사용 승낙서

1. 부동산의 표시
지   번 :
면   적 : 총면적   ㎡ 사용면적   ㎡

2. 토지 사용자
주   소 :
성   명 :
주민등록번호 :

3. 사용승락자 (토지소유자)
주   소 :
성   명 :   (인)
주민등록번호 :

4. 사용내용
1) 사용목적 : 사용자( )의 토지(동 번지)의 개발을 위한 용도
2) 사용면적 :
3) 사용기간 : 2017년 2월 15일부터 개발행위가 필요한 기간동안 계속
(년 월 일부터 년 월 일까지로 하며 사용기간 만료시 사용권자는 즉시 이전한다.)
4) 임대료 : 사용에 따른 임대료는 무상으로 한다.
5) 토지사용에 따른 투자비용은 사용권자가 부담하며 만기시 무상으로 소유권자에게 귀속한다.
6) 본 약정 위반 시 사용자는 손해배상을 부담하며 그에 상응하는 담보를 제공한다.
7) 기타사항은 일반관례에 따른다.

2017년 2월 15일

토지소유자 :   (인)
토지사용자 :   (인)

제2016- 호		개발행위 허가증					
피허가자	성 명 (법인명)			주 민 등록번호			
	주 소						
허가사항	토지내역 (단위:㎡)	위 치		지목 (현황)	지적(㎡)	허가면적	농지구분
				답	1,380	1,380	농업진흥외
		1필지			1,380	1,380	
	용도지역	국토이용용도미분류지역					
	개발행위 목 적	부지조성					
	사업기간	2016년 6월 21일 ~ 2017년 6월 30일					
	벌 채	없음		채취량		없음	
허가조건	개발행위이행보증금: 944,000원 예치 및 별첨 허가조건 이행						
의제처리 되는 인·허가의 내용							

국토의 계획 및 이용에 관한 법률 제56조제1항의 규정에 의거 위와 같이 허가합니다.

2016년 6월 21일

군수 [인]

1) 농지 : 농지보전부담금

허가면적×공시지가×30%

평방미터당 5만 원 초과 시 5만 원만 부담

예 : 165,000원×0.3=50,000원

2) 산지 : 대체산림자원조성비

2017년도 대체산림자원조성비 부과기준

① 대체산림자원조성비 부과금액 계산방법

대체산림자원조성비 부과금액 = 산지전용·일시사용 허가면적 ×(단위면적당 금액+해당 산지의 개별공시지가의 1,000분의 10)

② 단위면적당 금액

- 준보전산지 : 4,250원/㎡
- 보전산지 : 5,520원/㎡
- 산지전용제한지역 : 8,500원/㎡

③ 일부 반영 비율 : 개별공시지가의 1,000분의 10

- 개별공시지가 반영 최고액은 단위면적당 금액 4,250원/㎡로 한정
- 보전산지와 준보전산지로 구분하는데 토지이용계획확인서에 보전산지가 표시되지 않으면 준보전산지로 본다.

3) 토목설계비(토목설계사무소)

3.3㎡당 약 1만 원

4) 이행보증금(피해방지도면 첨부)

보증보험

4 토목공사

- 도로(토목사무실, 시청 담당자와의 사전 협의)
- 배수로(토목사무실, 시청 담당자와의 사전 협의), 화장실물(오수, 우수, 용수로, 퇴수로 구분)
- 성토(흙을 쌓는 작업)
- 절토(평지를 만들기 위해 흙을 깎는 작업)
- 축대공사 등[RC옹벽, 보강토 블록(약 13만 원/㎡) 공사]
- 민원비용(분진, 소음, 도로파손 등)

토목공사 현장 모습

- **앞사바리** : 앞바퀴+4바퀴+발, 즉 트럭 앞부분 바퀴가 4개라는 말로 앞바퀴가 2열로 된 트럭을 말하는 현장 용어다.
- **6W 포크레인** : 바가지가 한 번 흙을 뜨는 양이 $0.6m^3$으로, W는 휠, 즉 바퀴 타입을 말한다. 궤도가 아님.
- **25톤 덤프트럭** : 1일 55만 원, $15m^3$ 전후
- **10톤 덤프트럭** : 1일 45만 원, $10m^3$ 전후
- **레미콘 1차** : $6m^3$(루베)
- **철근 1톤** : 국산 약 55만 원, 수입 약 45만 원

문제

전체 옹벽 길이 : 15m, 옹벽 높이 : GL+2000 → total : 2000, 두께 : 20cm일 때, 콘크리트 옹벽(RC조) 및 보강토블럭 공사비용은?

답 : 15×2×0.2=약 $6m^3$(루베)=레미콘 1차(약 46만 원)

- **RC옹벽 공사비용은?**

    콘크리트비용 약 45만 원, 철근 60만 원, 인부 총 12인(일당 약 20만 원) 240만 원, 유로폼 임대(형틀), 목재 50만 원, 기타 자재 비용 50만 원, 경비 및 식대 50만 원

    ☞ 총공사비용=약 500만 원

- **보강토블럭 공사비용은?**

    m^2당(헤베) 약 13만 원 공사비 예상

    ☞ 15(길이)×2(높이)=총 $30m^2$=약 300만 원

RC옹벽 공사비용보다 보강토블럭 공사비용이 약 200만 원 저렴하다. 공사기간은 1주일 이내로 잡으면 된다.

5 매도 및 세금

개인 1년 미만 50% 양도세, 법인세 2억 원 미만 10%

※ 법인의 목적

토목, 건축공사업, 부동산 매매 및 임대업, 부동산 컨설팅업, 부동산 신축판매업, 위 각호에 관련된 부대사업 일체

6 매수 타당성 분석

매수 타당성 분석
① 토지매입비
② 인·허가비
③ 토목설계비
④ 등록세
⑤ 토목공사비
⑥ 이자비용
⑦ 민원 및 예비비
⑧ 매도금액
⑨ 기타 비용(법인세, 양도세 등)
⑩ 개발이익(수익률)
⑪ 투자 예상기간

범우재(凡友齋)

파주 헤이리의 범우재 전경

경기도 파주시 탄현면 법흥리. 행정구역상 이렇게 명명된 헤이리! 예술인 마을을 지향하며 추구한 새로운 형태의 문화운동 결과 16만 평의 부지 위에 미술, 음악, 영화, 사진, 출판, 조각 등등의 다양한 장르의 예술가 또는 예술을 지향하는 사람들이 모여있다.

그 가운데 하나가 범우재(凡友齋)이다. 범우재는 상식을 바탕으로 사는 평범한 사람들이 서로 만나고 벗이 될 수 있는 공간이다. 범우재(凡友齋)는 건축주 김○○과 현재 미국에서 활동하고 있는 건축가 ○준이 만나 기획했다.

건축가 ○준의 기초설계를 건축가 서○호가 받아 세부 실시 설계를 했으며 건축 과정 내내 현장에서 감리를 세밀히 해주었다. 예원건축의 조홍서 대표가 토목에서 건축 그리고 마감에 이르는 전 과정에서 정성을 다했고 ○○○가 건축행정 업무를 도와주었다.

건축은 메시지다.

범우재(凡友齋)는 절제된 표현을 통해
상식과 평범이 존중받을 수 있는 사회를
지향하는 메시지를 담고 있다.

지분 경매로 토지 개발업자 되기
(심화 과정 4주)

토지이용계획확인서 등을 통해 유익한 토지를 선별하고, 지분 경매 등을 통해 투자수익을 확보하고, 토지 개발행위를 통해 수익을 극대화할 수 있는 방법을 부동산 투자 실전 경험과 나홀로 소송 전문가를 통해 심도 있게 알아보는 과정

1. 부동산 가압류 및 부동산처분금지가처분
2. 부당이득금반환소송 및 공유물분할청구소송
3. 인도명령, 건물명도청구소송
4. 토지인도 및 건물철거소송
5. 토지 개발업자 되기

지분 경매 + 토지지분 법정지상권 + 토지 개발업자 되기

- **일시**_ 한국농지가치분석사협회 홈페이지 공지
- **장소**_ 한국농지가치분석사협회(KAFA) 세미나실(서초동 1642-3 진송빌딩 1층)
- **문의**_ bkhong01@gmail.com, 010-3033-9074
- **대상**_ 부동산 지분 경매 및 재테크에 관심 많은 분
- **비용**_ www.kkafa.kr

지분 경매로 토지 개발업자 되기 특강

지분 경매 및 나 홀로 소송 전문가를 모시고 지분 경매 등 특수 물건에 대한 해결 방법과 투자수익을 내는 비법, 나 홀로 소송하는 방법 및 토지 개발업자 되기 방법을 공개

1. 부동산 가압류 및 부동산처분금지가처분
2. 부당이득금반환소송 및 공유물분할청구소송
3. 인도명령, 건물명도청구소송
4. 토지인도 및 건물철거소송
5. 토지 개발업자 되기

지분 경매 + 토지지분 법정지상권 + 토지 개발업자 되기

일시_ 한국농지가치분석사협회 홈페이지 공지
장소_ 한국농지가치분석사협회(KAFA) 세미나실(서초동 1642-3 진송빌딩 1층)
문의_ bkhong01@gmail.com, 010-3033-9074
대상_ 부동산 지분 경매 및 재테크에 관심 많은 분
비용_ www.kkafa.kr

지분 경매로 토지 개발업자 되기

제1판 1쇄 발행 2017년 11월 10일
제1판 4쇄 발행 2022년 4월 20일

지은이 조홍서
펴낸이 서정희   펴낸곳 매경출판㈜
기획제작 ㈜두드림미디어
디자인 노경녀 n1004n@hanmail.net
마케팅 강윤현, 이진희, 장하라

매경출판㈜
등록 2003년 4월 24일(No. 2-3759)
주소 (04557) 서울특별시 중구 충무로 2(필동 1가) 매일경제 별관 2층 매경출판㈜
홈페이지 www.mkbook.co.kr
전화 02)333-3577
이메일 dodreamedia@naver.com(원고 투고 및 출판 관련 문의)
인쇄·제본 ㈜M-print 031)8071-0961
ISBN 979-11-5542-750-7 03320

책 내용에 관한 궁금증은 표지 앞날개에 있는 저자의 이메일이나
저자의 각종 SNS 연락처로 문의해주시길 바랍니다.

책값은 뒤표지에 있습니다.
파본은 구입하신 서점에서 교환해 드립니다.

이 도서의 국립중앙도서관 출판예정도서목록(CIP)은 서지정보유통지원시스템 홈페이지
(http://seoji.nl.go.kr)와 국가자료공동목록시스템(http://www.nl.go.kr/kolisnet)에서
이용하실 수 있습니다.
(CIP제어번호 : CIP2017026630)